COLLECTION BLÉRIOT

# ERREURS
## ET
# MENSONGES HISTORIQUES

PAR

## M. CH. BARTHÉLEMY
MEMBRE DE L'ACADÉMIE DE LA RELIGION CATHOLIQUE DE ROME

> Ce n'est pas le mensonge qui passe par l'esprit, qui fait le mal, c'est celui qui y entre et qui s'y fixe.
> (BACON, *Politique*, II<sup>e</sup> partie, p. 48. 1742.)
> L'erreur qui précède la vérité n'en est que l'ignorance, l'erreur qui la suit en est la haine.
> (VALERY. *Études morales, politiques*, etc. 2<sup>e</sup> édition, p. 80. 1824.)

*1<sup>re</sup> Série.*

La papesse Jeanne. — L'Inquisition. — Galilée, martyr de l'Inquisition. — Les Rois fainéants. — L'usurpation de Hugues Capet. — La Saint-Barthélemy. — L'Homme au masque de fer. — Le père Loriquet. — L'Évêque Virgile et les Antipodes.

## PARIS
### CH. BLÉRIOT, ÉDITEUR
QUAI DES GRANDS-AUGUSTINS, 55

1863

COLLECTION BLÉRIOT.

ERREURS

ET

MENSONGES HISTORIQUES

Saint-Cloud. — Imprimerie de M&#8288;me V&#8288;e Belin.

# ERREURS
## ET
# MENSONGES HISTORIQUES

PAR

## M. CH. BARTHÉLEMY

MEMBRE DE L'ACADÉMIE DE LA RELIGION CATHOLIQUE DE ROME

Ce n'est pas le mensonge qui passe par l'esprit, qui fait le mal, c'est celui qui y entre et qui s'y fixe.
(BACON, *Politique*, II<sup>e</sup> partie, p. 48. 1742.)
L'erreur qui précède la vérité n'en est que l'ignorance, l'erreur qui la suit en est la haine.
(VALERY. *Études morales, politiques*, etc. 2<sup>e</sup> édition, p. 80, 1824.)

La papesse Jeanne. — L'Inquisition. — Galilée, martyr de l'Inquisition. — Les Rois fainéants. — L'usurpation de Hugues Capet. — La Saint-Barthélemy. — L'Homme au masque de fer. — Le père Loriquet. — L'Évêque Virgile et les Antipodes.

## PARIS
### CH. BLÉRIOT, ÉDITEUR
QUAI DES GRANDS-AUGUSTINS, 55

1863

# PRÉFACE

Ce livre n'est pas le résultat d'une idée passagère, le fruit de recherches de pure curiosité ; c'est une œuvre mûrie par de longues années, c'est la première pierre apportée à l'édifice de la réhabilitation. Dieu nous permette d'y pouvoir consacrer longtemps nos efforts et nos veilles ; car, ce ne seront pas les matériaux qui nous feront défaut ; loin de là, ils abondent, et il ne s'agit que de les mettre en œuvre.

Si Dieu a permis que l'erreur et le mensonge eussent leur temps ; si long que nous semble ce temps, il ne l'est pas plus à ses yeux que l'espace qui sépare le jour d'aujourd'hui du jour de demain.

La nuit disparaît et s'efface, l'aurore renaît, et avec elle le jour qui brille, console, réjouit, et surtout fortifie les corps, les esprits et les cœurs.

En ce temps de réhabilitation historique, il y a une place à prendre au soleil et à se faire assez large, assez utile surtout ; nous avons tenté de nous la faire, et nous jetons aujourd'hui dans ce petit volume les modestes fondations de notre édifice d'apologétique.

La meilleure démonstration sera toujours le fait vrai, simple, présenté en pleine lumière aux hommes qui cherchent de bonne foi la vérité, cette vérité contre laquelle, depuis plus de trois siècles, il y a toute une vaste conspiration de mensonge!...

Ce n'est pas au hasard que nous avons commencé cette série de recherches et d'exhumations par les neuf études que l'on va lire : nous avons cru devoir nous attaquer d'abord aux erreurs et aux mensonges historiques les plus malheureusement *populaires* dans toutes les classes de lecteurs, et qui de tous temps ont eu le triste pouvoir de les passionner; car le poëte l'a dit, et il n'eut jamais plus raison :

> L'homme est de glace aux vérités,
> Il est de feu pour le mensonge.

et nous avons cherché nos preuves dans les auteurs où d'ordinaire on songeait le moins à les trouver : les protestants, les philosophes et même les athées !

> Voilà donc quels vengeurs s'arment pour ta défense,

sainte et auguste vérité!...

Ainsi, le mensonge de la *papesse Jeanne* était ruiné depuis longtemps par des hommes tels que Bayle, Juricu, Basnage, alors que les catholiques y croyaient encore, — jouets d'une illusion que rien n'explique!

Et l'*Inquisition*, ce fantôme sanglant, tombe devant l'argumentation des ennemis de l'Église eux-mêmes, et de l'homme qui, aveuglé par la haine, avait consacré un livre monstrueux à le dresser sur un piédestal de crimes inouïs.

Que dire de *Galilée, martyr de l'Inquisition*? Galilée qui lui-même, dans une longue et intime correspondance, se loue de la sagesse, de la bonté de ses juges, qu'on nous représente comme si terribles!

Dans ces recherches nous ne pouvions oublier notre histoire nationale; voilà pourquoi *les rois* dits *fainéants* se sont d'abord offerts à nous, et les mensonges accumulés à plaisir sur le compte de ces monarques méconnus se sont dissipés au souffle puissant de la vraie critique.

Et cette *usurpation de Hugues Capet*, si amèrement reprochée au roi martyr et jetée à toute heure à son oreille comme une sanglante injure, il ne nous a pas été difficile d'en faire justice, comme on s'en convaincra facilement.

Qui n'eût hésité à inscrire dans ces pages le terrible souvenir de la *Saint-Barthélemy!* Peut-on espérer convaincre le public de la grossièreté d'un tel mensonge, oui un mensonge; car, l'on a osé dire et l'on répète que les protestants ont été frappés par l'Eglise, — l'Église, qui non-seulement ne prit aucune part à ce fait purement politique, mais qui recueillit et sauva des milliers de malheureux réformés! Ce sont des écrivains protestants eux-mêmes qui l'avouent.

*Le Masque de fer*, autre roman qui ne supporte pas le moindre examen, non plus que la ridicule attribution, au père Loriquet, d'absurdités patentes!..

Enfin l'*évêque Virgile et les Antipodes*.

Neuf erreurs, neuf mensonges!.. et ce n'est qu'une goutte d'eau dans ce vaste océan que la vie d'un homme, si longue qu'elle fût, si incessant que fût son labeur, ne pourra même effleurer ici-bas.

Si la faveur du public nous est acquise par le succès de ce petit volume, d'autres le suivront d'assez près et nous permettront de réhabiliter les plus saintes mémoires vouées au mépris par l'hérésie, le philosophisme et le rationalisme.

A nous donc les hommes qui veulent le bien et qui désirent de toute leur âme le rayonnement de plus en plus grand de la vérité sur le monde fourvoyé.

CH. BARTHÉLEMY.

Versailles, le 3 mars 1863.

# ERREURS

ET

# MENSONGES HISTORIQUES

## LA PAPESSE JEANNE

Parmi le nombre presque infini d'erreurs et de mensonges dont le champ de l'histoire est désolé ; parmi cette ivraie qui à tout instant menace de dévorer la vérité, il faut mettre en première ligne la tradition de la papesse Jeanne.

Erreur et mensonge à la fois, ce conte scandaleux est accueilli de nos jours encore avec une joie perfide par les libres penseurs et les incroyants; quant aux catholiques, ils n'opposent à cette fable d'autres armes que celles du silence.

Au XVIIe siècle, il est vrai, une polémique engagée à propos de la papesse Jeanne, entre les catholiques et les protestants, eut pour résultat d'éclaircir et de réfuter d'une manière victorieuse ce vieux mensonge. Non-seulement des savants catholiques, mais encore des érudits protestants du plus grand mérite, unis aux catholiques, réduisirent à néant cette monstrueuse invention.

Les protestants célèbres, dont le témoignage hors d'atteinte et de toute suspicion, a anéanti la vieille fable, sont (pour n'en citer que quelques-uns), Chamier, Dumoulin, Bochart, Basnage, Blondel, Jurieu, Burnet, Cave, Bayle, etc.

Nous avons dit que la tradition de la papesse Jeanne était à la fois une erreur et un mensonge historique.

C'est une erreur de la part des catholiques; de la part des protestants en particulier et de l'hérésie ou de l'incrédulité en général, c'est un mensonge.

Dirigée par le Christ, son fondateur, l'Eglise catholique, apostolique et romaine, forte des promesses de son divin instituteur, et surtout de celle-ci : « Voici que je suis avec vous jusqu'à la consommation des siècles, » l'Église, disons-nous, n'est pas responsable des fautes que quelques-uns de ses chefs ont pu commettre à certaines époques. Elle est fondée sur Dieu, non sur un bras de chair : le secret de sa durée au milieu des révolutions et des scandales de ce monde, elle le cherche et le trouve dans la promesse du Christ, qui soutient sa marche triomphante à travers les siècles.

Erreur dont la source est assez difficile à trouver, comme le principe de bien d'autres erreurs, la tradition de la papesse Jeanne a circulé dans toutes les vieilles chroniques ecclésiastiques, sans que l'Église s'en soit jamais émue. Ce n'est que du jour où le protestantisme a voulu s'en emparer et s'en faire une arme contre elle, que l'Église a élevé la voix et a confondu, par de savants apologistes, les projets téméraires de ses ennemis.

Æneas Sylvius, depuis pape sous le nom de Pie II, a le premier engagé la polémique ; il a été suivi par Onufre Panvini, Bellarmin, Serarius, Georges Scherer, Robert Persons, Florimond de Remond, Baronius, Allatius, Coëffeteau, Maimbourg, de Launoi, le Père Labbe et une foule d'autres.

La question, jugée et oubliée dès la fin du xvii$^e$ siècle, fut reprise vers la fin du xviii$^e$ siècle, mais à peine renaissait-elle, que la grande catastrophe de 1789 l'étouffa au berceau.

Depuis, il y a de cela quelque trente ans, une monstrueuse compilation, ayant pour titre : *Les crimes des Papes, des Rois et des Reines de France*, etc., a repris et développé la vieille fable de la Papesse, le tout orné de gravures exécutées à grands frais.

On pouvait penser que la génération née à la fin du siècle dernier, était la seule dépositaire de cette absurde invention, et qu'elle l'emporterait avec elle dans l'oubli du tombeau. Mais les mensonges ne meurent pas ainsi : semblables à l'hydre antique, pour une tête qu'on leur abat, une autre, deux autres repoussent à l'instant, plus menaçantes que la première.

Ainsi, plus que jamais, la papesse Jeanne et les mille détails scabreux de ce conte sont rajeunis. La papesse a de nouveaux champions ; nous avons entrepris de les combattre et de les vaincre.

Nous avons cru que le temps était venu de remettre en lumière les arguments par lesquels, catholiques et protestants, avaient ruiné cette fable, au xvii$^e$ siècle. Nous osons penser que ce travail, résumé fidèle, impartial, de toutes les objections présentées contre un mensonge spécieux, est plus que jamais opportun, sinon pour ramener du mensonge les libres penseurs, au moins pour tirer de l'erreur les esprits de bonne foi, qui tombent dans le scandale ou dans le doute, faute de lumière.

Nous avons cité textuellement nos autorités, et nous avons pensé que c'était là le meilleur système dans ce genre de réfutation. Analyser simplement, c'eût été non-seulement atténuer la force des arguments, mais encore faire soupçonner notre exactitude ; et nous ne voulions pas encourir le reproche capital d'avoir cherché à faire dire à nos autorités plus qu'elles n'avaient dit.

La vérité, toute la vérité, rien que la vérité, telle a été et telle sera toujours notre devise.

---

La papesse Jeanne a siégé, dit-on, entre les papes Léon IV (mort le 17 juillet 855), et Benoît III (élu le premier septembre 855).

Anastase le Bibliothécaire, contemporain de ce fait supposé, est cité en première ligne comme un témoin irrécusable de la fameuse Papesse. Cependant, il n'y a nulle apparence que cet auteur ait fait mention de cet événement monstrueux. Il y a pourtant, dit-on, des manuscrits d'Anastase qui contiennent tout le conte vulgaire ; mais cela seul ne prouve rien, car on ne saurait disconvenir que les copistes ont ajouté beaucoup de choses étrangères aux ouvrages d'un auteur.

Panvini (1) assure que dans les « vieux Livres des Vies

---

(1) Dans ses additions à Platina : *De vitis Romanorum Pontificum* cité par Coeffeteau : *Réponse au Mystère d'Iniquité*, p. 506.

des Papes, écrits par Damase, par le Bibliothécaire et par Pandulphe de Pise, il n'est fait aucune mention de cette femme : seulement, à la marge, entre Léon IV et Benoît III, cette fable se trouve insérée par un auteur postérieur, en caractères divers, et du tout (*entièrement*) différents des autres. »

Blondel, qui avait vu à la Bibliothèque royale de France, un manuscrit d'Anastase, où se trouve l'histoire de la Papesse, a reconnu certainement que cet endroit-là était une pièce de rapport, cousue après coup. « L'ayant lu et relu, dit-il (1), j'ay trouvé que l'éloge de la prétendue Papesse est tissu des propres paroles de Martinus Polonus, pénitencier d'Innocent IV, et archevesque de Cosenza, auteur postérieur à Anastase de quatre cents ans, et de plus fort facile au débit de toutes sortes de fables. Car, afin que l'on ne puisse se figurer q l'il ayt transcrit, soit d'Anastase, soit d'aucun autre qui ayt vescu depuis l'an 900, ce qu'il a inséré dans sa Chronique, le discours qui se trouve aujourd'hui mal enchâssé dans celuy d'Anastase, le justifie, tant par sa conformité avec l'idiome de Martinus Polonus, que par les choses qu'il suppose sans crainte qu'elles servent à la conviction de l'imposture. »

Blondel donne quelques exemples de ces choses, et enfin, il fournit une raison très-solide ; c'est que le conte de la papesse ne peut aucunement s'accorder avec le récit d'Anastase sur l'élection de Benoît III.

« Dans les éloges de Léon IV et Benoît III, tels que nous les donne le manuscrit de la Bibliothèque royale enflé du roman de la Papesse, se trouvent les mêmes

---

(1) *Familier éclaircissement de la question, si une femme a été assise au siége papal de Rome.* (Amsterdam, 1647-9, in-8°, p. 6 et 7.)

termes qu'en l'édition de Mayence : d'où il s'ensuit nécessairement que (selon l'intention d'Anastase, violée par la témérité de ceux qui l'ont meslée de leurs songes), il est absolument impossible qu'aucun ayt tenu le Papat entre Léon IV et Benoît III; car il dit *qu'après que le prélat Léon fut soustrait de cette lumière,* (mox) *aussi tost, tout le clergé,* les notables et le peuple de Rome ont *arresté d'élire Benoist : qu'aussi tost* (illico) *ils ont esté le trouver, priant dans le titre de S. Calliste,* et qu'après l'avoir *assis sur le throne pontifical,* et signé le décret de son élection, ils *l'ont envoyé aux très-invincibles Augustes Lothaire et Louys :* dont le premier (par la confession de tous les auteurs du temps) est mort le 29 septembre 855, 74 jours après le pape Léon (1). »

« N'est-il pas vrai, s'écrie Bayle (2) en cet endroit, que si nous trouvions dans un manuscrit que l'empereur Ferdinand II mourut l'an 1637, et que Ferdinand III lui succéda tout aussitôt, et que Charles VI succéda à Ferdinand II, et tint l'Empire pendant deux ans, après quoi Ferdinand III fut élu pour Empereur, nous dirions qu'un même écrivain n'a pas pu dire toutes ces choses, et qu'il faut de toute nécessité que les copistes aient joint ensemble sans jugement ce qui avait été dit par différentes personnes? Ne faudrait-il pas qu'un homme fût fou ou ivre, ou qu'il rêvât, s'il narrait qu'Innocent X étant mort, on lui donna promptement pour successeur Alexandre VII, qu'Innocent XI fut Pape immédiatement après Innocent X, et siégea plus de deux ans, et qu'Alexandre VII lui succéda? Anastase le Bibliothécaire serait tombé dans une pareille extravagance, s'il était l'au-

(1) Blondel, *loc. cit. sup.*, p. 9 et 10.
(2) *Dictionnaire historique et critique,* article : Papesse (Jeanne la).

teur de tout ce qu'on trouve dans les manuscrits de son ouvrage qui font mention de la Papesse. Disons donc que ce qui concerne cette femme-là est une pièce postiche, et qui vient d'une autre main. »

Sarrau, zélé protestant et homme instruit, porta le même jugement que Panvini (1), Blondel et Bayle sur le conte de la papesse Jeanne, après avoir examiné avec beaucoup d'attention le manuscrit de la Bibliothèque du Roi, consulté par Blondel. Il conclut de la narration qui s'y trouve touchant l'élection de Benoît III, faite aussitôt après la mort de Léon IV, que la fable de la papesse y a été cousue par *un homme qui abusait de son loisir*.

Parmi les raisons dont Sarrau appuie sa négation, une surtout nous semble sans réplique. La mention de la papesse Jeanne ne paraît pas dans le manuscrit précité d'Anastase, comme un fait dont cet auteur se rende garant : il se sert de l'expression vague : *on assure que*, etc., *on dit que*, etc. Un historien contemporain, établi à Rome, peut-il parler de la sorte touchant les aventures d'un Pape, aussi extraordinaires que celles-là (2)?

Cette raison (à défaut d'autres) est si propre à persuader qu'Anastase n'a rien dit de la Papesse, que pour la détruire, elle et bien d'autres que nous passons, il ne suffit pas d'alléguer qu'il y a plusieurs manuscrits semblables à celui de la Bibliothèque du Roi (3). Il faudrait nécessairement montrer le conte dans l'original d'Anastase ; car, alors on aimerait mieux croire sur le témoignage de ses yeux que cet auteur s'était rendu ridicule

(1) *Inde patet quod de eâ* (Joannâ) *ibi dictum est, assumentum esse hominis otio abusi.* (Epist. cxxxviii, p. 144, édition d'Utrecht, 1697.)
(2) *Idem, ibid.*, p. 146. Voyez aussi : *Epist.* cxlvi, p. 151.
(3) Voyez Colomiès : *Mélanges historiques*, p. 56.

en racontant des choses contradictoires, et en se servant follement d'un ouï-dire, que de raisonner ou de disputer.

On ne délie point le nœud quand on objecte qu'Anastase n'est point exact, et qu'il se trouve des variations et des contrariétés dans ses récits (1). N'est-il pas certain que cela ne tire point à conséquence pour les choses qui se sont passées sous ses yeux? Ceux qui parlent des siècles passés, consultent plusieurs écrits, en prennent de l'un une chose et de l'autre une autre. Voilà pourquoi, s'ils n'ont pas du jugement, ils mettent ensemble des faits qui s'entre-détruisent; mais cela ne leur arrive point à l'égard des événements frais et nouveaux, et aussi notoires que l'installation des papes.

« Pour ce qui est de ceux qui prétendent que les particules *mox* et *illico* ont été fourrées par une autre main dans le texte d'Anastase (2), il faut leur répondre, dit Bayle (3), qu'avec un semblable échappatoire on secouerait le joug de tous les témoins qui incommodent, et que l'on réduirait toute l'histoire à *un Pyrrhonisme épouvantable*. Une raison *particulière* et *très-forte nous défend ici* d'admettre la conjecture de ces gens-là, c'est que nous avons des *preuves fondées sur des passages* de quelques *auteurs contemporains*, par lesquelles il paraît que Benoît III a été le successeur *immédiat* de Léon IV, et que l'intervalle entre la mort de l'un et l'installation de l'autre a été *petit* (4); c'est pourquoi *la raison veut*

---

(1) Desmarets (en latin *Maresius*) : *Examen quæstionis de Papâ fæmina*, p. 31, 32, 155 ; et Coocke : *Traité de la Papesse*, p. 106 et suiv.
(2) *Idem, ibid.*, p. 156, 176.
(3) *Loc. cit. sup.*
(4) Blondel, p. 39 et suiv.; et le Père Labbe : *Cenotaphium Johannæ Papissæ eversum*, p. 842 et suiv. du t. II *De Scriptoribus Ecclesiasticis*.

que l'on suppose qu'Anastase s'est servi des particules en question. »

Examinons une chose dont on fit, au XVII<sup>e</sup> siècle, un grand bruit et qui n'était fondée que sur les conversations de Saumaise.

« Marc Velser, dit Blondel, l'un des principaux magistrats d'Augsbourg, ayant envoyé l'an 1601, aux jésuites de Mayence, le manuscrit d'Anastase, pour le faire mettre sous la presse; ils prièrent Marquard Freher, conseiller de son Altesse Electorale à Heidelberg, de les aider en ce sujet; sous la promesse qu'ils faisaient de donner au public de bonne foy, ce qui leur serait communiqué, il leur envoya deux manuscrits d'Anastase, où la vie de la prétendue Papesse se trouvait. Mais ces messieurs se contentent de faire tirer deux exemplaires de cette sorte, ils supprimèrent dans le reste de l'édition ce qui leur avait été fourni; tellement qu'il n'a point paru, et monsieur Freher a esté contraint de se plaindre, par une espèce de *manifeste* imprimé, du tour qui luy avait esté joué (1). »

Voilà ce que Blondel avait ouï dire à Saumaise, en 1640 (2).

« J'avais un très-particulier regret, continue Blondel (3), de ce que persone ne pouvant monstrer ni l'escrit de monsieur Freher contre les Jésuites, ni les exemplaires qu'ils avaient fait imprimer pour luy, ni enfin ceux qu'il avoit fournis de la bibliothèque d'Heidelberg, qui sans doute ont esté ensevelis dans les ruines

---

(1) Blondel, p. 3 et 4.
(2) C'est de Saumaise que Blondel a voulu parler; comme Colomiès (*Mélanges hist.*, p. 55, 56) l'a observé.
(3) Page 5.

1.

du Palatinat, ou transportés par les Bavarois où il leur a plu, nous demeurions privez du moyen d'apprendre ce qu'ils pouvoient contenir. »

Rivet (1), Sarrau (2), Desmarets (3), Spanheim (4) et Boëcler (5), auteurs protestants, avaient ouï dire la même chose à Saumaise, et ils n'ont pas manqué, sur son témoignage, d'accuser publiquement les Jésuites de Mayence d'avoir commis un faux manifeste.

Admettons, pour un moment, que Saumaise ait tenu le propos qu'on lui attribue; il reste à savoir si sa mémoire, quelque bonne qu'elle fût, ne le trompait point. Quoi qu'il en soit, si le conte de Saumaise était vrai, nous aurions ici, comme le remarque très-bien Bayle, *un des plus étranges prodiges qui aient jamais paru dans le genre humain.*

Les Jésuites auraient commis une fraude insigne dans un point controversé entre les catholiques et les protestants. Marquard Freher, vilainement pris pour dupe dans cette affaire, s'en serait plaint au public, et aurait eu les moyens les plus faciles et les plus incontestables que l'on puisse souhaiter quand on veut couvrir de honte un trompeur que l'on déteste. Il eût pu montrer à tout le monde la conformité des manuscrits avec les deux exemplaires dont on lui eût fait présent, et la différence qui se serait trouvée entre ces deux exemplaires et les autres; et néanmoins il n'y aurait eu aucun auteur qui eût fait mention de cette insigne et publique fourberie des Jésuites.

---

(1) *Critici sacri*, lib. III, cap. XIV. Voyez aussi Spanheim : *De Papâ fœminâ*, p. 292.
(2) *Idem, ibid., ut sup.*
(3) *Loc. cit. sup.*, p. 178.
(4) Page 292.
(5) *Commentar. de rebus seculi noni*, cité par Spanheim.

Du Plessis Mornai, qui avait des correspondances dans tout le monde protestant, et des relations particulières avec le Palatinat, n'aurait rien su de cette lettre imprimée de Marquard Freher; car il n'en a point parlé dans le chapitre de la papesse Jeanne (1).

Rivet, l'homme du monde le plus curieux en toutes sortes de livres de controverse, n'aurait pas été mieux instruit que Du Plessis en réfutant Coeffeteau qui avait nié l'histoire de cette Papesse.

Conrard Deckher, publiant un livre dans le Palatinat pour soutenir cette histoire, aurait ignoré l'aventure de l'édition d'Anastase.

Un certain Ursin, qui se donnait la qualité d'*Anti-Jésuite*, et qui publiait dans le même pays divers ouvrages très-satiriques contre la Société, n'aurait rien dit de cette aventure.

David Pareus, professeur à Heidelberg, qui était perpétuellement aux prises avec les Jésuites, et nommément avec quelques Pères du collége de Mayence, les eût épargnés sur ce point-là.

Jamais les disputes entre les Protestants et les Jésuites ne furent aussi violentes, surtout en Allemagne, que pendant les trente premières années du xvii$^e$ siècle; cependant, parmi une infinité de traités de controverse et de libelles, qui parurent contre les Jésuites dans cet intervalle de temps, il ne s'en trouve aucun qui leur ait reproché l'imposture de l'édition d'Anastase.

D'où peut venir une débonnaireté si universelle?

Se serait-on fait une loi à Heidelberg, depuis l'édition d'Anastase en 1602, jusques à la ruine de la bibliothèque

---

(1) *Mystère d'Iniquité*, 1611.

en 1622, de ne montrer à personne les deux exemplaires dont les Jésuites avaient fait présent, et d'empêcher les confrontations? Tout le monde s'accorda-t-il à jeter au feu la plainte publique de Marquard Freher, et même à en perdre le souvenir? D'où vient que Saumaise, le seul qui n'ait pas eu le don d'oubliance, ne parla jamais de cette fourbe dans les ouvrages qu'il publia, trop content d'en entretenir ses amis en conversation?

Les questions que l'on pourrait faire sur ce sujet sont infinies. Le Père Labbe en a poussé quelques-unes d'une façon et avec des termes victorieux contre Desmarets (1). Ce sont des questions qui se présentent d'elles-mêmes, et pourtant aucun des auteurs protestants précités, qui ont publié ce que Saumaise leur avait dit de vive voix sur les suites de cette édition de Mayence, ne s'est jamais avisé de lui proposer aucun de ces doutes. Spanheim, qui connaissait les questions du Père Labbe, n'y a jamais rien répondu.

Donc, de deux choses l'une : ou Saumaise a dit une imposture, ou bien (ce que nous aimons mieux croire pour l'honneur de l'illustre commentateur) ce conte est un de ces mille absurdes propos, comme on n'en a jamais que trop prêtés aux hommes qui ont joui d'une certaine réputation. Les recueils d'*Ana*, comme le Scaligerana et le Menagiana, pour ne citer que deux exemples connus, fourmillent presque à chaque page d'aussi étranges assertions que celle que l'on prête à Saumaise.

Mais quand même tout ce que Saumaise raconte serait

---

(1) *Cenotaph. evers.*, p. 929 et suiv. — Daniel Francus (p. 145 *De Indicibus Librorum expurgandorum*) rapporte toutes les objections du Père Labbe, et pour toute réponse exhorte ceux qui auront la lettre de Freher à la produire.

certain, ce ne serait pas une chose dont on pût tirer quelque conséquence pour le fond de la question ; car ce qui a été observé à l'égard du manuscrit de la bibliothèque du Roi n'aurait pas moins de vertu contre celui de la bibliothèque Palatine. On dirait sur le même fondement que l'histoire de la Papesse a été cousue à l'un et à l'autre, et ainsi l'on conclurait qu'Anastase n'en est point l'auteur.

Nous verrons plus loin de quelle force peut être ici le silence des auteurs contemporains.

Le témoignage d'Anastase, contemporain de la papesse Jeanne, étant ainsi écarté, examinons ce qu'il faut penser du dire de Marianus Scotus, second auteur allégué pour prouver la vérité de la fameuse Papesse.

On a cru longtemps que Marianus Scotus, qui a vécu deux cents ans après Anastase, est le premier qui ait parlé de la Papesse. Quelques auteurs prétendent le contraire, et en tout cas ce qu'il en a dit est fort peu de chose; car il s'est contenté de marquer à l'an 853, que *Jeanne femme* succéda au Pape Léon IV *durant deux ans, cinq mois, quatre jours* (1).

Citons d'abord Coeffeteau : « Plusieurs doctes personnages, qui tiennent Marianus Scotus pour assez bon chroniqueur, soupçonnent les Luthériens d'avoir falsifié l'exemplaire dont ils se sont servis pour l'imprimer ; car il est certain que ce conte ne se trouve point és vieux exemplaires. Et Mireus, chanoine d'Anvers, personnage sçavant, particulièrement bien versé en l'histoire, qui n'aguères a fait imprimer le *Sigebert*, assure qu'il a un vieil exemplaire de Marianus, écrit en parchemin, que le

---

(1) Blondel, p. 17.

reverend abbé de Gembloux, nommé *Ludovicus Sombechus*, luy a envoyé, dans lequel cette fable de la prétendue Papesse n'a point esté inserée, ny au texte, ny à la marge. Ce qu'avoit aussi témoigné celuy qui a fait imprimer à Cologne, le Krantzius. Mesme *Serarius* dit avoir vu à Francfort un manuscrit entre les mains de Latomus qui le luy montra, où ce conte est rapporté non absolument, comme porte celuy de Basle, que le calviniste Heroldus a imprimé, mais selon le bruit commun, *ut asseritur* (1). »

L'édition de Marianus, donnée par Heroldus, fut faite sur le manuscrit de Jean Latomus, doyen de Saint-Barthélemi, à Francfort. Or, de l'aveu du jésuite Serarius, ce manuscrit ne diffère de l'édition qu'à l'égard des termes : *ut asseritur*. Il contient donc tout le reste, et par conséquent il y a des manuscrits de Marianus qui font mention de la Papesse, sans qu'on puisse dire que les luthériens y ont ajouté ce conte; car il est indubitable que le manuscrit de Latomus n'avait pas été falsifié par les Luthériens. Ce fut un prêtre qui le fournit, et qui le tira de la bibliothèque d'une église (2).

Mais d'où viennent, dira-t-on, ces variantes des manuscrits de Marianus? Pourquoi trouve-t-on dans quelques-uns la papesse Jeanne et pourquoi ne la voit-on pas dans quelques autres?

A cela nous répondrons que cette diversité peut avoir été produite aussi bien par addition que par soustraction, et que pour savoir au vrai si Marianus est l'auteur de la période touchant la Papesse, il faudrait voir l'ori-

(1) *Réponse au Mystère d'Iniquité*, p. 506.
(2) Florimond de Remond : *l'Anti-Papesse*, chap. III, num. 4, folio 366.

ginal de sa chronique. Si on y trouvait cet article, il l'y aurait mis ; si on ne l'y trouvait pas, ce serait une pièce supposée dans les manuscrits qui la contiendraient. Mais comme on n'a point l'original (au moins que nous sachions), il est impossible de rien décider par cette voie.

On peut encore demander s'il est plus apparent que ce qui concerne la Papesse a été ôté par les copistes, qu'il n'est apparent qu'il ait été ajouté? Il est difficile de répondre quelque chose de positif, car il y a des raisons de part et d'autre. On prétend qu'il est probable que certains copistes, ayant trouvé scandaleuse la mention de la Papesse, n'ont pas voulu l'insérer ; et il est probable que d'autres copistes, frappés de la singularité du fait, n'ont pas voulu qu'il manquât dans leur Marianus, et l'y ont ajouté.

Il y a des lecteurs qui écrivent à la marge d'une chronique ou d'un calendrier un grand nombre de suppléments. Si un libraire faisait réimprimer cette chronique sur un exemplaire de cette nature, il insérerait dans sa nouvelle édition toutes ces notes marginales chacune en son rang, et il ne se donnerait pas toujours la peine de les distinguer de l'ancien texte. Une pareille conduite avait encore plus lieu avant l'invention de l'imprimerie. Les livres étaient plus chers, et ainsi l'on aimait mieux joindre à la marge les suppléments qu'un autre livre pouvait fournir, que d'acheter deux ouvrages. Or, ces additions marginales passaient ordinairement dans le texte quand on faisait une nouvelle copie.

C'est ici le lieu d'insérer une remarque fort juste de Florimond de Remond à ce sujet : « Les livres..... faits à pieces raportées et batons rompus, comme sont les chronologies, sont fort subjects aux gloses de ceux ès mains desquels ils tombent. On y voit ordinairement cent et cent crevasses, lesquelles sont ramparées par le premier venu, et de toute telle matiere qui luy vient en main : etbien souvent calfeutrées de quelque piece fausse. Chacun selon les années adjouste aisement ce qui à son advis a été laissé par l'autheur, qui ne peut avoir remarqué tout ce qui est espars parmy la grande multitude de livres que nous avons, et parmy les confusions des choses advenuës ès siecles passez. Qui est celui de nous, qui ne glose et reglose la chronologie du docte Pontac et celle de Genebrard, grand maistre des langues, pour avoir et l'un et l'autre obmis peut-être par mesgard quelques particularitez, ou sciemment passé pardessus ? Que si après, ces livres apostillez tombent en la main de quelque imprimeur, il n'a garde de faillir à faire passer tout sous le nom de son premier maistre, innocent toutes-fois des fautes que ce glossateur y pouvait avoir commises (1). »

On peut comprendre par là d'où vient que l'histoire de la Papesse se trouve dans les manuscrits d'Anastase et dans ceux de Marianus Scotus.

Il faut le dire ici, et ce fait n'est pas le moins curieux de tous ceux qu'on a vus et qu'on verra encore dans ce travail ; si la chronique de Marianus Scotus a été allongée de quelques lignes pour l'insertion de la Papesse Jeanne, ç'a été par des catholiques romains, et non par des hérétiques de quelque secte que ce soit.

Cela, dira-t-on, est contre toutes les apparences : les catholiques ont dû être incomparablement plus enclins à effacer l'aventure de Jeanne partout où ils la trou-

---

(1) *Chap.* v, *num.* 3, *fol.* 375, *verso.*

vaient, qu'à l'insérer où ils ne la trouvaient pas. Ils voyaient bien qu'elle couvrait de honte leur Eglise.

Cette objection, qui a quelque chose de spécieux au premier abord, n'est au fond qu'un vain fantôme ; car si le conte de la Papesse est une fable, c'est dans le sein du catholicisme qu'elle a été forgée, et ce sont des prêtres et des moines qui l'ont publiée les premiers. Elle a été crue et adoptée par des auteurs très-dévoués à la papauté, comme saint Antonin, archevêque de Florence. Une infinité d'écrivains l'ont rapportée bonnement et simplement, et sans soupçonner qu'elle fît aucun préjudice au saint-siége ; et depuis même que les sectaires de Bohême en eurent tiré un argument contre le catholicisme (1), on continua de la débiter, et l'on ne commença à la combattre tout de bon qu'après que les Protestants en ont voulu faire *un grand plat*, pour nous servir d'un mot de Bayle.

Il y a, du reste, bien d'autres choses que les catholiques avaient intérêt de supprimer, et qu'ils n'ont point fait disparaître, quoiqu'elles fussent infiniment plus scandaleuses et plus flétrissantes, ce semble, que celle-là.

Après Marianus Scotus, on cite comme preuve de la vérité de l'histoire de la Papesse, le moine chroniqueur Sigebert (mort en 1113), lequel a circonstancié un peu plus cette anecdote ; mais c'est un morceau supposé, disent les opposants de la Papesse, et ils se fondent sur des manuscrits où il n'est point.

Ce que nous avons dit sur les manuscrits de Marianus Scotus, peut s'appliquer à ceux de Sigebert.

Il y a des manuscrits de Sigebert qui n'ont rien de ce-

---

(1) Æneas Sylvius : *Epist.* cxxx.

passage. Aubert le Mire assure, « qu'en quatre exemplaires divers, entre lesquels estoit l'exemplaire de l'abbaye de Gembloux, d'où Sigebert estoit moine, qui est l'original, ou au moins a esté pris sur le propre manuscrit dont Sigebert s'est servi pour le mettre en lumière, il n'est faict aucune mention de Jeanne la Papesse, non pas mesme à la marge, encores qu'il s'y trouve force choses adjoustées depuis peu : partant, c'est chose certaine que cette fable est faussement attribuée à nostre Sigebert (1). »

Qu'on joigne maintenant à cela ces paroles de Florimond de Remond : « La fausseté, que nous disons avoir esté commise en Sigebert, se monstre à l'œil par la conférence d'un vieux autheur nommé Guillaume de Nangiac, qui a faict une chronique jusques en l'an 1302, dans laquelle celle de Sigebert est transcrite d'un bout à l'autre, sans qu'il y ait rien à désirer. Et toutesfois le seul conte de ceste Papesse ne s'y trouve pas. Pourquoy l'eust-il omis, vu que l'original d'où il dit l'avoir tiré, le pouvoit démentir ? Ce manuscrit se voit encores aujourd'huy dans l'abbaye de Gemblours près Louvain, si elle a eschappé la rage des hommes de ce siècle. C'est là où nostre Sigebert estoit religieux. Son livre y est gardé fort curieusement par les moines, pour le monstrer, comme chose rare, lorsque quelques hommes de sçavoir visitent leur couvent. Il est escrit de la main de Sigebert, où il ne se dit rien de ce nouveau pontife. Ce sçavant cordelier, le Père Protasius, m'a juré l'avoir vu, et assuré qu'il n'y a pas un mot de ceste fable : aussi Onuffre, Genebrard et autres le tesmoignent. C'est chose

---

(1) Coeffeteau : *l. cit. sup.*, p. 507.

bien aisée à vérifier, si quelque incrédule en veut prendre la peine. Le mesme Onuffre escrit, qu'ès anciennes copies, qui se trouvent de Sigebert en Italie, prises sur l'original de Gemblours, et lesquelles se voyent parmy les anciennes librairies, il ne s'en parle pas non plus (1). »

Nous lisons dans les *Dialogues* d'Alanus Copus, auteur du XVIᵉ siècle, que Molanus lui avait assuré comme témoin oculaire, que le manuscrit de Gembloux ne contenait rien touchant la Papesse, et que si ce n'était point l'original de Sigebert, c'était pour le moins une copie faite sur l'original. Alanus Copus assure, en outre, que plusieurs impertinences d'un écrivain amateur de fables ont été insérées par les copistes dans la chronique de Sigebert (2).

Spanheim avoue que les paroles de Sigebert, rapportées d'après l'édition de Paris, en 1513, sont une parenthèse que l'on peut ôter sans que les récits de l'auteur et ses calculs chronologiques en reçoivent nul dommage ; car il donne à Benoît III, immédiatement après Léon, la même année que la parenthèse assigne à Jeanne (3). Spanheim reconnaît aussi, avec franchise, que la parenthèse ne se trouve pas dans le manuscrit de la bibliothèque de Leyde (4). C'est un manuscrit fort ancien, et de 1154, si l'on s'en rapporte au titre.

Blondel n'a point pris parti dans la dispute relative aux manuscrits de Sigebert ; mais il insinue très-clairement qu'il trouve probable que cet auteur n'a rien dit

---

(1) *Chap.* v, *num.* 5, *fol.* 376.
(2) « Antiquiora Sigeberti exemplaria nullam hujusmodi narrationem complectuntur : et satis præterea constat, illius historiæ multa ascititia et plane vana ex, nescio, cujus Galfridi Monumetensis libro aspersa. » (Voy. *Dialog.* I, cap. VIII, p. 37. Edition d'Anvers, 1573, in-4°.)
(3) Page 53.
(4) Page 52.

de la Papesse. Voici l'une de ses raisons (1). « Vincent de Beauvais et Guillaume de Nangis (2) (qui ont d'année en année inséré les paroles de Sigebert dans leurs recueils, et particulièrement à l'égard de ce qu'il a escrit sur l'année 854 touchant Benoist III, et Anastase, son antipape, et sur l'année 857 touchant Nicolas I$^{er}$), ne copient point la clause concernant la Papesse. »

Cette raison est bien forte pour prouver du moins que ces copistes se servaient d'un exemplaire de Sigebert, qui ne disait rien de Jeanne.

Il est vrai qu'on répond qu'ils sautaient cet endroit de l'original, parce que Sigebert même raconte qu'il y a des gens « qui ne mettent point Jeanne au rang des papes, et qu'ainsi elle n'augmente point le nombre des papes du nom de *Jean.* »

On se sert aussi de cette remarque pour réfuter l'argument que Blondel tire de ce que plusieurs célèbres historiens ne font aucune mention de la Papesse. On fait voir que certains papes ont été rayés des dyptiques de Rome (3); et l'on nous cite Bède, qui nous apprend que deux rois anglo-saxons se rendirent si odieux, qu'on jugea nécessaire d'anéantir leur mémoire, et d'unir immédiatement dans les fastes le règne qui précéda et le règne qui suivit ces deux princes apostats (4).

---

(1) Page 69. — Il joint aux deux auteurs suivants, dans son ouvrage latin, p. 42, Albéric, moine des Trois Fontaines *Sigeberti exscriptor, qui de Joanna silet.*

(2) Voyez aussi Genebrard, ad ann. 858, p. 539. *Chronica Gulicl. Nangiaci, in quibus cum totus Liber alioqui Sigeberti exscriptus sit, hoc unum desideretur.*

(3) Voyez Spanheim, p. 38 et suiv.

(4) Bède : *Hist. Eccles. Anglorum,* lib. III, cap. I. — Cf. Spanheim, p. 40.

Mais ces réponses ne peuvent point satisfaire un esprit désintéressé ; car l'observation même de Sigebert a dû être cause que les auteurs qui adoptaient ses récits parlassent de la papesse Jeanne. Ils ont dû, à son exemple, raconter les aventures de ce prétendu pontife, et puis ajouter qu'elle ne compte pas parmi les papes, etc. N'ayant point parlé de la sorte, c'est un signe qu'ils n'ont point trouvé dans Sigebert le passage dont il s'agit.

Remarquons, en outre, que s'il y eût eu un décret portant que le nom de la Papesse serait effacé des actes publics, et que ses statues seraient renversées, c'eût été une de ces circonstances insignes que les chroniqueurs rapportent principalement. Un décret de ce genre fut porté contre la mémoire de l'empereur Domitien, qui n'a pas laissé pour cela d'avoir une place dans toutes les histoires parmi les empereurs romains. Cet arrêt même du sénat est l'une des choses que les historiens ont le plus soigneusement marquée. Spanheim, qui cite Procope (1), eût pu citer Suétone (2). Ce qu'il rapporte de Bède confirme ceci. Et au fond il est certain qu'afin que les annalistes entrent dans le véritable esprit d'un tel décret, et qu'ils répondent aux intentions expresses du Sénat, qui a voulu que la mémoire d'un tyran fût abolie, ils doivent faire mention de cet arrêt infamant. Il n'est nullement croyable que ceux qui infligent une telle peine à un usurpateur, souhaitent que personne ne parle de lui en bien ni en mal ; ce serait le ménager et le vouloir mettre à couvert de l'ignominie. Or, c'est ce qu'ils ne pourraient avoir en vue sans tomber en contradiction ; et par

---

(1) *Cap.* viii, *Hist. arcanæ.* — Cf. Spanheim, p. 40.
(2) *In Domitiano, cap. ult.*

conséquent ils désirent que ce qu'ils ordonnent contre sa mémoire serve à la faire détester dans tous les siècles à venir. Ils souhaitent donc que leur sentence soit expressément marquée dans les annales du pays.

Ajoutons qu'il y a une extrême différence entre effacer quelqu'un du nombre des papes, et ne faire aucune mention de lui. Les antipapes ne font point nombre : ceux qui ont pris le nom de Clément, par exemple, ne sont point comptés parmi les Clément ; et cependant les annalistes ne suppriment pas les actions, l'intrusion et les désordres de ces faux papes.

A cela, Desmarets fait cette objection : N'y a-t-il pas eu en France un Charles X, que la Ligue opposa à Henri IV; et cependant nul historien ne l'a mis au nombre des rois de France (1)?

Si les historiens ne le mettent pas au nombre des rois, ils ne laissent pas de nous apprendre ce que la Ligue fit pour lui.

Il n'est pas question ici de savoir si la Papesse a siégé de droit : il ne s'agit que du fait; a-t-elle été usurpatrice du Siége papal après la mort de Léon IV? L'a-t-elle tenu pendant deux ans? L'a-t-elle perdu par sa mort? Un historien, qui la regarde comme un faux pape, pourra bien l'exclure du nombre des papes qui ont porté le nom de Jean, et compter Léon IV pour le cent deuxième ; mais il faudra qu'il parle de l'interrègne de cette usurpatrice. Les historiens français commencent le règne de Charles VII à la mort de Charles VI, et ne comptent point pour roi de France Henri VI, roi d'Angleterre ; mais ils ne dissimulent point, qu'après la mort de Charles VI, ce Henri VI

(1) Pages 45, 46.

fut proclamé roi de France. Quelque honteux que puissent être de semblables faits, ils sont trop publics pour que les annalistes les suppriment entièrement.

C'est donc raisonner par le sophisme *à non causa pro causa*, que de supposer que la remarque de Sigebert empêcha que ses copistes ne transcrivissent son récit de la Papesse. Il faut donc regarder comme nulle la réponse de Desmarets.

Martin Polonus, qui mourut *environ l'an* 1270, *c'est-à-dire, 184 ans après la mort de Marianus* (1), étendit beaucoup plus le conte de la Papesse, en y joignant des détails d'un tel cynisme, que la plume se refuse à les transcrire.

C'est ainsi que parle David Blondel, qui, tout ministre protestant qu'il était, n'a pas laissé de traiter de fable cette histoire de la Papesse, et de composer des livres pour la réfuter (2).

Comme on forme ordinairement sur Martin Polonus les mêmes difficultés que sur Marianus Scotus et sur Sigebert, on peut y répondre par les mêmes arguments qu'on vient de lire ci-dessus.

Quelques savants croient que l'endroit de la chronique de Polonus, où il est parlé de la Papesse, n'est pas de cet auteur; quelques autres s'imaginent qu'il est le premier qui ait écrit touchant cette fable.

Cave, célèbre érudit anglican, soutient que le conte de la Papesse a été intercalé par une main étrangère dans

---

(1) Blondel, p. 17, 18.
(2) Avant Blondel, les protestants Chamier, Dumoulin, Bochart, Basnage et autres hommes instruits de diverses sectes, avaient eu la bonne foi de reconnaître que l'histoire de la prétendue Papesse Jeanne n'était qu'une fable.

l'ouvrage de Polonus. Il traite de fable ce qui concerne Jeanne, et dit que certains manuscrits fort estimés n'en font aucune mention (1). Jurieu n'hésite pas à qualifier l'histoire de la Papesse de *fable monstrueuse* (2) : nous rapporterons ailleurs, plus au long, les aveux de Jurieu; on sait s'il était suspect en cette affaire.

Burnet, évêque anglican, s'exprime en ces termes : « Je ne crois point l'histoire de la papesse Jeanne, ayant vu de mes propres yeux, en Angleterre, un manuscrit de Martinus Polonus, qui est un des plus anciens auteurs qu'on a accoutumé de citer en cette matière, et lequel semble avoir été écrit peu de temps après la mort de l'auteur, où cette histoire ne se trouve qu'en la marge et point au texte, et encore est-elle d'une autre main que celle qui a écrit le texte (3). »

Mais c'est assez, si ce n'est même déjà trop sur l'authenticité du témoignage de Martin Polonus ; revenons au conte de la Papesse qui, comme le dit très-bien Blondel, *a esté tout composé de pièces de rapport, et enrichi avec le temps* (4).

Florimond de Rémond (5) se sert d'un quatrain latin intraduisible pour convaincre de mensonge ceux qui disaient que certaine coutume durait encore (6) de son temps (fin du XVIe siècle).

(1) *De Script. Ecclesiasticis*, t. I, p. 739, 740. Edition de Londres, de 1688.
(2) *Apologie pour la Réformation*, t. II, p. 38, 39. Edition in-4°.
(3) Voyage de Suisse, d'Italie, etc., p. 300.
(4) Page 17.
(5) Chap. XVIII, num. 1, fol. 410, verso.
(6) On ne trouve nulle part la mention de la chaise *stercoraire* avant le XIIe siècle ; c'est ainsi qu'on appelle un siége de pierre sur lequel s'asseyait le Pape le jour de son intronisation. Voici ce qui se pratiquait : le nouveau Pape, après avoir été introduit dans l'église de La

Voilà cette *fable monstrueuse,* comme la qualifie Jurieu : on y eût sans doute cousu de nouvelles pièces de temps en temps, si les catholiques ne se fussent enfin résolus à la combattre ; ce qui mit fin aux broderies.

Une infinité d'écrivains, qui étaient d'ailleurs attachés à la papauté, ont cru cette *historiette,* comme dit Bayle. Æneas Sylvius (1) (depuis pape sous le nom de Pie II), au xv<sup>e</sup> siècle, est le premier qui l'ait révoquée en doute, ainsi qu'Aventin (2), quoique luthérien dans l'âme. Depuis lors, Onufre Panvini (3), Bellarmin (4), Serarius (5), Georges Scherer, Robert Persons (6), Florimond de Rémond, Allatius (7), De Launoi, le Père Labbe (8), et beaucoup d'autres (9), ont réfuté amplement cette

tran, était installé sur le trône, placé dans l'abside de cette basilique. Là il admettait à *l'osculum* ou baiser les évêques et les cardinaux. On le conduisait ensuite au portique de l'église et on le faisait asseoir sur un siége de marbre. Pendant qu'il était assis, on chantait l'antienne tirée du psaume CXII : *Suscitat de pulvere egenum,* ou, selon la Vulgate : *Suscitans de terrâ inopem, et de stercore erigit pauperem.* En même temps on soulevait le pontife, qui quittait le siége. C'était là un de ces enseignements sublimes, tels que le christianisme seul est capable de les inspirer. « C'est Dieu qui, de la poussière, tire le pauvre pour l'exalter ; c'est Dieu qui, du vil fumier, élève aux plus hauts honneurs l'indigent. » D. Mabillon assure avoir vu cette chaise et qu'elle n'est point percée. Le nom de *stercoraire* n'était donc vulgairement imposé à ce siége de marbre, qu'à cause du mot *stercore* de l'antienne précitée.

(1) *Epist.* cxxx, du 2 août 1451, adressée à Juan de Carvajal, cardinal de Saint-Ange.
(2) *Annalium Boiorum,* lib. IV.
(3) Dans ses notes sur Platina.
(4) *De Romano Pontif.,* lib. III, cap. xxiv.
(5) *Rerûm Mogunt.* lib. I.
(6) *De tribus Conversionibus Angliæ,* 2<sup>e</sup> partie, chap. v.
(7) *Confutatio fabulæ de Joannâ Papissâ, ex monumentis græcis,* imprimé à part en 1630, et inséré aussi dans le *Symmicta* du même auteur, en 1653, in-8°. C'est la 19<sup>e</sup> pièce de ce recueil.
(8) *L. c. sup.*
(9) Voyez-en la liste que le Père Labbe en a donnée, au t. I, *De Scriptor. Ecclesiast.,* p. 837 et suiv.

vieille tradition. Baronius témoigna beaucoup d'estime pour le travail de Florimond de Rémond (1). « Je ne pense pas, dit Bayle, que personne eût encore si bien réfuté le conte de la Papesse... Ses preuves parurent très-convaincantes à Juste-Lipse, » comme nous l'apprenons par une lettre de cet érudit à Aubert le Mire (2).

Et maintenant, raisonnons un peu sur les faits dont on vient de lire l'exposé impartial, et par cela même exact, puisque les objections précitées contre l'existence de la papesse Jeanne sont tirées d'auteurs protestants.

Ne peut-on pas dire que les protestants anciens et modernes, les libres penseurs, les impies, qui soutiennent encore avec tant de chaleur que l'histoire de la papesse Jeanne est véritable, consultent plutôt les intérêts de leur cause, que l'état et la condition des preuves? Car s'ils étaient (ce qu'ils ne sont pas, ce qu'ils n'ont jamais été) exempts de toute passion, ne se souviendraient-ils pas que le silence des auteurs contemporains leur a paru plusieurs fois une raison invincible contre diverses traditions alléguées par Rome? Un homme, exempt de tout préjugé, n'aurait besoin que de l'argument négatif pour rejeter le roman de la Papesse. Ce n'est pas que nous prétendions qu'à l'égard de toutes sortes de faits, le silence des auteurs contemporains soit une bonne raison de les nier. On ne doit prétendre cela qu'à l'égard des événements insignes, comme, par exemple, la retraite de Charles-Quint dans un monastère, et qu'à l'égard des circonstances essentielles et capitales d'une action, qui

---

(1) *Præ cæteris commendandus fama nobilis Florimondus.* (*Annales Ecclesiast.*, t. X, ad ann. 853, num. 62.)

(2) Voyez cette lettre dans les notes d'A. le Mire sur Sigebert, *apud* Gretser. *in Mysta Salmuriensi*, p. 300.

n'ont pu être ignorées de personne, et dont il serait absurde d'espérer que les siècles à venir n'auront nulle connaissance. Nous mettons dans cette classe le genre de mort de Henri II, de Henri III et de Henri IV; le premier tué dans un tournoi, le second assassiné par Jacques Clément durant le siége de Paris, et le troisième dans son carrosse, au milieu de la capitale de la France, par Ravaillac. Il n'est pas concevable que tous les historiens qui ont vécu au XVI$^e$ et au XVII$^e$ siècle aient pu s'opiniâtrer ou conspirer à ne pas dire un mot de l'abdication de Charles-Quint, ni de ce qu'il y eut de tragique dans la mort des trois Henri, rois de France.

Nous ne considérons pas ici en général le silence des auteurs contemporains : nous n'ignorons pas qu'il est très-possible que dans des livres de dévotion ou de morale, composés au XVI$^e$ et au XVII$^e$ siècle, on rapporte incidemment plusieurs actions de ces quatre princes, sans dire où ils moururent, ni comment. Nous ne parlons que de ceux qui ont écrit, ou l'histoire particulière de ces monarques, ou l'histoire d'Espagne et de France, ou l'histoire générale de l'Europe. Ce serait un prodige et une conspiration des plus étranges, non-seulement si tous ces historiens étaient muets à l'égard des faits que nous avons indiqués, mais même si sept ou huit des principaux les supprimaient.

Supposons qu'au XXIV$^e$ siècle (si toutefois le monde existe encore) il ne reste plus que sept ou huit des meilleurs historiens qui aient vécu sous Charles-Quint et sous Henri IV, ou un peu après; et que ceux qui vivront en ce temps-là ne trouvent aucune trace de l'abdication de Charles-Quint, et de l'assassinat de Henri III et de Henri IV, que dans quelque misérable annaliste du

XIXᵉ siècle ; nous soutenons qu'ils seront les plus téméraires et les plus crédules de tous les hommes, s'ils ajoutent foi à cet annaliste et à cent autres qui l'auront pu copier.

On peut aisément appliquer ceci à la dispute sur la Papesse.

Nous avons prévenu l'objection de ceux qui s'aviseraient de supposer que nous n'avons pas tous les annalistes qui vivaient en ce temps-là. Il nous suffit qu'il en reste quelques-uns des principaux.

Mais afin qu'on voie plus clairement qu'il a été impossible que les historiens du IXᵉ siècle aient supprimé un fait aussi extraordinaire que le serait le Papat de la prétendue Jeanne, essayons de réfuter ceux qui cherchent des raisons de ce grand silence des historiens contemporains relativement au fait de l'existence de la Papesse. Cette discussion, où nous allons entrer, fera ressortir d'une manière encore plus visible toute la force de l'argument négatif.

Les champions de la Papesse disent que la papauté de Jeanne fut considérée comme si honteuse à l'Eglise romaine, que l'on défendit d'en parler, et qu'ainsi les auteurs se turent, les uns par zèle, et les autres par crainte.

Argument pitoyable, qu'il est facile de ruiner d'autant plus facilement, qu'encore une fois, ce seront les protestants, représentés par leurs sommités, qui nous fourniront des armes terribles pour broyer le raisonnement précité et le réduire en poussière.

Disons en premier lieu (1), et sans crainte d'être con-

(1) Nous suivons l'argumentation de Bayle en la resserrant seulement.

tredit par tout homme sensé, — catholique, protestant ou incrédule, – qu'il n'est pas vrai que cette aventure ait été envisagée comme une infamie de la catholicité, ni comme une chose qui donnât atteinte aux droits de la communion de Rome : car, selon ses principes, ils ne dépendent point des qualités personnelles des papes.

Il est si vrai que le conte de la papesse Jeanne n'est point capable de déshonorer l'Eglise en général, et Rome en particulier, que Jurieu, — le fougueux Jurieu, — le prenant au sérieux, s'exprime ainsi : « Je ne trouve pas que nous soyons fort intéressés à prouver la vérité de cette histoire de la papesse Jeanne. Quand le siége des papes aurait souffert cette surprise, qu'on y aurait établi une femme pensant y mettre un homme, cela ne formerait pas à mon sens un grand préjugé. Et l'avantage que nous en tirerions ne vaut pas la peine que nous soutenions un grand procès là-dessus. Je trouve même que de la manière que cette histoire est rapportée, elle fait au siége romain plus d'honneur qu'il n'en mérite. On dit que cette Papesse avait fort bien étudié, qu'elle était savante, habile, éloquente, que ses beaux dons la firent admirer à Rome, et qu'elle fut élue d'un commun consentement, quoiqu'elle parût comme un jeune étranger, inconnu, sans amis et sans autre appui que son mérite. Je dis que c'est faire beaucoup d'honneur au siége romain, que de supposer qu'un jeune homme inconnu y fût avancé uniquement à cause de son mérite; car on sait que de tout temps il n'y a eu que la brigue qui ait fait obtenir cette dignité (1). »

Malgré son parti pris de tout dénigrer, Jurieu donne

---

(1) *Apologie pour la Réformation*, t. II, p. 38. Edition in-4°.

un grand poids à cette remarque du catholique Florimond de Rémond : « Mais quand bien ce malheur seroit advenu à l'Eglise, qu'une femme eust tenu le siege romain, puis qu'elle y estoit parvenue par ruses et tromperies, et que la monstre et parade qu'elle faisoit de sa vertu et sainte vie avoit ébloüy les yeux de tout le monde, la faute devoit estre rejetée sur elle, et non sur les eslecteurs, lesquels tenans le grand chemin, et marchans à la bonne foy, sans brigue, ni menée, ne pouvoient estre accusez d'avoir part à la supposition (1). »

Il ajoute que « cest accident ne pourroit estre si monstrueux s'il estoit veritable comme ce que ceux qui se sont appelez Reformez, Evangelistes et Puritains, ont non seulement tolleré, mais estably, voire forcé aucunes reynes et princesses de se dire et publier chef de l'Eglise en leurs Estats et Seigneuries, disposant des choses pies et sainctes, et des charges ecclesiastiques à leur appetit et volonté (2). »

En second lieu, l'on peut répliquer qu'il n'y a nulle apparence que Rome ait défendu de faire mention d'un événement aussi public et aussi extraordinaire que celui-là. Un tel ordre eût été bien inutile, on ne commet point ainsi son autorité par des défenses qui ne sont point de nature à être observées, et qui excitent plutôt le désir de parler, qu'elles ne ferment la bouche (3).

Ajoutez en troisième lieu, que si le zèle ou la crainte avaient arrêté la plume des historiens, nous ne verrions

---

(1) *Chap.* xi, *num.* 5, *fol.* 391.
(2) Voyez à peu près la même pensée dans Alanus Copus (1ᵉʳ *Dialog.*, chap. viii, p. 39), et dans Genebrard (*Chron.*, lib. IV, *ad ann.* 858, p. 540).
(3) Florimond de Remond, chap. xxviii, fol. 442.

pas que les premiers qui ont publié le papat de Jeanne sont des personnes dévouées à la religion catholique, et plus à portée que les autres d'être châtiées ; car, ce sont des moines. Il est sûr que presque tous ceux qui ont débité ce conte, étaient bons catholiques romains, et qu'ils ne pensaient à rien moins qu'à des médisances.

Enfin, l'on ne peut sans tomber en contradiction supposer une défense de parler de la Papesse ; car cet ordre de se taire ruinerait de fond en comble les principales circonstances de la narration précitée. Blondel n'oublie pas cette observation, et il y répond ainsi : « Plusieurs.... ont pensé sauver le roman de Marianus contre le préjudice d'un silence de plus de deux cents ans, en soutenant que les auteurs qui ont vescu depuis l'an 855, jusqu'à l'an 1050, se sont abstenus d'en parler, à cause de la honte qu'ils en avoient, et qu'ils ont mieux aimé altérer l'ordre de la succession des Papes par un silence affecté, que contribuer, par l'expression d'une verité odieuse, à la conservation de l'execrable memoire de cette fille, qui avoit (comme on prétend) déshonoré leur suite, en s'y ingerant. Car laissant à part que les auteurs du temps expriment (selon qu'il a esté demontré cy-dessus) des veritez très-contraires à cette supposition née depuis leur mort : ceux qui demeuroient à Rome comme Nicolas I, et Guillaume et Anastase, le bibliothecaire, eussent eu le sens tout à fait troublé, s'ils eussent pensé pouvoir (par l'effort de leur silence et de leur honte) ensevelir une ordure que l'on suppose avoir tellement comblé Rome d'estonnement, d'indignation, et de scandale, qu'elle n'ayt peu (*pu*) se satisfaire qu'en éternizant l'effet de son juste desdain, et en proposant des marques perpétuelles à la postérité, par l'érection d'une statue représentant la cause de son despit par le destour de ces processions, et par l'introduction de coustumes inouies auparavant, et peu honnestes (1). »

Il y avait longtemps que Florimond de Remond s'était servi de la même preuve (2). Cependant, si victorieuse qu'elle ait semblé à Bayle, Du Plessis-Mornai n'y eut nul égard : « Onuphre dit qu'Anastase, qui vivait de ce temps, n'en dit rien ; Regino non plus, et plusieurs autres venus depuis. Et à cela serait respondu en un mot, qu'argumenter *ab authoritate negativè*, ne conclut rien. Ranulfe aussi en son *Polychronicon*, lui respondroit, *qu'il a esté laissé en arriere pour la turpitude du fait* (3). »

La réponse de Coeffeteau sur ces paroles de Ranulphe est remarquable. « Cela serait bon, dit-il, si ces autheurs n'avaient pas remply le siége d'un vray Pape en ce temps là, et qu'ils y eussent laissé au moins assez d'intervalle pour faire accoucher cette *fille* (4). D'ailleurs où est icy la conscience des reformes? Ils veulent qu'en détestation de cette infamie, et pour monument éternel de ce scandale, l'on ayt basty à Rome une chapelle au lieu où elle accoucha; qu'on ayt érigé une statue de marbre pour representer le fait; et qu'on ayt fait dresser des chaires peu honnestes, pour se garder à l'avenir de choses semblables : Et cependant ils asseurent que les historiens n'en ont osé parler, pour le respect des Papes. Quel rayon, ains (*bien plus*) quelle ombre de verité en choses si mal accordantes? » (5).

(1) Pages 78, 79.
(2) *Chap.* XXII, *num.* 1, *et chap.* XXIV, *num.* 6.
(3) Page 161.
(4) Ici, comme plus haut, nous adoucissons un terme très-énergique, trop énergique même pour nos oreilles.
(5) Pages 505, 506.

Rivet, qui essaya de réfuter Coeffeteau, et qui le suivit presque pas à pas, ne répliqua rien à ce passage. Nous n'avons encore trouvé aucune solution sur ce point-là dans les écrits des champions de la Papesse. Bayle dit très-plaisamment à ce propos : « Ils ont imité Homère qui abandonnait les choses qu'il désespérait de bien traiter. »

Au reste, c'est en vain qu'on met en avant, pour prouver la vérité de la tradition de la Papesse, cette multitude d'auteurs, tant catholiques que protestants, qui ont copié en l'étendant ce conte monstrueux. Ce grand nombre de témoins est impuissant à établir et à fonder une preuve de l'existence de la Papesse, puisque le plus ancien est postérieur de deux cents ans au fait en question, et qu'il est incompatible avec des faits incontestables qui se trouvent dans les auteurs contemporains.

Les auteurs qui ont réfuté le conte de la Papesse établissent clairement que l'on ne la peut placer entre Léon IV et Benoît III. Ils en donnent des démonstrations chronologiques, qu'ils appuient sur des passages évidents des auteurs du ix$^e$ siècle (1). D'où il résulte que le premier qui a parlé de la Papesse, deux siècles après, est indigne de toute créance, et que ceux qui dans la suite ont débité la même chose, se sont copiés les uns les autres sans remonter à la vraie source, et sans faire aucun examen, et, par conséquent, que l'on ne doit faire aucun fond sur leur multitude.

---

(1) Voyez surtout la dissertation de Joseph Garampi (Rome, 1749, in-4°), intitulée : *De nummo argenteo Benedicti III*, où il est prouvé sans réplique qu'entre la mort de Léon IV et la nomination de Benoît III, il n'y a pas eu l'intervalle nécessaire pour placer le pontificat de la papesse Jeanne.

Mais laissons parler Blondel; ses paroles ont une remarquable énergie, — celle de la vérité même : « Ainsi, Marianus est la première et seule source d'où tous les ruisseaux des écrivains posterieurs sont derivez, et je ne croy pas (apres en avoir descouvert à nud le vice inexcusable) qu'il soit aucun besoin de passer plus avant en l'examen de ceux qui n'ont fait que copier les uns des autres, sans savoir si le premier avoit esté bien fondé. Quand les tesmoins se leveroient à centaines, voire à milliers, pour donner des depositions digerées de la sorte, il n'y auroit ame bien faite qui daignast avoir égard, soit à leur nombre, qui ne devroit jamais faire de contrepoids contre la verité et la raison, soit à leur discours, qui n'auroit esté en effet que le simple Echo des premieres reveries, qui eussent esté très aisées à convaincre d'impertinence et de faux, si ceux qui l'ont entrepris eussent plus eu le cœur à estudier l'Histoire du IX° siecle, qu'a exercer cette éloquence mesdisante que sainct Hierosme eust en son temps appellée *caninam facundiam* (1). » Quelques pages après, Blondel rapporte plusieurs exemples de fausses traditions, et nommément celle *du siege de Paris sous le regne de Louys le Debonnaire, par le Geant Isaure, dont on monstre la sepulture* (2) ; » puis il conclut ainsi : « Qu'il nous suffise, que tous ces contes sont contes et rien de plus ; que quand tout le monde les tiendroit pour oracles, il ne seroit pas en son pouvoir de leur faire changer de nature; et à l'opposite, que quand la verité (opprimée par la tyrannie des prejugez, et bravée par la vanité des romans, et

---

(1) Pages 70, 71.
(2) Pages 93, 94.

trahie par l'oubly, ou par la lascheté des hommes) auroit à se voir pour quelque temps mesconnue et desdaignée, ni sa solitude ne pourroit luy tourner à honte, ni l'effort de ses ennemis la faire decheoir de sa dignité, ni la belle apparence des fables causer de l'éclipse à sa divine lumière (1)... Vu donc qu'elle se trouve si évidente du costé des Auteurs, qui ont escrit entre les années 850 et 1050 de nostre Seigneur, que toutes leurs depositions s'accordans composent un corps bien ajusté, et proposent les evenemens dont on dispute, avec une aussi grande clarté que s'ils en avoient tiré le crayon avec un ray (*rayon*) du soleil, et que les écrivains posterieurs sont pleins de contradictions et incompatibilitez, tant avec les antecedens qu'avec eux mesmes : il semble que leur opinion (de quelque longueur de cours qu'elle se puisse vanter) ne merite point de meilleur traitement, d'estre (par la commune voix de tous ceux qui se rendent dociles à la raison) condamnée au billon (2). »

Les auteurs qui ont écrit pour démontrer la fausseté de l'histoire de la Papesse, en ont recherché l'origine, et ont allégué plusieurs conjectures, dont la plus raisonnable nous semble celle-ci. On a dit que le pape Jean VIII montra tant de lâcheté dans l'affaire de Photius, qu'on jugea qu'il *devait être plutôt nommé* femme *qu'homme*, dit Baronius (3). Bellarmin veut que cette fable soit venue de ce qu'il courut un bruit qu'une femme avait été patriarche de Constantinople (4). Allatius prétend qu'une

---

(1) Page 94.
(2) Page 95.
(3) Cité par Blondel, p. 85.
(4) Le pape Léon IX le témoigne, épist. I, chap. XXIII, cité par Blondel, p. 89. *Cf.* D. Mabillon : *Museum Italicum*, t. 1, p. 27, — et Spanheim, *l. c. sup.*, p. 12 et suiv.

certaine Thiota, qui s'érigea en prophétesse en Allemagne au IXᵉ siècle, fut l'occasion du conte de la papesse Jeanne. Blondel, qui réfute ces conjectures et bien d'autres encore, relatives à la même fable, déclare que l'on ne doit point *exercer son esprit en des enquestes inutiles pour un sujet qui n'en vaut pas la peine* (1). « Où en serions-nous, ajoute-t-il, s'il nous falloit deviner sur quoy se sont fondez les auteurs de tant de romans qui trouvent jusques à présent du credit dans l'opinion du commun (2) ? » Il en rapporte plusieurs exemples. Nous ne croyons point qu'il ait raison de rejeter tout ce que l'on a conjecturé sur l'origine de la fable de la Papesse.

« J'oserai bien dire (c'est Bayle qui parle) que les protestants, qui ont tant crié contre Blondel, et qui l'ont considéré comme un faux frère, n'ont été ni équitables, ni bien éclairez sur les intérêts de leur parti. Il leur importe peu que cette femme ait existé ou qu'elle n'ait pas existé : un ministre, qui n'est pas des plus traitables (*Jurieu*), l'avoue. Ils ont pu objecter légitimement le conte de la Papesse pendant qu'il n'était pas réfuté. Ils n'en étaient pas les inventeurs ; ils le trouvaient dans plusieurs ouvrages composés par de bons papistes : mais depuis qu'il a été réfuté par des raisons très-valables, ils ont dû l'abandonner... »

De tout ce qu'on vient de lire (et ce n'est pas la dixième partie de ce qui a été écrit), on peut donc hardiment conclure que la tradition de la papesse Jeanne est un mensonge flagrant.

Non-seulement les catholiques, mais même les pro-

---

(1) Page 92.
(2) Page 93.

testants ont réfuté victorieusement cette honteuse fable.

Nous aurons lieu d'admirer, dans d'autres études de ce genre, l'unanimité avec laquelle les hérétiques ont souvent condamné des mensonges, qui eussent pourtant servi énergiquement leur cause, mais que la puissance de la vérité leur a fait combattre, contre leur intérêt même.

Il était donné aux philosophes, aux libres penseurs et aux incrédules de notre temps de relever ces vieux mensonges et de tenter de les rajeunir. Mais, comme par le passé et plus facilement encore que jadis, on les verra s'évanouir à la lumière du flambeau de la vérité, porté haut par ceux même qui s'étaient déclarés ses plus grands ennemis.

# L'INQUISITION

Entre toutes les erreurs et tous les mensonges, ceux qui sont relatifs à l'Inquisition, et principalement à l'Inquisition espagnole, ont spécialement besoin de devenir l'objet d'un nouvel examen, à l'époque où nous vivons. Jamais, en effet, la déclamation et des préjugés de toute espèce n'ont rendu plus méconnaissables les données de l'histoire : on a confondu les choses qu'il est de la plus grande importance de distinguer; enveloppé dans un commun anathème les actes et les intentions, les institutions et les abus; jugé par les idées du siècle où l'on vit, ce qui ne peut être isolé du cadre des circonstances qui l'ont produit; enfin, toujours, on peut le dire, confondu (malgré la distance immense qui les sépare) l'Inquisition *ecclésiastique*, dont l'origine remonte à la fin du XII$^e$ siècle, et l'Inquisition *politique* établie en Espagne par Ferdinand le Catholique et Isabelle, en 1481.

Quelques incrédules modernes, échos des Protestants, veulent que saint Dominique ait été l'auteur, l'inventeur (pour ainsi dire) de l'Inquisition, et à ce sujet ils ont déclamé contre lui d'une manière furieuse. Le fait est cependant que saint Dominique n'a jamais exercé aucun acte d'inquisiteur (1), et que l'Inquisition, dont l'origine remonte au concile de Vérone, tenu en 1184 (2), ne fut confiée aux Dominicains qu'en 1233, c'est-à-dire, douze ans après la mort de saint Dominique.

L'hérésie des Manichéens, plus connus dans nos temps modernes sous le nom d'*Albigeois*, menaçant également, dans le xii$^e$ siècle, l'Eglise et l'État, on envoya des commissaires ecclésiastiques pour *rechercher* les coupables; ils s'appelèrent de là *inquisiteurs*. Innocent III approuva l'institution en 1204. Les Dominicains agissaient d'abord comme délégués du pape et de ses légats. L'*Inquisition* n'étant pour eux qu'un appendice de la *prédication*, ils tirèrent de leur fonction principale le nom de *Frères-Prêcheurs*, qui leur resta.

« Comme toutes les institutions destinées à produire de grands effets, l'Inquisition ne commença point par être ce qu'elle devint. Toutes ces sortes d'institutions s'établissent on ne sait comment. Appelées par les circonstances, l'opinion les approuve d'abord, ensuite l'autorité, qui sent le parti qu'elle en peut tirer, les sanctionne et leur donne une forme. C'est ce qui fait qu'il n'est pas aisé d'assigner l'époque fixe de l'Inquisition, qui eut de faibles commencements, et s'avança ensuite

---

(1) Voyez le savant dominicain Echard : *Scriptores ordinis prædicatorum.* — Le P. Lacordaire : *Vie de saint Dominique*, p. 118 et suiv. — Et l'analyse bien faite d'un excellent travail de M. Hefele, professeur à Tubingue, sur l'*Origine de l'Inquisition* et sur le *Saint-Office d'Espagne*, dans le *Correspondant* de 1850 (décembre), p. 321 à 337. — 1851 (octobre), p. 37 à 54, et p. 65 à 89.

Le titre de l'ouvrage de M. Hefele est : *Le cardinal Ximénès et la situation de l'Eglise d'Espagne à la fin du xv$^e$ siècle et au commencement du* xvi$^e$. Un fort vol. in-8, 1844. A Tubingue, chez R. Laupp.

(2) Fleury : *Histoire ecclésiastique*, livre LXXIII, n° LIV.

graduellement vers ses justes dimensions, comme tout ce qui doit durer (1). »

Ce qu'on peut affirmer avec une pleine assurance, c'est que l'*Inquisition* proprement dite, l'Inquisition ecclésiastique ne fut établie légalement, avec son caractère et ses attributions, qu'en vertu de la bulle *Ille humani generis*, de Grégoire IX, adressée au provincial de Toulouse, le 24 avril de l'année susdite 1233. Du reste, il est parfaitement prouvé que les premiers inquisiteurs, et saint Dominique surtout, n'opposèrent jamais à l'hérésie d'autres armes que la prière, la patience et l'instruction.

Il ne faut jamais confondre le caractère, le génie primitif d'une institution quelconque, avec les variations que les besoins ou les passions des hommes la forcent à subir dans la suite des temps. L'Inquisition est, de sa nature, bonne, douce et conservatrice : c'est le caractère universel et ineffaçable de toute institution ecclésiastique. Mais si la puissance civile, adoptant cette institution, juge à propos, pour sa propre sûreté, de la rendre plus sévère, l'Eglise n'en répond plus (2).

Vers la fin du XVᵉ siècle, le judaïsme avait jeté de si profondes racines en Espagne, qu'il menaçait d'étouffer entièrement la nationalité de ce pays. « Les richesses des judaïsants, leur influence, leurs alliances avec les familles les plus illustres de la monarchie, les rendaient infiniment redoutables : c'était véritablement une nation renfermée dans une autre (3). » Le mahométisme augmen-

---

(1) J. de Maistre : *Lettres à un gentilhomme russe sur l'Inquisition espagnole* (édit. de 1837), p. 4 et 5.
(2) *Ibidem, ut suprà*, p. 6.
(3) *Por la riqueza e poder, que gozaban, y por sus enlaces con las familias mas ilustres y distinguidas de la monarquia era verdadamente un pue-*

tait prodigieusement le danger; l'arbre avait été renversé en Espagne, mais les racines vivaient. Il s'agissait de savoir s'il y aurait encore une nation espagnole; si le judaïsme et l'islamisme se partageraient ces riches provinces; si la superstition, le despotisme et la barbarie remporteraient encore cette épouvantable victoire sur le genre humain. Les juifs étaient à peu près maîtres de l'Espagne; la haine réciproque était portée à l'excès; les cortès demandèrent contre eux des mesures sévères. En 1391, ils se soulevèrent, et l'on en fit un grand carnage. Le danger croissant tous les jours, Ferdinand le Catholique n'imagina, pour sauver l'Espagne, rien de mieux que l'Inquisition. Isabelle y répugna d'abord, mais enfin son époux l'emporta, et Sixte IV expédia les bulles d'institution, en l'année 1478 (1).

Tels sont en peu de mots les faits qui déterminèrent l'établissement de l'Inquisition *politique* en Espagne; il ne faut pas confondre cette Inquisition purement politique avec l'Inquisition *religieuse*, créée en 1233.

Avant d'aller plus loin, nous devons faire remarquer que nous consultons surtout des témoins impartiaux, souvent même ennemis du tribunal devenu si fameux dans les derniers temps. Les esprits les plus libéraux et les plus philosophiques de l'Espagne, tels que Pierre Martyr et Zurita, ont donné à l'Inquisition des éloges qu'ils auraient pu taire. Chose plus remarquable encore, c'est Llorente, le plus fougueux ennemi de l'Inquisition (2), qui nous fournit les faits qui servent à com-

---

*blo incluido in otro pueblo*, etc. (Informe sobre el Tribunal de la Inquisicion, etc. Cadix, 1812. Rapport officiel en vertu duquel le tribunal de l'inquisition espagnole fut supprimé, en 1812, par les Cortès.)
(1) *Ibid.*, p. 27.
(2) Voyez sur cet écrivain, dont le caractère est fort peu honorable,

battre les erreurs et les mensonges amoncelés contre cette célèbre institution ; enfin, comme l'a très-bien dit M. de Maistre (1), « le monument le plus honorable pour l'Inquisition » est précisément le rapport officiel en vertu duquel ce tribunal fut supprimé, en l'année 1812, par « ces cortès, de philosophique mémoire, qui, dans l'exercice passager de leur puissance absolue, n'ont su contenter qu'eux-mêmes. »

Si l'on considère l'esprit de cette assemblée, et en particulier celui du comité qui porta la parole, on conviendra que tout aveu favorable à l'Inquisition et parti de cette autorité, ne souffre pas de réplique raisonnable.

Rappelons-nous sans cesse cette vérité fondamentale, que l'Inquisition fut, dans son principe, une institution demandée et établie par les rois d'Espagne, *dans des circonstances difficiles et extraordinaires* (2). Le comité des cortès de 1812 l'avoue expressément ; « *mais*, dit-il, *les circonstances ayant cessé*, l'Inquisition est devenue inutile (3). » Donc ces causes existaient anciennement, et justifièrent l'institution du tribunal dont ces lignes forment l'histoire. Ayons toujours présente à l'esprit cette observation importante, qui est un des axiomes politiques les plus incontestables : « Jamais les grands maux politiques, jamais surtout les attaques violentes portées contre le corps de l'État, ne peuvent être prévenues ou repoussées que par des moyens pareillement violents. » Dans tous les dangers imaginables, tout se réduit à la

---

l'excellente notice de M. Royé. (*Biographie universelle*, t. 72. Supplément, p. 47 à 54.) Llorente est mort dans la première moitié du xixe siècle.

(1) *Loc. cit.*, p. 37.

(2) *Hallandose in circumstancias tan difficiles y extraordinarias.* (Rapport, p. 37.)

(3) *Mas no existendo estas causas, en los tiempos presentes*, etc. (Ibid.)

formule romaine : *Videant consules, ne respublica detrimentum capiat* ( « Que les consuls veillent à la sûreté de l'État » ). On sait que cette formule terrible les investissait sur-le-champ d'un pouvoir sans bornes. Si l'on pense aux sévérités de Torquemada, sans songer à tout ce qu'elles prévinrent, on cesse de raisonner.

Il s'en faut bien pourtant que nous nous fassions l'apologiste *quand même* des inquisiteurs de Séville (ce fut dans cette ville que fut établi le premier tribunal d'inquisition). Ils usèrent, dans l'exercice de leurs fonctions, de rigueurs excessives, d'une sévérité justement blâmée; de rudes remontrances leur furent adressées par le pape Sixte IV. Mais est-ce à dire que dès lors nous admettions aussi tout ce qui s'est débité sur ce point? L'impartialité nous le défend.

Comment, par exemple, en croirions-nous Llorente, lorsqu'il dit que dans la *seule* année 1481, la *seule* Inquisition de Séville ne fit pas brûler moins de *deux mille* personnes, uniquement dans les diocèses de Séville et de Cadix? Il cite, il est vrai, à l'appui de son assertion, le célèbre historien et jésuite espagnol Mariana ; mais, en consultant de nouveau l'ouvrage même de Mariana, nous trouvons que ce nombre de *deux mille* est celui des personnes brûlées sous Torquemada, c'est-à-dire pendant *tout* le temps que Torquemada fut inquisiteur et dans *toute* l'étendue de sa juridiction, qui embrassait les provinces de Castille et de Léon. L'historien Pulgar, contemporain de ces événements, est d'accord avec Mariana. Après avoir rapporté que Torquemada fonda des tribunaux dans les villes de Castille, d'Aragon, de Valence et de Catalogne, il dit : « Ceux-ci soumirent l'hérésie à l'Inquisition... sommèrent tous les hérétiques de se faire connaître de plein gré... sur quoi quinze mille se dénoncèrent eux-mêmes et furent réconciliés avec l'Église par la pénitence. Quant à ceux qui avaient attendu la dénonciation, on faisait leur procès, et s'ils venaient à être convaincus, on les livrait à la *justice séculière*. Environ deux mille de ces derniers furent, *en diverses fois (en diversas veces)* brûlés en *divers* endroits et villes. » Enfin, nous trouvons un témoignage analogue dans un autre contemporain, Marino Siculeo.

Que devient maintenant l'affirmation de Llorente? Que faut-il en penser surtout, si nous faisons encore remarquer que, précisément en l'année 1481, où il prétend que Torquemada fit brûler tant de monde, Torquemada n'était même pas encore inquisiteur?

Bornée d'abord dans son action aux seuls juifs déguisés, c'est-à-dire à ceux qui, après avoir reçu le baptême et faisant extérieurement profession de christianisme, demeuraient en secret attachés aux croyances et au culte mosaïques, l'Inquisition espagnole vit bientôt sa juridiction envelopper *tous* les juifs sans exception. Tel fut l'effet du décret de bannissement lancé par Ferdinand et Isabelle contre tous les disciples du Talmud, qui ne recevraient point le baptême. Ce décret est de 1492, époque à laquelle Grenade venait d'être conquise. Les causes et les circonstances de cet acte n'ont aucun rapport direct aux annales du saint-office; c'est la politique de Ferdinand et d'Isabelle qui en est responsable. Au reste, ils assument de leur propre mouvement cette responsabilité, dans l'édit d'expulsion, en ces termes : « Ce n'est qu'après *avoir* entendu l'avis d'un nombre considérable d'hommes importants et sages, soit ecclésiastiques, soit laïques, et après avoir longtemps réfléchi, que *nous avons décidé* cette mesure. » Est-il étonnant, en effet, qu'en présence, d'une part, de l'infatigable prosélytisme par lequel les juifs cherchaient sans cesse encore non-seulement à ramener à eux les *maraños* (juifs baptisés), mais à gagner même les vieux chrétiens et à judaïser toute l'Espagne ; de l'autre, des envahissements incessants par lesquels ils menaçaient de monopoliser toute la richesse nationale, toutes les sources de la prospérité publique ; est-il étonnant qu'hommes de foi et hommes d'État se soient trouvés d'accord sur la nécessité d'un pareil coup ?

« Ainsi, selon la judicieuse réflexion de M. Hefele, le *bien public*, ce mot dont l'influence magique sert à protéger, même au xixe siècle, mainte violation de la justice et de la liberté religieuse, le bien public parut d'autant plus exiger le bannissement des juifs, que peut-être, par suite des rigueurs passées, l'on avait perdu l'espoir de les transformer jamais en paisibles citoyens et d'arrêter l'élan de leur prosélytisme. »

C'était plus que du prosélytisme de la part des juifs. Quelle signification, d'ailleurs, dans ce fait bien avéré qu'en 1473 les juifs tentèrent de se faire livrer à prix d'argent la forteresse de Gibraltar, qui est la clef de l'Espagne (1) ?

Une suite d'actes de vengeance, de barbare et odieux fanatisme : des croix mutilées, des hosties consacrées profanées, des enfants chrétiens crucifiés, firent cesser toute hésitation à l'égard de la conduite à suivre vis-à-vis des juifs. En 1485, on avait déjà découvert à Tolède une

---

(1) Voyez le tableau vrai et détaillé de l'influence des juifs sur l'Espagne, au temps de Ferdinand le Catholique, et bien auparavant encore. *Le Correspondant*, 1850 (décembre), p. 335 et 336, et plus haut, *passim*. Ces articles, déjà cités, sont de M. A. Sisson.

conspiration ayant pour but de s'emparer de la ville le jour de la Fête-Dieu, et d'exterminer tous les chrétiens. Les juifs tentèrent vainement de conjurer l'orage suspendu sur leurs têtes, en offrant à Ferdinand une forte somme d'argent. Le 31 mars 1492, fut promulgué un édit qui enjoignait à tout juif refusant d'embrasser le christianisme, de quitter l'Espagne avant le 31 juillet de la même année. Ferdinand s'engageait à fournir gratuitement à tous les émigrants les moyens de s'en aller, et il tint généreusement parole.

Un grand nombre de juifs préférèrent l'exil au baptême ; mais à quel chiffre faut-il s'arrêter? Selon Llorente, il aurait été de 800,000 ; et cet historien peu consciencieux prétend encore fortifier son dire de l'autorité de Mariana. Mariana, non-seulement n'accepte pas le chiffre de 800,000 ; il le déclare exagéré et indigne de la moindre foi. Ferreras, autre historien espagnol, nous donne le chiffre exact des juifs qui durent quitter l'Espagne ; après avoir détaillé le nombre des émigrants par province, il arrive au total de 30,000 familles, ce qui fait environ 100,000 personnes.

Quelques mots maintenant sur ce qu'on a appelé la *persécution des Maures* d'Espagne. Après la prise de Grenade, Ferdinand et Isabelle s'étaient engagés à laisser aux Maures la propriété de leurs mosquées et le libre exercice de leur religion. « Les souverains espagnols, dit M. Hefele, ne pensèrent point qu'ils violeraient leur parole en donnant aux deux évêques les plus vertueux de leurs États, à Ximénès et Talavera, la mission de gagner les Maures au christianisme par la persuasion et l'instruction. Que l'on accordât aux convertis des avantages civils et matériels extraordinaires, les Maures de vieille roche pouvaient le regretter ; mais, certes, ce fait ne constituait d'aucune manière une violation du traité fait avec.eux. » Furieux à la vue des résultats obtenus par ces moyens de conversion, les Maures y répondirent par des insurrections menaçantes dans l'Albaycin, les Alpujarres et la Sierra-Vermeja. Ils annulaient ainsi *les premiers* le contrat de 1492, et les rois d'Espagne étaient évidemment déliés des promesses qu'ils leur avaient faites: ceux-ci avaient désormais le droit de considérer les Maures comme des rebelles, et de les traiter en conséquence. Cependant ils voulurent se montrer cléments, et pour tout châtiment ils mirent les insurgés dans l'alternative de se faire chrétiens ou d'émigrer, sans préjudice de leur fortune, sauf à payer un impôt de dix florins par tête. Presque tous prirent le parti de rester et reçurent le baptême, de sorte que l'ancien royaume de Grenade ne compta plus de Maures mahométans. Ces derniers cependant étaient encore nombreux dans les provinces de Castille et de Léon. Ferdinand et Isabelle ne les traitèrent pas d'abord aussi sévèrement que leurs compatriotes de Grenade : ils se bornèrent à leur défendre tout contact avec les *Moriscos*, ou Maures baptisés. Mais peu après, le 12 février 1502, un édit royal les mit dans l'alternative d'embrasser le christianisme ou de partir pour l'exil. La majorité, cette fois encore, se fit baptiser.

Cette mesure, que M. Hefele qualifie de *sévère* et de *dure*, fut, dit-on, conseillée par le successeur de Torquemada, don Diego de Deza, de l'ordre de Saint-Dominique. Entraîné par son zèle, ce dernier voulut encore persuader au roi et à la reine d'établir à Grenade un tribunal d'inquisition ; mais tout ce qu'Isabelle accorda, ce fut que les Morisques de Grenade relèveraient de la juridiction du tribunal de Cordoue, et encore seulement pour le cas d'une apostasie complète ; elle ne voulait pas qu'on pût les inquiéter pour de légères infractions. Ce privilége ne tarda pas à être accordé aux Morisques de Castille, de Léon et d'Aragon, et ce ne fut pas un leurre; les Maures ont sur ce point rendu eux-mêmes justice à l'Inquisition. Dans une déclaration présentée par les Morisques de Castille et de Léon au grand inquisiteur Manrique, quatrième successeur de Torquemada, on trouve une preuve incontestable de ce que nous avançons : « Tous vos prédécesseurs (lit-on dans ce document) nous ont constamment traités avec équité et pris sous leur protection. » Or, c'est Llorente qui l'atteste, Manrique usa à leur égard de la même douceur, tellement qu'à la faveur de cette tolérance, la plupart des Morisques de Grenade abandonnèrent la foi.

Pour apporter remède à un tel état de choses, on établit, en 1526, à Grenade même, un tribunal d'inquisition : cependant on n'en continua pas moins à user de bonté, comme par le passé, à l'égard des relaps. Le pape Clément VII s'occupa de les instruire, tandis que Charles-Quint, de son côté, décrétait, que les biens des apostats ne seraient point confisqués, mais conservés à leurs enfants, et, qu'en tout cas, il ne serait pas permis de les abandonner au bras séculier pour leur infliger la peine de mort ou tout autre châtiment. Philippe II suivit l'exemple de son père, et sous son règne les Morisques jouirent de la même indulgence. Il n'y eut du vivant de ce prince pas un seul cas de peine capitale pour cause d'apostasie. Il ne fallut rien moins qu'un *nouveau soulèvement* des Morisques de Grenade, qui nommèrent roi un descendant de leurs anciens souverains, pour motiver enfin, de la part des rois d'Espagne, des mesures sévères.

« Après cela, dit M. Hefele, les papes tels que Grégoire XIII cherchèrent encore à gagner les Morisques par la douceur; mais cette bienveillante intervention fut si peu suivie d'une conversion sincère et durable, qu'au contraire, par des soulèvements nouveaux, par des alliances avec les Maures d'Afrique, ils amenèrent eux-mêmes leur expulsion totale de l'Espagne, sous Philippe III, en 1609. Déjà un roi de France, le pénétrant François I$^{er}$, avait donné ce conseil à Charles-Quint. » Le bannissement des Maures fut approuvé et considéré comme une nécessité d'État, par les hommes les plus éclairés que l'Espagne possédât alors.

Passons maintenant à la partie spécialement critique du savant travail de M. Hefele. Celle-ci est de la plus grande importance. L'auteur y corrobore la discussion, de recherches pleines d'intérêt et de judicieuses remarques. Le premier, il a tracé bien nettement la véritable physionomie du Saint-Office espagnol.

Si (comme on l'a dit si souvent) l'on voit produire tant d'appréciations absurdes et injustes sur l'Inquisition, c'est qu'au lieu de mettre cette institution en regard des principes du xv$^e$ et du xvi$^e$ siècle, on la transporte en plein xix$^e$ siècle. Et pourtant, quelle différence profonde entre ces deux époques! « L'on ne peut nier que, depuis cent ans environ, il y ait quelque tendance à voir dans les incrédules et les mécréants de toute espèce, les meilleurs citoyens; au moyen âge, au contraire, et c'est là la base de l'Inquisition, toute déviation en matière religieuse était considérée comme un crime de lèse-majesté; pour inspirer de la confiance, pour être un bon citoyen, il fallait professer la religion de l'État. *Cujus est regio illius et religio*, tel était le principe universellement admis et suivi dans la pratique (1). »

C'est précisément la secte qui se glorifie d'avoir acquis aux sociétés modernes le bienfait de la liberté religieuse, qui offre, dès ses débuts, la consécration la plus remarquable de ce principe.

Luthérien jusqu'en 1563, l'électeur Frédéric III embrasse alors le calvinisme. Aussitôt il *contraint* tous ses sujets de se conformer à son changement; ceux qui s'y refusent sont expulsés de son territoire. Treize ans plus tard, Louis, son fils, revient au luthérianisme orthodoxe: alors il chasse tous les ministres calvinistes et impose *de force* à son peuple les idées luthériennes (1576). En 1583, l'électeur Jean-Casimir releva le calvinisme, et le Palatinat dut entrer dans cette nouvelle phase. Tels se montrèrent les premiers protecteurs du protestantisme : assurément, Ferdinand le Catholique n'a rien à craindre du parallèle.

Nous pourrions encore corroborer l'assertion précitée sur l'esprit du moyen âge, en inscrivant ici cet article important de la paix de Passau (1552), par lequel chaque puissance allemande recevait le droit de mettre ses sujets dans l'alternative, ou d'embrasser la religion du souverain, ou de sortir de ses États après avoir payé une certaine somme d'argent. Voilà une imitation de la conduite de Ferdinand vis-à-vis des Maures d'Espagne. Ce fut précisément cet article de la paix de Passau, qui concourut de la manière la plus active à la diffusion de la réforme en Allemagne. Les princes protestants traitaient avec sévérité tous ceux qui n'acceptaient que pour la forme les

---

(1) A. Sisson : *le Correspondant*, 1851, p. 53, t. XXIX.

changements religieux par eux introduits, ou qui tentaient le moindre effort pour le retour de l'ancienne religion (1).

« Je ne sais, dit à ce propos M. Hefele, si en pareil cas il n'y avait pas plus à craindre d'un luthérien zélé que de l'inquisition d'Espagne. »

Qu'on ne nous parle donc plus de la tolérance des protestants : nous rappellerions que Calvin fut le bourreau de Servet, parce que ce malheureux sectaire ne pensait pas comme lui sur certains points de doctrine. Servet fut brûlé à Genève, au nom de la tolérance ! Luther poussa sur les champs de bataille les paysans insurgés, et quand ils eurent été vaincus, il jeta de la boue à leur mémoire. Abrégeons. Et les philosophes, et Voltaire et Rousseau, ces apôtres furibonds de la tolérance, n'étaient-ils pas les plus intolérants des hommes? Écoutons Grimm, un de leurs adeptes, définissant la tolérance : « Tous les grands hommes ont été intolérants, *et il faut l'être*. Si l'on rencontre sur son chemin un prince débonnaire, il faut lui prêcher la tolérance, *afin qu'il donne dans le piége*, et que le parti écrasé ait le temps de se relever par la tolérance qu'on lui accorde, *et d'écraser son adversaire à son tour* (2). »

De semblables paroles n'ont pas besoin de commentaire; et, après les avoir lues, on se sent pris d'un invincible dégoût pour la tolérance *quand même* des libéraux et des révolutionnaires, ces prétendus martyrs de la veille, toujours prêts à devenir les tyrans du lendemain.

Abordons, avec M. Hefele, l'examen d'une des objec-

(1) Voyez A. Varillas : *Histoire des Révolutions arrivées en Europe en matière de religion*.
(2) *Correspondance de Grimm*, 1er juin 1772, 1re partie, t. 2, p. 242 et 243.

tions les plus graves que les esprits légers adressent au code du Saint-Office. Nous voulons parler de ces rigueurs, de cette froide cruauté devenues pour ainsi dire proverbiales, surtout depuis ces vers de Voltaire, qui qualifie ainsi l'Inquisition :

> Ce sanglant tribunal,
> Ce monument affreux du pouvoir monacal,
> Que l'Espagne a reçu, mais qu'elle-même abhorre :
> Qui venge les autels, mais qui les déshonore ;
> Qui, tout couvert de sang, de flammes entouré,
> Egorge les mortels avec un fer sacré.

« Ces coupables inepties, dit M. de Maistre (1), excitent chez les sages *le rire inextinguible* d'Homère, mais la foule s'y laisse prendre, et l'on en vient insensiblement à regarder l'Inquisition comme un club de moines stupides et féroces, qui font rôtir des hommes pour se divertir. L'erreur gagne même des gens sensés, et des ouvrages consacrés en général à la défense des bons principes, au point que, dans le *Journal de l'Empire* (aujourd'hui *Journal des Débats*) nous avons pu lire (19 avril 1809)... cet étrange passage : *Il est vrai, quoi qu'on en ait dit, que les inquisiteurs avaient conservé, jusqu'en 1783, l'habitude un peu sévère de brûler solennellement les gens qui ne croyaient qu'en Dieu : c'était là leur tic ; mais, hormis ce point, ils étaient de fort bonne composition.*

» Certes, l'auteur de cet article a fort peu songé à ce qu'il écrivait. Quel est donc le tribunal de l'univers qui n'ait jamais condamné à mort ? Et quel crime commet le tribunal civil qui envoie à la mort un accusé, en vertu d'une loi de l'État statuant cette peine pour un délit dont cet accusé est convaincu ? Et dans quelle loi espagnole

(1) *L. c. sup.*, p. 16 et 17.

a-t-on lu que les déistes seront punis de mort? Il serait difficile d'en imposer davantage à la crédulité d'un lecteur inattentif. »

Séparons et distinguons bien exactement, lorsque nous raisonnons sur l'Inquisition, la part du gouvernement de celle de l'Église. Tout ce que le tribunal montre de sévère et d'effrayant, et la peine de mort surtout, appartient au gouvernement; c'est son affaire, c'est à lui, et c'est à lui seul qu'il faut en demander compte. Toute la clémence, au contraire, qui joue un si grand rôle dans le tribunal de l'Inquisition, est l'action de l'Église, qui ne se mêle de supplices que pour les supprimer ou les adoucir. Ce caractère indélébile n'a jamais varié; aujourd'hui ce n'est plus une erreur, c'est un crime de soutenir, d'imaginer seulement que des prêtres puissent prononcer des jugements de mort.

Il y a dans l'histoire de France un grand fait qui n'est pas assez observé; c'est celui des Templiers. Ces infortunés (coupables ou non) demandèrent expressément d'être jugés par le tribunal de l'Inquisition; car, *ils savaient bien*, disent les historiens, *que s'ils obtenaient de tels juges, ils ne pouvaient plus être condamnés à mort*. Mais Philippe le Bel, qui avait pris son parti et qui sentit l'inévitable conséquence de ce recours des Templiers, s'enferma avec son conseil d'État, et les condamna brusquement à mort. C'est ce qui n'est pas connu, ce nous semble, assez généralement.

Mais revenons à la question principale. En ouvrant les codes criminels du $XV^e$ et du $XVI^e$ siècle, nous trouvons dans toutes les dispositions pénales un caractère de dureté, une facilité à verser le sang que notre siècle ne connaît pas. En voici plusieurs exemples, extraits de la *Caroline* ou code pénal de Charles-Quint. « Blasphème contre Dieu et la Sainte-Vierge : mutilation et peine de mort. Pédérastie et sodomie : peine du feu. Magie : peine de mort. Fabrique de fausse monnaie, payement fait sciemment en fausse monnaie : peine du feu; etc. Toute récidive en fait de vol : peine de mort. » Si tel était l'esprit général de la législation criminelle des temps dont nous parlons, de quel droit, lorsque cet esprit se reflète dans les codes du saint-office, en ferait-on un chef d'accusation contre ce tribunal en particulier ? Nous l'avons déjà dit, l'hérésie était alors considérée comme un délit de la plus grande importance, et la nécessité de lui assigner un châtiment semblait telle, que l'un des personnages les plus éminents et le plus large de vues du siècle où l'inquisition espagnole fut créée, le célèbre Gerson soutenait que si le pape lui-même ou un cardinal agissait au détriment de l'Eglise, on ne devrait pas balancer à leur infliger la peine de mort. Après cela, quel ménagement pouvait attendre en Espagne un hérétique d'un *sang souillé* ?

Au reste, sans parler de *maintes différences* entièrement à l'honneur du saint-office, constatons qu'à mesure que les mœurs s'adoucirent, et que la législation civile se perfectionna, le système de procédure et de pénalité de l'inquisition suivit un mouvement parallèle : Llorente le reconnaît et le constate avec éloges.

S'il est vrai que le saint-office ne se soit pas montré plus cruel que les tribunaux civils du XVI<sup>e</sup> siècle, et par conséquent que ceux des temps antérieurs, est-il pourtant conforme à l'exactitude de soutenir que lui *seul* poursuivit l'hérésie et décréta la *peine de mort* contre ses sectateurs ? Les exemples abondent au contraire pour prouver que tous les pays, quel que fût leur culte, suivaient alors la même ligne de conduite.

Prenons pour exemple le malheureux Servet que Calvin fit brûler à petit feu, en 1553, à Genève. Des 1531, Bucer déclarait du haut de la chaire, à Strasbourg, que l'obstiné *antitrinitaire* méritait la mort la plus ignominieuse. Vingt ans après, le père du calvinisme donnait raison à ces paroles. Après le supplice, il composa un écrit intitulé : *Fidèle exposition et courte réfutation des erreurs de Servet, où l'on enseigne, qu'on doit réprimer les hérétiques par le droit du glaive* (1). Puis, le *doux* Mélanchthon vient, qui approuve et félicite avec effusion Calvin d'avoir fait *exécuter* cet horrible blasphémateur. Les doctrines sanguinaires du réformateur de Genève furent enseignées par d'autres encore, tels que Théodore de Bèze; Valentin, Gentilis, Bolsec, Carlostadt, Grüet, Castellion, etc. se les virent appliquer aussi bien que Servet. On connaît les atroces traitements que le protestantisme fit subir aux catholiques en Angleterre. Pour parler d'une époque plus rapprochée de la nôtre, rappelons qu'en 1724, dans le Holstein, un jeune soldat, convaincu d'avoir voulu faire un pacte avec le démon, fut décapité. Enfin, en 1844, le peintre Nilson, ayant embrassé le catholicisme, le gouvernement de Suède le condamna à l'exil et le dépouilla de tous ses droits civils.

De quel droit, l'erreur, si intolérante, ose-t-elle attaquer le saint-office et lui reprocher des crimes imaginaires, tandis qu'elle-même a fait couler des flots de sang humain.

Rappelons ici deux remarques essentielles, à propos

(1) *Fidelis expositio errorum M. Serveti et brevis eorum refutatio, ubi docetur, jure gladii coercendos esse hæreticos.*

de la prétendue cruauté du code du saint-office. Déjà, M. de Maistre, dans ses *Lettres à un gentilhomme russe sur l'inquisition espagnole*, avait insisté sur ce point important. C'est, en premier lieu, que le tribunal de l'inquisition s'est toujours borné à constater la culpabilité de l'accusé qui passait d'entre ses mains dans celles du pouvoir séculier; en deuxième lieu, qu'en livrant l'hérétique, convaincu de son délit, à l'autorité civile, il n'oubliait jamais d'en appeler de sa justice à sa clémence. Mais laissons M. de Maistre parler lui-même :

« Parmi les innombrables erreurs que le XVIII$^e$ siècle a propagées et enracinées dans les esprits, avec un déplorable succès, aucune, je vous l'avoue, ne m'a jamais surpris autant que celle qui a supposé, soutenu et fait croire enfin à l'ignorante multitude que des *prêtres* pouvaient condamner un homme à mort. Il est permis d'ignorer la religion de *Fo*, de *Bouddha*, de *Somonocondom* (1); mais quel Européen a droit d'ignorer *le christianisme universel ?*... A quelle oreille n'est jamais arrivé l'axiome éternel de cette religion : L'ÉGLISE ABHORRE LE SANG (2) ! Qui ne sait qu'il est défendu au prêtre d'être chirurgien, de peur que sa main consacrée ne verse le sang de l'homme, même pour le guérir ! Qui ne sait que dans les pays d'*obédience* (3), le prêtre est dispensé de déposer comme témoin dans les procédures de mort, et que, dans les pays où l'on a cru devoir lui refuser cette condescendance, on lui donne acte au

---

(1) « Et même encore celui qui entreprendrait de les diffamer serait-il obligé de les connaître ? » (Note de M. de Maistre.)
(2) *Ecclesia abhorret a sanguine.*
(3) On appelle *pays d'obédience*, celui où le pape nomme aux bénéfices, et exerce une juridiction plus étendue.

moins de la protestation qu'il fait, *de ne déposer que pour obéir à justice et de ne demander que miséricorde.* Jamais le *prêtre* n'éleva d'échafaud ; il y monte seulement comme martyr ou consolateur ; il ne prêche que miséricorde et clémence, et, sur tous les points du globe, il n'a versé d'autre sang que le sien (1). »

Rappelons ici les remarquables paroles de Pascal (2) sur le même sujet :

« L'Eglise, cette chaste épouse du Fils de Dieu, qui, à l'imitation de son époux, sait bien répandre son sang pour les autres, mais non pas répandre pour elle celui des autres, a pour le meurtre une horreur toute particulière et proportionnée aux lumières particulières que Dieu lui a communiquées. Elle considère les hommes, non-seulement comme hommes, mais comme images du Dieu qu'elle adore. Elle a pour chacun d'eux un saint respect qui les lui rend tous vénérables, comme rachetés d'un prix infini, pour être faits les temples du Dieu vivant ; et ainsi, elle croit que la mort d'un homme, que l'on tue sans l'ordre de son Dieu, n'est pas seulement un homicide, mais un sacrilége, qui la prive d'un de ses membres, puisque, soit qu'il soit fidèle, soit qu'il ne le soit pas, elle le considère toujours, ou comme étant l'un de ses enfants, ou comme étant capable de l'être...

» Tout le monde sait qu'il n'est jamais permis aux particuliers de demander la mort de personne, de sorte qu'il a fallu établir des personnes publiques qui la demandent de la part du roi, ou plutôt de la part de Dieu ; et c'est pourquoi, afin d'y agir comme fidèles dispensateurs de cette puissance divine, d'ôter la vie aux hommes,

(1) *L. c. sup.*, p. 17 et 18.
(2) XIVe *Lettre provinciale.*

les magistrats n'ont la liberté de juger que selon les dépositions des témoins... ensuite desquelles ils ne peuvent en conscience prononcer que selon les lois, ni juger dignes de mort que ceux que les lois y condamnent. Alors, si l'ordre de Dieu les oblige d'abandonner au supplice les corps de ces misérables, le même ordre de Dieu les oblige de prendre soin de leurs âmes criminelles... Tout cela est bien pur et bien innocent, et néanmoins l'*Église abhorre tellement le sang, qu'elle juge encore incapables du ministère de ses autels ceux qui auraient assisté à un arrêt de mort, quoique accompagné de toutes ces circonstances si religieuses.* »

Voilà, dirons-nous avec M. de Maistre, « voilà une assez belle théorie ; mais voulez-vous de plus connaître, par l'expérience, le véritable esprit sacerdotal sur ce point essentiel ? Étudiez-le dans les pays où le *prêtre* a tenu le sceptre ou le tient encore. Des circonstances extraordinaires avaient établi en Allemagne une foule de souverainetés ecclésiastiques. Pour les juger sous le rapport de la justice et de la douceur, il suffirait de rappeler le vieux proverbe allemand : *Il est bon de vivre sous la crosse* (1). Les proverbes, qui sont le fruit de l'expérience des peuples, ne trompent jamais. J'en appelle donc à ce témoignage, soutenu d'ailleurs par celui de tous les hommes qui ont un jugement et une mémoire. Jamais, dans ces pacifiques gouvernements, il n'était question de persécution, ni de jugements capitaux contre les ennemis spirituels de la puissance qui régnait.

» Mais que dirons-nous de Rome ?... Assurément, c'est dans le gouvernement des pontifes que le véritable

---

(1) *Unterm Krummstabe ist gut wohnen.*

esprit du sacerdoce doit se montrer de la manière la moins équivoque. Or, c'est une vérité universellement connue, que jamais on n'a reproché à ce gouvernement que la douceur. Nulle part on ne trouvera un régime plus paternel, une justice plus également distribuée, un système d'impositions à la fois plus humain et plus savant, une tolérance plus parfaite. Rome est peut-être le seul lieu de l'Europe où le Juif ne soit ni maltraité, ni humilié. A coup sûr, du moins, c'est celui où il est le plus heureux, puisqu'une autre phrase proverbiale appela de tout temps Rome, *le paradis des Juifs*.

» Ouvrez l'histoire : quelle souveraineté a moins sévi que celle de Rome moderne contre les délits antireligieux de toute espèce? Même dans les temps que nous appelons d'*ignorance* et de *fanatisme*, jamais cet esprit n'a varié. Permettez-moi de vous citer seulement Clément IV, *grondant*, au pied de la lettre, le roi de France (qui était cependant saint Louis) sur les lois trop sévères, au jugement du pontife, que ce grand prince avait portées contre les blasphémateurs (1), le priant instamment, dans sa bulle du 12 juillet 1268, de vouloir bien adoucir ces lois, et disant encore au roi de Navarre, dans une bulle du même jour : *Il n'est pas du tout convenable d'imiter, notre très-cher fils en Jésus-Christ, l'illustre roi des Français, au sujet des lois trop rigoureuses qu'il a publiées contre ces sortes de crimes* (2).

» Voltaire, dans ces moments où le sens exquis dont

---

(1) Voyez Du Cange, dans ses notes sur Joinville. — Saint Louis avait ordonné que les blasphémateurs auraient la langue percée avec un fer rouge.

(2) *Sed fatemur quod in pœnis hujusmodi tam acerbis... charissimum in Christo filium nostrum regem Francorum illustrem non deceat imitari.* (Dans Du Cange, *l. c. sup.*)

il était doué n'était pas offusqué par la fièvre antireligieuse, a rendu plus d'un témoignage honorable au gouvernement des pontifes. Je veux vous en citer un très-remarquable. Il est tiré du poëme de *la Loi naturelle*, où l'on n'irait point le chercher sans être averti :

> Marc-Aurèle et Trajan mêlaient au champ de Mars
> Le bonnet du pontife au bandeau des Césars.
> L'univers reposant sous leur heureux génie,
> Des guerres de l'école ignorait la manie ;
> Ces grands législateurs, d'un saint zèle animés,
> Ne combattirent point pour leurs poulets sacrés.
>
> Rome encore aujourd'hui, conservant ces maximes,
> Joint le trône à l'autel par des nœuds légitimes.
> Ses citoyens en paix, sagement gouvernés,
> Ne sont plus conquérants et sont plus fortunés (1).

» Or, je vous le demande,... comment serait-il possible qu'un caractère général d'une telle évidence se démentît sur un seul point du globe ? Doux, tolérant, charitable, consolateur dans tous les pays du monde, par quelle magie sévirait-il en Espagne, au milieu d'une nation éminemment noble et généreuse (2) ? »

On le voit, l'Eglise a horreur du sang, et quand la sévérité des lois humaines s'appesantissait sur les hérétiques, elle invoquait toujours en leur faveur l'indulgence des juges. Sans nous arrêter davantage sur ce sujet, nous enregistrerons une sentence de l'inquisition (3),

---

(1) Voyez le poëme *de la Religion naturelle*, 4ᵉ partie. — Voir la manière piquante et logique dont M. de Maistre (*l. c.*) relève la niaiserie et le non-sens des six premiers vers de cette citation de Voltaire (p. 24, 25 et 26, note 1).

(2) M. de Maistre, p. 17 à 25.

(3) Voyez *la Inquisicion sin mascara* (l'Inquisition dévoilée). Cadix,

du genre le plus sévère, celle qui, sans *ordonner* (ce qui n'est pas possible), *entraîne* cependant la mort lorsqu'il s'agit d'un crime que la loi frappe du dernier supplice :

« Nous avons déclaré et déclarons l'accusé N. N. convaincu d'être hérétique-apostat, fauteur et receleur d'hérétiques, faux et simulé *confessant* et impénitent relaps ; par lesquels crimes il a encouru les peines de l'excommunication majeure et de la confiscation de tous ses biens au profit de la chambre royale et du fisc de Sa Majesté. Déclarons de plus que l'accusé doit être abandonné, ainsi que nous l'abandonnons à la justice et au bras séculier *que nous prions et chargeons très-affectueusement, de la meilleure et de la plus forte manière que nous le pouvons, d'en agir à l'égard du coupable avec bonté et commisération* (1). »

Quelques remarques sur cet arrêt ne seront pas inutiles. On voit d'abord qu'il ne s'agit point de l'hérétique pur et simple, mais de l'hérétique *apostat*, c'est-à-dire du sujet espagnol convaincu d'avoir apostasié et d'en avoir donné des preuves extérieures, sans lesquelles il n'y aurait pas de procès. L'expression *simulé confessant* désigne le *relaps*, et l'on y voit que le coupable qui confesse son crime, qui dit : *J'ai péché, je m'en repens*, est toujours absous au tribunal de l'inquisition (ce qui n'a pas d'exemple dans aucun autre tribunal de l'univers). S'il retourne aux mêmes erreurs après le pardon reçu, il est déclaré *faux simulé confessant et impénitent relaps*.

La confiscation des biens *au profit de la chambre royale*

Niel. 1811. In-8°. — Cet ouvrage, qui est contre l'Inquisition, ne saurait être suspecté dans le cas présent (p. 180 et 181).

(1) Sur cette formule, *chère à l'Eglise*, selon l'expression de Van Espen, voyez de cet auteur : *Jus Ecclesiast. Univ.* Part. II, tit. X, cap. IV, n° 22.

*et du fisc de Sa Majesté* indique que le tribunal de l'Inquisition est purement royal, malgré la fiction ecclésiastique, et ainsi toutes les belles phrases sonores sur *l'avidité sacerdotale* tombent à terre.

Qui osera traiter de vaine formule cette invitation finale à la miséricorde? Si trop souvent elle est restée sans effet, qu'on n'accuse que la dureté et l'indifférence de ceux à qui elle était adressée.

Il est bon de remarquer une expression favorite de tous les écrivains qui ont parlé contre l'inquisition, et sur laquelle ils semblent s'être donné le mot. Cette expression consiste à nommer tous les coupables condamnés par ce tribunal, *les victimes de l'inquisition*. Ils ne sont cependant *victimes* que comme le sont tous les coupables du monde, qui marchent au supplice en vertu d'un jugement légal. Il faut même ajouter que l'inquisition ne *remet* au bras séculier, pour les jugements capitaux, qu'à la dernière extrémité. « Le tribunal du saint-office n'abandonne au dernier supplice que les gens dont la conscience est perdue, et qui sont coupables et convaincus des plus horribles impiétés. » Telles sont les propres expressions d'un anonyme italien, qui écrivait en 1795 (1). »

Ici se place tout naturellement la discussion du chiffre des *victimes* de l'inquisition, « infortunés qui, comme le dit Llorente, n'avaient commis d'autre crime *peut-être* que d'interpréter mieux l'Ecriture et d'avoir une foi plus éclairée que les juges. » C'est par des *déclamations* de ce

---

(1) *Il tribunale del Santo-Officio non abbandona all' ultimo supplicio che gente di perduta coscienza e rei delle più orribili impietà.* (Della Punizion degli eretici, e del tribunale della santa Inquisizione. Roma, 1795, in-4°. p. 133.)

genre, et en produisant des chiffres énormes, qu'une certaine classe d'écrivains se sont toujours efforcés de rendre l'inquisition odieuse, et d'intéresser en faveur de ceux qu'elle a condamnés. Mais ce n'est pas là le langage de *l'histoire*. Il est facile d'en juger par la nomenclature des diverses catégories de crimes dont connaissait le saint-office ; nomenclature dont, après M. Hefele, nous avons recueilli les éléments dans l'ouvrage de Llorente lui-même.

1° *Sodomie*; 2° *polygamie*, — cas très-fréquents en Espagne, par suite du contact des Maures ; 3° péchés de chair ordinaires, lorsque le séducteur avait fait accroire à sa complice que leur action n'était point un péché ; 4° mariage d'un prêtre ou d'un moine, lorsque ceux-ci avaient persuadé qu'ils pouvaient contracter mariage ou qu'ils avaient caché leur qualité ; 5° séduction d'une pénitente par son confesseur ; 6° cas où un ecclésiastique, après avoir péché avec une femme, conseillait à cette dernière de ne point confesser sa faute ; 7° exercice de fonctions ecclésiastiques par des laïques ; 8° administration du sacrement de la Pénitence par des diacres ; 9° usurpation frauduleuse du ministère de commissaire de l'inquisition ; 10° blasphème ; 11° vol d'église ; 12° usure ; 13° homicide et sédition, lorsque ces attentats avaient rapport aux affaires du saint-office ; 14° délits des employés du saint-office ; 15° contrebande en chevaux et en munitions fournis à l'ennemi en temps de guerre ; enfin, 16° une quantité innombrable de cas de sorcellerie, de magie, de confection de philtres amoureux, et en général de toute exploitation de la superstition populaire.

Telle est la longue liste des délits sur lesquels, *outre le crime d'hérésie*, les rois d'Espagne ont étendu *quelque-*

*fois, contre le gré des grands inquisiteurs*, la compétence du saint-office. Il s'ensuit nécessairement que le nombre de ceux qui furent condamnés pour hérésie doit déjà être de beaucoup diminué. Pour donner encore plus de poids à ce que nous avançons, nous n'aurions qu'à citer le chiffre des individus que le saint-office jugea pour crime de sorcellerie. Pour en donner une idée, M. Hefele rapporte, d'après Soldan, que dans une petite ville protestante d'Allemagne, à Nordlingen, sur une population de six mille âmes, on brûla, de 1590 à 1594, c'est-à-dire en quatre ans, *trente-cinq sorcières*. Or, en appliquant ces proportions à l'Espagne, le chiffre des sorcières brûlées pendant quatre ans seulement serait de *cinquante mille au moins*, c'est-à-dire vingt mille de plus que le nombre *total* de ceux qui, suivant Llorente, furent punis de mort pendant les *trois cent trente années* de l'existence de ce tribunal. Ce résultat nous fait du moins comprendre la large part qu'ont eue certainement les délits de sorcellerie, dans les condamnations capitales émanées de l'inquisition.

Voilà le chiffre des *hérétiques* bien réduit, et pourtant, grâce aux investigations de M. Hefele, nous n'avons pas prononcé un arrêt définitif sur cet article. Un mot avant d'aller plus loin. Ce ne fut pas *seulement* l'inquisition espagnole qui livra aux flammes les sectateurs de la magie et les sorciers : les protestants aussi bien que les catholiques, l'Allemagne, l'Angleterre comme la Péninsule, répandirent le sang des accusés d'un art diabolique. Le protestant Benoît Carpzov, pour les procès de sorcières, mérite d'occuper une place près de Torquemada.

Si l'on doutait du zèle sans bornes avec lequel les réformateurs persécutaient les magiciens et les sorciers, nous citerions, par exemple, Théodore de Bèze, faisant le reproche aux parlements de France de ne pas assez s'occuper à réprimer cette sorte de délits. Walter-Scott avoue que les procès de sorcières s'accrurent en Angleterre en même temps que les doctrines calvinistes. Lorsque le protestant Thomasius tenta, le premier de ses coreligionnaires, de miner la croyance à la sorcellerie, le jésuite Frédéric Spee, de Langenfeld, aux vertus duquel Leibnitz rend un si bel hommage, l'avait déjà bien ébranlée parmi les catholiques, soixante-dix ans avant. En 1713, la Faculté de droit de Tubingue condamnait encore une sorcière à mort, et un tribunal *réformé* du canton de Glaris (Suisse) brûlait une de ces malheureuses, quand déjà, une année auparavant, l'inquisition d'Espagne avait renversé son dernier bûcher.

Ce qu'on vient de lire des sorciers et des magiciens doit pareillement s'entendre des blasphémateurs, des sodomites, des voleurs d'église et autres criminels de cette espèce, que le code criminel de Charles-Quint, aussi bien que celui du saint-office d'Espagne, punissait de la peine capitale. Donc, une grande partie des *victimes* de l'inquisition appartiennent à des catégories de criminels contre lesquels on sévissait partout ailleurs, à la même époque.

Maintenant, voyons ce qu'il faut penser des assertions de Llorente relativement au chiffre des *trente mille* condamnations à mort dont il charge le saint-office. Rien de plus facile que d'en dévoiler l'exagération. D'abord, Llorente a-t-il opéré sur des documents *officiels*, ou au moins a-t-il pris pour base de son évaluation des renseignements *particuliers?* Nullement, et il l'avoue le premier. Reste donc à analyser son système (nous ne disons pas son procédé), qu'il essaye d'expliquer et de rendre vraisemblable dans plusieurs endroits de son histoire.

1° L'on se rappelle le chiffre de *deux mille victimes* que Llorente dit avoir été livrées aux flammes pendant la *première année* de l'inquisition. On a vu ci-dessus que cette assertion est complétement fausse, et que Llorente abuse de l'autorité de Mariana; il est démontré que les deux mille condamnations dont il s'agit ici représentent tout le grand inquisitorat de Torquemada, c'est-à-dire, un espace de quinze années.

Dans un autre passage, le même Llorente dit que le chiffre des personnes brûlées par le nouveau tribunal, jusqu'au 4 novembre 1481 (première année), fut de 298. C'est là une formelle contradiction : Llorente l'a compris et a cherché à la corriger. « Ces exécutions, dit-il, ne sont que celles de la ville de Séville même; toutes les autres (au nombre de 1702) doivent être réparties sur les alentours et l'évêché de Cadix. » Malheureusement pour *l'historien critique*, il s'était fermé lui-même cette issue en assurant, dans un autre endroit, qu'avant 1483 il n'y avait eu qu'*un seul tribunal* pour toute l'Andalousie, et que ce tribunal était à Séville, où l'on amenait de toutes parts les accusés pour y être suppliciés sur le *Quemadero* (1), en cas de condamnation. Évidemment, voilà un flagrant délit de falsification, et, au lieu de 2,000, il faut écrire 298; c'est aussi un fâcheux préjugé pour la suite des calculs de Llorente.

2° Que dire de cet argument : « Lorsque le saint-office comptait, à côté du tribunal de Séville, *trois* tri-

(1) Lieu où l'on brûlait les criminels condamnés au feu : *la Brûlerie*, pour traduire rigoureusement.

bunaux provinciaux, le nombre des exécutions annuelles pouvait être porté, pour Séville, à 88, et pour un tribunal de province, à 44. Or, le nombre des tribunaux s'étant élevé de *trois* à *onze*, il s'ensuit que le nombre des exécutions a dû croître dans la *même proportion*. » Et Llorente de calculer en conséquence. Quelle déraison! Ainsi, le nombre des criminels dépend rigoureusement de celui des tribunaux, et *un seul* tribunal venant à être remplacé par *douze* autres, c'est qu'il y aura eu *douze fois plus de criminels*. Quel système de la part d'un homme sensé; et pourtant c'est encore là une des bases de l'évaluation de Llorente.

3° Et puis, est-ce faire acte de jugement et de bonne foi, que d'attribuer le même nombre de condamnations capitales aux cinq tribunaux d'Aragon qu'aux cinq tribunaux de Castille, s'il est vrai cependant que la Castille comptait *cinq fois plus* de juifs que l'Aragon, et que, partant, elle a dû renfermer aussi un plus grand nombre de maranos judaïsants? Voilà cependant ce que Llorente a fait!

4° Au reste, l'Américain Prescott nous semble avoir bien apprécié le peu d'importance des chiffres produits par Llorente, lorsqu'il dit : « C'est avec raison que l'on se défie des indications de Llorente; car il est prouvé que, dans d'autres cas, il a admis avec légèreté les données les plus invraisemblables. Ainsi en a-t-il agi au sujet des juifs bannis, dont il porte le nombre à *huit cent mille;* il est de fait cependant, et nous l'avons démontré par les documents contemporains, que ce nombre doit être réduit à *cent soixante mille*, ou tout au plus à *cent soixante-dix mille*. »

Que deviennent alors les *trente mille victimes* dont on

se plaît à épouvanter l'imagination du public qui n'examine point.

Mais revenons à M. Hefele, et sachons de lui ce que c'étaient que ces redoutables *auto-da-fé* (*actus fidei*), « actes de foi » qu'on se figure toujours accompagnés des circonstances les plus terribles : d'un côté, un brasier immense dévorant une multitude de victimes ; de l'autre, la foule des Espagnols, les fanatiques juges du saint-office, contemplant avec une joie féroce ce spectacle digne des cannibales. Voilà le roman, voyons la réalité. « Eh bien, dit M. Hefele, qu'il nous soit permis d'affirmer qu'un auto-da-fé ne se passait ni à brûler ni à mettre à mort, mais bien à prononcer la sentence d'*acquittement* des personnes faussement accusées, et à réconcilier avec l'Église les coupables repentants. Combien d'auto-da-fé n'y eut-il pas où l'on ne vit brûler que le cierge que portaient dans leurs mains les pénitents, en symbole de la réapparition en eux de la lumière de la foi ! » La réconciliation de ceux-ci étant terminée, les hérétiques obstinés, ainsi que ceux dont les délits étaient en partie civils, étaient remis au bras séculier : *en ce moment l'auto-da-fé était terminé, et les inquisiteurs se retiraient*. Llorente ne dit rien de cette particularité, assez remarquable pourtant ; c'est Malten qui nous la révèle (1). Malten rapporte, de plus, un procès d'inquisition tout entier, et il est à noter que, dans celui qu'il enregistre, le châtiment civil ne fut appliqué au coupable que le *lendemain* de l'auto-da-fé. Ainsi, au lieu de ces horribles supplices, dont les détails dans le roman font dresser les cheveux sur la tête, que trouve-t-on en

---

(1) Dans sa *Bibliothèque cosmologique*.

interrogeant l'histoire? Confusion, inexactitude et exagération de la part des fanatiques ennemis du saint-office.

Encore quelques exemples, et recueillons, à l'appui de nos assertions, ce que les adversaires prononcés de l'Inquisition, Llorente en tête, disent eux-mêmes sur les *auto-da-fé*.

Auto-da-fé du 12 février 1486, à Tolède. 750 coupapables, dit-il, y sont punis, — de la peine du feu, sans doute? demandera-t-on. Erreur. Pas une seule condamnation capitale; le seul châtiment infligé, c'est la pénitence canonique.

Auto-da-fé du 2 avril de la même année, encore à Tolède. Llorente parle de *neuf cents victimes*. Combien d'exécutions cette fois? *Pas une seule.*

Auto-da-fé du 1ᵉʳ mai et du 10 décembre, toujours en 1486. Dans le premier figurent 750 personnes; au second, 950; et combien en envoya-t-on au bûcher? *Pas une seule.* — Pour toute cette époque, Llorente cite à peine vingt-sept condamnations capitales prononcées par le tribunal de Tolède.

Llorente cite un auto-da-fé tenu à Rome, et où figurent 250 Espagnols, qui en avaient appelé au pape. *Aucun d'eux* ne fut condamné à mort; on ne fit que leur imposer quelques pratiques de pénitence, dont ils s'acquittèrent sur-le-champ dans la basilique du Vatican, d'où ils allèrent ensuite à Sainte-Marie-de-la-Minerve, pour y déposer le *san-benito*. A partir de cet instant, ils furent complétement libres et ne portèrent plus le moindre insigne du jugement qui venait d'être prononcé.

Mais, le plus curieux témoignage, celui qui arrache le rire, quoi qu'on en ait, c'est le récit d'un Anglais anglican, l'honorable Joseph Townsend, *recteur de Pewsey*. Nous lui laissons la parole : « Un mendiant nommé Ignazio Rodriguez fut mis en jugement au tribunal de l'Inquisition, pour avoir distribué des philtres amoureux *dont les ingrédients étaient tels que l'honnêteté ne permet pas de les désigner*. En administrant ce *ridicule* remède, il prononçait quelques paroles de nécromancie; il fut bien constaté que la poudre avait été administrée à des personnes de tout rang. Rodriguez avait deux complices également mises en jugement (Juliana Lopez et Angela Barrios). L'une d'elles, demandant grâce de la vie, on lui répondit *que le Saint-Office n'était pas dans l'usage de condamner à mort*. Rodriguez fut condamné à être conduit dans les rues de Madrid, monté sur un âne, et à être fouetté. On lui imposa de plus quelques pratiques de religion, et l'*exil* de la capitale pour cinq ans. La lecture de la sentence fut souvent interrompue par de grands éclats de rire, auxquels se joignait le mendiant lui-même.

» Le coupable fut en effet promené dans les rues, *mais non fouetté;* pendant la route, on lui offrait du vin et des biscuits pour se rafraîchir (1). »

Ceci se passait le 9 mai 1764.

Voilà les atrocités qui inspirent tant de courroux à la plupart de ceux qui attaquent l'Inquisition. On ne peut certes nous accuser de partialité, lorsque nous citons de pareils témoignages. De toutes les affaires que cite Llo-

---

(1) *Voyage en Espagne, pendant les années* 1786 *et* 1787. (Londres, 1792, 2ᵉ édition, 3 vol. in-8°.) — Le *tolérant* M. Townsend semble reprocher un excès d'indulgence au jugement de l'Inquisition, lorsqu'il ajoute ces mots : « *Il aurait mieux valu faire punir ce misérable en secret par le dernier des valets chargés d'exécuter les arrêts de la justice.* »

rente, il n'en cite qu'un *très-petit nombre* qui se terminèrent par la condamnation à mort de l'accusé.

L'abbé de Vayrac est (nous le croyons avec M. de Maistre) le premier Français qui ait parlé raison sur l'Inquisition (1); mais déjà, en 1731, il désespérait de pouvoir se faire entendre au milieu des clameurs du préjugé : « J'avoue, dit-il, que si ceux qui se déchaînent contre le tribunal de l'Inquisition avaient égard à ceux qui le composent, ils en parleraient tout autrement... Mais ce qu'il y a de plus déplorable, c'est que la prévention a tellement prévalu, que je désespère, en quelque manière, de pouvoir faire convenir mes compatriotes que la circonspection, la sagesse, la justice, l'intégrité, sont les vertus qui caractérisent les inquisiteurs... Il faut être bien méchant, ou une bien mauvaise tête pour être repris par ce tribunal. »

L'éloge du tribunal de l'Inquisition a été fait de la manière la plus solennelle par un ministre de la République française (2), et il est curieux de voir de quelle manière on rendit compte de cet ouvrage dans ce même *Journal de l'Empire* (3), d'où nous avons tiré certain morceau singulier cité au commencement de cet article.

« Quel est cependant (s'écrie le journaliste), quel est le tribunal en Europe, autre que celui de l'Inquisition, qui absout le coupable lorsqu'il se repent et confesse le repentir ? Quel est l'individu tenant des propos, affectant une conduite irréligieuse, et professant des principes

---

(1) *Voyage d'Espagne et d'Italie.* (Amsterdam, 1731, t. I, p. 9; t. VI, p. 50 ; t. VII, p. 151, cité dans le *Journal historique et littéraire*, 1er février 1777, p. 197.)

(2) *Nouveau voyage en Espagne*, par M. Bourgoing.

(3) 17 septembre 1805.

contraires à ceux que les lois ont établis pour le maintien de l'ordre social, quel est cet individu qui n'ait pas été averti deux fois par les membres de ce tribunal ? S'il récidive ; si, malgré les avis qu'on lui donne, il persiste dans sa conduite, on l'arrête, et, s'il se repent, on le met en liberté. M. Bourgoing, dont les opinions religieuses ne pouvaient être suspectées lorsqu'il écrivait son *Tableau de l'Espagne moderne*, en parlant du Saint-Office, dit : *J'avouerai, pour rendre hommage à la vérité, que l'Inquisition pourrait être citée de nos jours comme un modèle d'équité.* Quel aveu ! et comment serait-il reçu si c'était nous qui le faisions ? Mais M. Bourgoing n'a vu dans le tribunal de l'Inquisition que ce qu'il est réellement, — un moyen de haute police. »

Mais c'est assez discuter la valeur des reproches les plus graves adressés à l'Inquisition, — entrons à présent dans l'examen de quelques particularités du code du Saint-Office, qui ont été indignement travesties. Un mot d'abord sur l'absolution *de levi*. Il y avait une espèce d'accusés, et le nombre en a toujours été considérable, sur qui ne planait qu'un léger soupçon (*de levi*) ; on ne leur infligeait aucun châtiment, pas même les peines canoniques. On leur donnait seulement une absolution hypothétique (*ad cautelam*), selon le langage d'alors, c'est-à-dire, qu'en cas qu'ils eussent encouru l'excommunication, on les en déclarait relevés. Telle fut, d'après Llorente même, l'issue de la presque totalité des procès d'inquisition, depuis la seconde partie du siècle dernier.

Passons maintenant au trop fameux *san-benito*, « ce vêtement d'ignominie (style de roman), qui imprimait à tous ceux qui l'avaient porté un ineffaçable stigmate. » Ouvrons l'histoire, et consultons-la encore sur ce point.

On appelle en espagnol, du nom de *san-benito*, le costume de pénitence que l'on revêtait jadis, selon la coutume universellement suivie, dans les églises chrétiennes, de témoigner la contrition intérieure par le deuil dans l'habillement extérieur. Jamais alors on ne voyait faire pénitence, en costume de fonctions publiques, en habits de soie, brodés d'or et enrichis de diamants. C'est ainsi que le *saccus*, dont parle l'Ancien Testament, passa de siècle en siècle; qu'on y rattache la bénédiction qui, dans l'Église, au moyen âge, en faisait un vêtement sacré, et l'on aura le *saccus benedictus* (le sac bénit); en espagnol, *saco bendito*, et par abréviation *san-benito*. L'inquisition, naturellement, devait adopter cet ancien usage. Bleu, gris ou noir dans d'autres pays, en Espagne le san-benito était de couleur jaune, et sa forme était celle de l'habit monastique. Ceux qui avaient reçu l'absolution *de levi* n'étaient obligés de s'en revêtir que pendant la cérémonie de leur réconciliation, et même un grand nombre de ceux-ci en furent dispensés. En général, tous ceux qui étaient venus se dénoncer eux-mêmes accomplissaient leur pénitence dans des auto-da-fé secrets. Dans tous ces cas, le san-benito n'était couvert d'aucune figure. Pourtant, lorsque le condamné était obligé à l'abjuration comme *gravement suspect*, on le revêtait d'un san-benito sur lequel était figurée une branche de la croix. On plaçait la croix entière sur le san-benito de ceux qui figuraient dans l'auto-da-fé comme hérétiques repentants.

Pourquoi rirait-on des figures de démon, et autres, dont on parsemait le san-benito de l'hérétique obstiné et impénitent qui était remis au bras séculier? Ce rire ne convient qu'aux esprits légers, incapables de comprendre autre chose que les habitudes et les modes du xixe siècle. Les hommes réfléchis et observateurs ne verront là qu'une des formes par lesquelles se traduisait alors le sentiment de réprobation qui poursuit partout les coupables frappés par la loi. Et puis, le moyen âge, qui symbolisait toute chose, voulait que ces hommes fussent le miroir de la croyance générale sur l'avenir du criminel obstiné dans sa malice.

« Au reste, dit M. Hefele, il a de tout temps paru si naturel d'entourer le supplice des grands coupables de quelque circonstance propre à frapper l'imagination, qu'au xix$^e$ siècle encore l'on a vu, dans des États d'Allemagne qui se piquent de beaucoup de civilisation, les condamnés traînés au lieu de l'exécution couverts de peaux de bêtes. »

Le san-benito et les pratiques de pénitence infligées par le saint office n'avaient rien d'infamant, quoiqu'on ait voulu l'affirmer. Llorente cite des exemples de personnes qui, quoique ayant subi une pénitence *de levi*, contractèrent ensuite des mariages avec les plus illustres maisons, et même avec des membres de la famille royale; bien plus, d'après le même auteur, avoir fait pénitence pour le cas de *soupçons graves*, n'était point un obstacle aux plus hautes dignités, même ecclésiastiques. En effet, l'impression que les pratiques de pénitence, décrétées par le saint office, produisait sur le public, était bien plutôt un sujet d'édification pour lui, que d'humiliation pour ceux qui les subissaient.

Dans le cas où un condamné avait à subir une détention perpétuelle, il était ou consigné dans sa propre maison, ou enfermé dans une maison pénitentiaire soumise à une fréquente inspection, pour que rien ne manquât à sa bonne tenue. Les détenus pouvaient se livrer aux travaux de leur état.

Examinons maintenant la procédure du saint office, et voyons si l'inquisition a été réellement « un tribunal arbitraire n'offrant aucune garantie à l'innocence, » comme ne cessent de le répéter les protestants, les philosophes et les libres penseurs de tous les temps. — Parlons d'abord de la *torture*.

Sans prétendre en faire ici l'apologie, nous voulons décharger l'Inquisition de cette odieuse responsabilité. Un mot suffira pour cela. Les inquisiteurs ordonnaient la torture en vertu des lois espagnoles, et parce qu'elle était ordonnée par tous les tribunaux espagnols. Les lois grecques et romaines l'avaient adoptée; Athènes, « qui s'entendait un peu en liberté (1), » y soumettait même l'homme libre. Toutes les nations modernes avaient employé ce moyen terrible de découvrir la vérité. Dès que la torture n'appartient pas plus au tribunal de l'Inquisition qu'à tous les autres, personne n'a le droit de la lui reprocher. Au reste, le saint office a suivi dans l'adoucissement et l'abolition de la torture les progrès de la jurisprudence civile; le saint office (rien n'est plus incontestable) a appliqué la torture et traité ses prisonniers avec plus d'humanité que tout autre tribunal du temps. De plus, les faits attestent que la torture était tombée en désuétude bien longtemps avant d'être rayée du code, et sur ce point encore, le saint office fut loin d'être en retard sur les tribunaux séculiers. « Il est certain, dit Llorente, que *depuis longtemps* l'Inquisition n'emploie plus la torture, de sorte qu'aujourd'hui on peut la considérer

---

(1) Expression de M. de Maistre. (*L. c. sup.*, p. 55.)

comme abolie. » Alors qu'elle subsistait encore de droit, le fiscal, il est vrai, en requérait l'application, mais c'était une pure formalité, et, selon Llorente, « le fiscal eût regretté que l'on eût fait droit à sa demande. » Enfin, qu'on nous permette d'inscrire un précieux témoignage, celui de M. de Maistre (1). « Ayant eu occasion, dit-il, au mois de janvier 1808, d'entretenir sur le sujet de l'Inquisition deux Espagnols d'un rang distingué, et placés tout exprès pour être parfaitement instruits, lorsque je vins à parler de la torture, ils se regardèrent l'un et l'autre avec l'air de la surprise, et s'accordèrent pour m'assurer expressément *que jamais ils n'avaient entendu parler de torture dans les procédures faites par l'Inquisition.* »

L'on se rappelle ce que nous avons dit sur le caractère de dureté dont la législation du moyen âge, en Espagne, était empreinte. L'Inquisition, elle aussi, a reflété ce caractère ; mais bien loin de surpasser la sévérité des autres cours de justice, elle l'a modérée et adoucie. Parlerons-nous de ses prisons, transformées par la calomnie, en cachots sombres et infects ? Mais Llorente lui-même nous dit expressément que le saint office enfermait ses prisonniers dans des *chambres bien voûtées, claires et sèches, où l'on pouvait se donner quelque mouvement.* Quant à des chaînes, des menottes, des colliers de fer, etc., il ne peut pas plus en être question ; nous en avons encore Llorente pour garant. Il ne cite qu'un seul cas où l'on ait garrotté un prisonnier, et c'était pour l'empêcher de se suicider. Enfin, l'on veillait sans cesse à ce que les détenus ne manquassent de rien ; pour s'en assurer, on leur demandait à eux-mêmes si le geôlier les traitait convena-

---

(1) De Maistre, *l. c. sup.*, p. 57, note 1.

blement. Les malades recevaient des soins tout particuliers.

Pour ce qui concerne la torture, remarquons d'abord, à l'honneur du saint office, que, contrairement à la coutume des tribunaux civils, il ne souffrait pas qu'on y soumît le prévenu plus d'une fois dans le même procès ; encore fallait-il qu'un médecin fût présent pour constater l'instant où la question mettrait en péril la vie du patient. Le grand conseil renouvelait de temps en temps cet avertissement aux inquisiteurs provinciaux. De plus, dans un premier règlement du grand conseil, il fut décrété que les tribunaux provinciaux n'auraient plus le pouvoir d'ordonner la torture sans un jugement du conseil supérieur ; une autre disposition met la *question* à la discrétion de l'évêque diocésain jugeant de concert avec les *consulteurs* et l'inquisiteur ; mais seulement après que l'accusé aura épuisé tous les moyens possibles de défense ; dans ce cas, il est enjoint à l'évêque et aux autres d'assister à l'application de la *question*, afin d'empêcher toute espèce de mauvais traitements.

Enfin, — et c'est à l'honneur du saint office, — bien souvent, dès l'origine même de sa création, ce tribunal ne fit que menacer de la torture, et déjà, en 1537, le grand conseil défendait d'y soumettre les Morisques.

La justice du saint office était-elle « une justice de surprise et d'odieux guet-apens? » pour nous servir des termes au service du mensonge et de la calomnie. Qu'on en juge !

En premier lieu, chaque tribunal d'inquisition débutait par la proclamation d'un *délai de grâce;* dès lors, avait-on apostasié? il suffisait de se déclarer dans les limites fixées pour être pardonné. Il n'y avait alors d'autres peines à subir que les pénitences canoniques qui devaient être publiques quand l'apostasie avait été elle-même publique. Cette mesure était fondée sur l'ancienne discipline de l'Eglise et paraît très-naturelle. Ajoutons que les statuts de l'Inquisition réclamaient toute l'indulgence possible en faveur de cette catégorie de pénitents. — Le délai de grâce passé, la sévérité des lois prenait son cours : pourtant il arrivait très-souvent qu'on renouvelait ou qu'on prolongeait le temps de grâce : Llorente nous en fournit un exemple remarquable. Lors de son transfert à Tolède, le tribunal de Villaréal accorda un délai de grâce de *quarante* jours. « Alors, dit Llorente, l'on vit accourir une multitude énorme de nouveaux chrétiens s'accusant eux-mêmes d'être retombés dans le judaïsme. Ce délai révolu, les inquisiteurs accordèrent un second terme de *soixante* jours, et enfin un troisième de *trente*. »

Voilà cette institution si avide de supplices et de tortures, voilà l'insatiable fureur avec laquelle elle s'acharnait à trouver des victimes ! Et cependant, ces *maraños* relaps étaient considérés à cette époque comme des *criminels d'Etat*.

Second grief. L'Inquisition espagnole, dit-on, n'avait aucun égard pour l'âge des accusés.

Lisez seulement ce décret du *farouche* Torquemada : « Lorsque des fils ou filles d'hérétiques, induits à professer l'erreur par les leçons de leurs parents, et n'ayant pas encore atteint leur *vingtième* année, se présenteront d'eux-mêmes pour être reçus en grâce, dussent-ils venir *même après le délai fixé*, les inquisiteurs les accueilleront avec bonté, leur imposeront des pratiques de pénitence *plus légères*, et veilleront à ce qu'ils soient instruits dans la foi et les sacrements de la sainte mère l'Eglise. »

L'Inquisition a-t-elle, comme on l'en accuse, été assez fanatique pour baser une procédure sur les expressions, sur les propos les plus innocents?

Laissons parler Deza, qui surpassa, *dit-on*, même les rigueurs de Torquemada. Le 17 juin 1500, il décrète que : « Personne ne pourra être *arrêté* pour un sujet de peu d'importance, pas même pour des blasphèmes, s'ils ont été proférés dans un accès de colère. » Qu'on se rappelle saint Louis, faisant percer la langue aux blasphémateurs avec un fer rouge, et (sans sortir d'Espagne) que *la Caroline* ou code de Charles-Quint décerne les peines les plus fortes contre le blasphème, sans aucune réserve ; et puis, qu'on ose encore parler de la *cruauté* de l'Inquisition !

Avant d'actionner quelqu'un, l'Inquisition faisait constater par des médecins si l'accusé n'avait point pour lui l'excuse d'un affaiblissement mental. Loin d'écouter au hasard tout dénonciateur, dans un grand nombre de cas, nous voyons les inquisiteurs, dit Llorente, longtemps disposés à attribuer les griefs à un dérangement d'esprit, et ne cédant que quand les charges s'accumulaient.

Pour se convaincre des mille restrictions et précautions dont le saint office s'entourait avant de lancer des mandats d'arrêter, il suffit de parcourir quelques pièces officielles émanant de ce tribunal. Voici le premier article des statuts de Torquemada (1498) : « Près de chaque tribunal se trouveront deux inquisiteurs, un juriste et un théologien, auxquels il est défendu d'ordonner une arrestation autrement qu'à l'unanimité. » Article 3 : « On ne peut arrêter que lorsque le crime est établi par un nombre suffisant de preuves. » Cette enquête ne jetant pas un jour complet sur le caractère hérétique des charges imputées, le tribunal réclamait les avis d'un comité de savants théologiens, professeurs, etc., appelés *qualificateurs* et entièrement *étrangers* à l'inquisition. Ceux-ci transmettaient leur sentiment dans un rapport suivi de leurs signatures. Si leur décision était négative, *l'inculpé était mis hors de cause;* quand elle était affirmative, l'arrestation n'avait lieu qu'autant qu'il n'existait pas de *jugement contradictoire* émanant de qualificateurs consultés avant eux. Lorsque les inquisiteurs étaient partagés dans leurs avis, ou que la personne compromise était d'une certaine importance, le conseil supérieur d'inquisition pouvait seul décréter l'arrestation. Philippe II agrandit encore le cercle des conditions, et Charles IV défendit en général que l'Inquisition pût arrêter personne sans en avoir d'abord référé au roi.

« Lorsqu'après tout cela, dit M. Hefele, l'on vient nous faire des récits d'arrestations mystérieuses, de gens disparus subitement sans laisser aucune trace de leur sort, il ne faut voir là que de pures fables, d'autant plus invraisemblables que l'on établissait pour chaque prisonnier un curateur de ses biens, et que l'arrestation était elle-même assujettie à toutes sortes de formalités. »

On a prétendu que l'Inquisition favorisait et encourageait par l'impunité les dénonciations calomnieuses; mais on n'a pas cité un seul fait sérieux à l'appui de cette assertion. Or, ouvrons les registres du saint office, et nous verrons que l'article 8 des statuts de 1498 exige que l'on inflige un châtiment public au témoin convaincu de calomnie. Dans un auto-da-fé tenu à Séville en 1559, un faux dénonciateur fut condamné à quatre cents coups de fouet et à quatre ans de galère. Le pape Léon X alla jusqu'à prescrire que tout faux témoin fût puni de mort.

Examinons à présent les circonstances de l'interrogatoire des accusés ; car, là aussi on a voulu trouver arbitraire et manque absolu de garanties.

En premier lieu, le prévenu était interrogé par le greffier du tribunal, en présence de l'un des deux inquisiteurs et de deux prêtres tout à fait étrangers à l'inquisition : ces derniers avaient qualité d'assesseurs et devaient protéger les accusés contre toutes violences.

Une ordonnance du huitième grand inquisiteur Valdès prescrit de traiter les accusés *avec bienveillance* et de les laisser constamment assis ; ce n'est que pendant la lecture de l'acte d'accusation qu'ils devaient se tenir debout.

Valdès veut, de plus, « *que l'on se défie de l'accusateur autant que de l'accusé,* » et recommande « *qu'on se garde avec soin de toute anticipation de jugement, ce défaut conduisant facilement à l'erreur.* »

Enfin, dans l'article 23, il décrète que les inquisiteurs laisseront à l'inculpé le choix d'un avoué parmi les avocats du saint-office, tenus au silence par serment, et qu'ils feront jurer à ce dernier de défendre loyalement et sincèrement son client. Quand l'accusé était pauvre, le fisc payait son avocat.

L'accusateur, à son tour, était obligé de déclarer sous la foi du serment qu'il n'était point sous l'empire de quelque haine particulière : on lui rappelait que les calomniateurs, après avoir subi les châtiments temporels les plus sévères, étaient voués aux flammes éternelles.

Mais c'est assez de ces détails, si ce n'est déjà *trop ;*

5.

*trop* en effet pour les hommes de bonne foi, auxquels seuls nous nous adressons. Quant aux amis du mensonge, si de telles preuves (1) ne leur ouvrent pas les yeux, quand donc voudront-ils voir clair?

Nous ne savons en vérité ce qu'on pourrait répondre de raisonnable à ces observations ; mais ce qui est véritablement extraordinaire et peu connu, ce nous semble, c'est l'apologie complète de l'Inquisition faite par Voltaire, et que M. de Maistre a si bien définie en la regardant « comme un monument remarquable du bon sens qui aperçoit les faits, et de la passion qui s'aveugle sur les causes (2). »

« Il n'y eut (dit Voltaire) en Espagne, pendant le XVIe et le XVIIe siècle, aucune de ces révolutions sanglantes, de ces conspirations, de ces châtiments cruels, qu'on voyait dans les autres cours de l'Europe. Ni le duc de Lerme, ni le comte Olivarès ne répandirent le sang de leurs ennemis sur les échafauds. Les rois n'y furent point assassinés comme en France, et n'y périrent point par la main du bourreau comme en Angleterre. Enfin, sans les horreurs de l'inquisition, on n'aurait eu alors rien à reprocher à l'Espagne (3). »

« Je ne sais si l'on peut être plus aveugle, ajoute M. de Maistre. *Sans les horreurs de l'Inquisition, on n'aurait rien à reprocher à cette nation qui n'a échappé que par l'Inquisition aux horreurs qui ont déshonoré toutes les autres !* »

(1) Voyez pour plus de développements les excellents articles du *Correspondant*, sur *l'origine de l'Inquisition en Espagne*, 1851, p. 83 à 89, et même recueil, 1853, p. 445 à 465.
(2) Page 99.
(3) *Essai sur l'Histoire générale*, t. IV, chap. CLXXVII, p. 135 ; Œuvres complètes, in-8°, t. XIX.

Ailleurs, faisant parler un Espagnol catholique et lui laissant le soin de réhabiliter l'Inquisition, il place ces remarquables paroles dans sa bouche : « Vous êtes myope ; vous ne voyez qu'un point. Nos législateurs regardaient d'en haut et voyaient l'ensemble. Au commencement du xvie siècle, ils virent, pour ainsi dire, *fumer* l'Europe ; pour se soustraire à l'incendie général, ils employèrent l'Inquisition, qui est le *moyen politique dont ils se servirent pour maintenir l'unité religieuse et prévenir les guerres de religion.* Vous n'avez rien imaginé de pareil ; examinons les suites, je récuse tout autre juge que l'expérience.

« Voyez la guerre de Trente ans allumée par les arguments de Luther ; les excès inouïs des Anabaptistes et des paysans ; les guerres civiles de France, d'Angleterre et de Flandre ; le massacre de la Saint-Barthélemy, le massacre de Mérindol, le massacre des Cévennes ; l'assassinat de Marie Stuart, de Henri III, de Henri IV, de Charles Iᵉʳ, du prince d'Orange, etc. etc. Un vaisseau flotterait sur le sang que vos novateurs ont fait répandre ; l'Inquisition n'aurait versé que le leur. C'est bien à vous, ignorants présomptueux, qui n'avez rien prévu et qui avez baigné l'Europe dans le sang, c'est bien à vous qu'il appartient de blâmer nos rois qui ont tout prévu. Ne venez donc point nous dire que l'Inquisition a produit tel ou tel abus dans tel ou tel moment ; car ce n'est point de quoi il s'agit, mais bien de savoir, *si, pendant les trois derniers siècles, il y a eu, en vertu de l'Inquisition, plus de paix et de bonheur en Espagne que dans les autres contrées de l'Europe?* Sacrifier les générations actuelles au bonheur problématique des générations futures, ce peut être le calcul d'un philosophe, mais les législateurs en font d'autres. »

*Durus est hic sermo*, pourra répéter quelque libre penseur incorrigible (ils le sont tous!), mais les faits sont là, et il n'y a pas de logique qui tienne contre un tel argument.

On a reproché à l'Inquisition sa ténébreuse influence sur l'esprit humain. Est-il posssible, dit-on, qu'une nation devienne illustre quand les esprits y sont réduits à un aussi grossier esclavage? Les écrivains disparurent au moment où parut l'Inquisition.

Mensonge absurde! Qui ne sait que le beau siècle de la littérature espagnole fut celui de Philippe II, et que tous les écrivains qui ont illustré l'Espagne n'ont fait imprimer leurs livres qu'avec la permission du saint-office? Les mathématiques, l'astronomie, la chimie, toutes les sciences naturelles, la philologie, l'histoire, les antiquités, etc., sont des champs assez vastes que l'esprit humain a toujours été le maître de parcourir dans tous les sens, sans que l'Inquisition s'en soit mêlé le moins du monde. « On aura beau répéter qu'on enchaîne le génie, en lui défendant d'attaquer les dogmes nationaux: jamais on n'autorisera une erreur à force de la répéter (1). »

Ainsi, l'Inquisition espagnole a servi la religion, le pouvoir souverain, elle a fait la gloire du pays où elle a pris naissance, elle a assuré la paix et la liberté d'un grand peuple, elle a protégé le génie, tout cela pour arriver à être le point des attaques les plus violentes comme les plus absurdes. La calomnie ne s'attaque qu'aux grandes choses: le silence pour une institution est le sceau de la médiocrité ou de l'inutilité.

(1) M. de Maistre, *l. c.*, p. 72.

# GALILÉE, MARTYR DE L'INQUISITION.

Depuis deux siècles que Galilée est mort, son nom n'a cessé, pour la plus grande partie du public, de figurer avec honneur parmi les génies incompris de leur époque, et persécutés par l'Inquisition, dont Galilée est, dit-on, une des plus glorieuses victimes.

Cependant, des réclamations contre ce mensonge historique se sont élevées avec force d'une bouche protestante et impartiale. En 1784, Mallet du Pan, célèbre écrivain génevois, publia dans un recueil français, très-en vogue (1), une réfutation complète des *Mensonges imprimés au sujet de la Persécution de Galilée;* tel est le titre de son travail. Nous allons laisser la parole à Mallet du Pan : une telle autorité ne saurait être un instant suspecte ou suspectée.

« Qu'un préjugé historique ait vingt ans de crédit, il faudra des siècles pour le détruire, et souvent les siècles ne le détruiront pas. Intéresse-t-il des souverains heureux ou puissants? les historiens, comme l'a observé M. Horace Walpole, au sujet de Richard III, ser-

(1) Le *Mercure de France.* 1784, juillet, t. III, p. 121 à 130.

viront de témoins contre la vérité. S'il s'agit de doctrines, de partis, d'opinions de circonstance à faire prévaloir, les traditions d'erreurs deviendront presque inébranlables : elles reposent sur deux bases solides, l'enthousiasme et la crédulité.

» L'un et l'autre ont trop influé sur la peinture des iniquités de l'Inquisition à Rome : au premier coup d'œil, il semble impossible de calomnier cet établissement ; cependant il faut l'excuser, sinon l'absoudre, d'une des plus graves offenses qu'il ait faites à la saine philosophie, savoir, de la condamnation de Galilée.

» A entendre les récits pathétiques et les réflexions à ce sujet répétées dans mille ouvrages, le physicien toscan fut sacrifié à la barbarie de son siècle et à l'ineptie de la cour de Rome ; la cruauté se joignit à l'ignorance pour étouffer la physique à son berceau ; il ne tint pas aux inquisiteurs qu'une vérité fondamentale de l'astronomie ne fût ensevelie dans le cachot de son premier démonstrateur.

» *Cette opinion est un roman. Galilée ne fut point persécuté comme bon astronome, mais en qualité de mauvais théologien.* On l'aurait laissé tranquillement faire marcher la terre, s'il ne se fût point mêlé d'expliquer la Bible. Ses découvertes lui donnèrent des ennemis, ses seules controverses des juges, sa pétulance des chagrins. Si cette vérité est un paradoxe, il a pour auteurs Galilée lui-même, dans ses *Lettres manuscrites*, Guichardin et le marquis Nicolini, ambassadeurs des grands-ducs à Rome, tous deux, ainsi que les Médicis, protecteurs, disciples, amis zélés du philosophe impérieux. Quant à la *barbarie* de cette époque, les *barbares* étaient le Tasse, l'Arioste, Machiavel, Bembo, Torricelli, Guichardin, Fra Paolo, etc. »

En étudiant quelques instants la vie de Galilée, n'oublions pas ce mot si remarquable de Mallet du Pan, mot qui résume le mieux du monde la discussion relative au prétendu martyr de l'Inquisition : « Galilée ne fut point persécuté comme bon astronome, mais en qualité de mauvais théologien. »

A l'époque où parurent les lignes précitées, personne ne répondit au critique génevois, et depuis, on pouvait penser que la science historique, au défaut de l'opinion publique, toujours lente à s'éclairer, ayant fait de notables progrès, une rectification basée sur de plus amples matériaux était devenue inutile, lorsqu'à la même date (en 1841) parurent deux ouvrages, l'un français, l'autre anglais, qui reproduisaient les vieilles imputations mensongères à l'endroit de Galilée et de l'Inquisition. Le premier de ces ouvrages est intitulé : *Histoire des sciences mathématiques*, par M. Libri, membre de l'Institut ; le second a pour titre : *Les Martyrs de la science* (1), par sir David Brewster, membre de l'Académie royale de Londres. C'est en présence de ces deux livres, que M. de Falloux conçut l'idée d'une excellente biographie de Galilée (2), à laquelle nous empruntons quelques-uns de ses traits les plus saillants.

Galilée naquit à Pise, le 15 février 1564. Ses premières années, comme celles de toutes les vives intelligences,

---

(1) Voici le titre, passablement long, de l'ouvrage anglais : *The Martyrs of Science, or the lives of Galileo, Tycho Brahe and Kepler*, by sir David Brewster, principal of the United college of Saint-Salvator and Saint-Leonard, Saint-Andrews ; fellow of the royal society of London ; vice-president of the royal society of Edinburgh ; corresponding member of the Institute of France, and member of the Academies of Saint-Petersburg, Stockholm, Berlin, etc., etc.

(2) Dans *le Correspondant*, 1847, p. 481 à 520.

qui prennent l'expérience pour base de leurs études, se passèrent à construire des machines et des instruments dont il s'amusait avec ses condisciples. Ce travail ne portait aucun préjudice à ses études régulières, dont le cercle était alors d'une immense étendue. Doué des plus remarquables facultés, animé d'une sublime émulation, Galilée partageait ses heures de loisir entre les distractions les plus élevées. Cependant, entre les professions libérales, la médecine était alors une des plus lucratives. Son père résolut de lui faire embrasser cette carrière, et le 5 novembre 1581, Galilée s'asseyait sur les bancs de l'université de sa ville natale. Mais, dès lors, et malgré les justes appréhensions de son père, Galilée délaissait l'art de guérir pour s'adonner avec passion aux sciences exactes. Vaincue par les signes manifestes dont Dieu marque les hautes vocations, la famille de Galilée le laissa suivre sa voie, et bientôt le jeune disciple de l'Université devint professeur à son tour par l'entremise du cardinal Del Monte.

Dès l'âge de dix-huit ans, époque de son entrée à l'université, son antipathie innée pour la philosophie d'Aristote prit un libre développement. Comme le dit avec une profonde raison sir Brewster, l'apologiste de Galilée : « Oubliant que tout ici-bas est progressif et que les erreurs d'une génération, passées au crible de la discussion, font place à de nouvelles découvertes, Galilée ne prévoyait pas alors que ses propres théories et ses travaux incomplets seraient un jour aussi soumis à la loupe d'une critique sévère. Il commit donc une véritable faute en fustigeant sans pitié les préjugés et l'ignorance de ses adversaires. Quiconque a l'insigne bonheur de devancer son époque, ne doit pas trouver étrange que ses contemporains moins heureux restent en arrière. Les hommes ne sont pas nécessairement entêtés parce qu'ils s'attachent à des erreurs profondément enracinées et vénérables ; ils ne sont pas absolument stupides, parce qu'ils sont lents à comprendre et lents à embrasser de nouvelles vérités (1). »

« L'innovation, ajoute M. de Falloux (2), ne se présente pas toujours avec les signes d'une transition nécessaire, et souvent elle effraye au delà des bornes d'une prudence raisonnable. Les caractères timides, les esprits tardifs forment d'abord la majorité d'une aggrégation d'hommes, même éclairés, en attendant qu'une passion les transporte ou qu'un éclair d'évidence les illumine. C'est cette masse contre laquelle se heurtait Galilée ; la résistance, en outre, n'était pas particulière aux hommes d'Église ni à l'Italie. La France et ses universités avaient donné les plus funestes exemples. Qu'on se rappelle les troubles de nos écoles presque semblables à des guerres civiles, et l'on conviendra que Galilée fut encore mieux traité que Ramus.

» Il faut observer enfin que Galilée n'était pas un simple mathématicien ; il cinglait à pleines voiles sur un océan plus orageux. Son œuvre s'appliquait clairement à la rénovation complète des bases de la philosophie, et ses découvertes astronomiques ont trop effacé, pour la postérité, ce côté saillant de son action.

» J'ai étudié plus d'années la philosophie (écrivait-il lui-même), que de mois la géométrie. »

La réputation de Galilée était déjà répandue au loin en Europe. L'archiduc Ferdinand, depuis empereur d'Al-

(1) Page 8.
(2) Pages 487 et 488.

lemagne, le landgrave de Hesse et les seigneurs d'Alsace et de Mantoue honoraient ses cours de leur présence. Le prince Gustave-Adolphe de Suède voulut également recevoir de lui des leçons de mathématiques pendant son séjour en Italie.

De découverte en découverte, Galilée, qui avait, un des premiers en Italie, adopté le système de Copernic, relatif au mouvement de la terre, arriva à vouloir démontrer, par le témoignage de la théologie, ses propres idées à cet égard.

« Copernic avait traité le système du mouvement de la terre avec la simplicité et le sang-froid teutoniques. Il s'était bien gardé de faire intervenir dans cette hypothèse aucune allégation des Livres saints. Plus vif, plus dissertateur, *plus amoureux de renommée*, Galilée ne se contenta point d'adopter cette vérité physique, ni de l'établir dans ses leçons, il fit dégénérer sa théorie en dispute théologique ; c'était l'esprit du temps ; et l'un des plus grands génies de l'Italie s'échauffa pour mettre d'accord la Bible et la physique.

» Il composa divers mémoires manuscrits à ce sujet, moins hardis que singuliers. Ils alarmèrent les Jacobins, péripatéticiens et inquisiteurs ; à ce double titre ils virent de mauvais œil les *concordances* de Galilée, sans penser à lui en faire un crime....

» Galilée, fort de sa renommée, et désiré à Rome, y arriva en mars 1611. Il y démontra ses découvertes ; il fit observer les taches du soleil à la plupart des cardinaux, prélats et grands seigneurs ; il en repartit trois mois après. Les acclamations, les hommages, les fêtes ne l'avaient point quitté durant son séjour ; personne ne songea à l'accuser d'hérésie, et la pourpre romaine ne couvrait alors que ses admirateurs. Viviani, disciple et biographe de Galilée, c'est-à-dire, son panégyriste, convient de cette gloire universelle : comment donc fut-elle troublée ? » se demande Mallet du Pan (1), dont on vient de lire ce qui précède.

Pour conserver à cette discussion son caractère grave et éminemment impartial, nous nous bornerons au rôle modeste de citateur : c'est donc M. de Falloux qui va répondre.

« Le gant était... jeté aux théologiens, et malheureusement ceux qui le relevèrent ne crurent que trop qu'ils avaient la religion à défendre. L'Inquisition évoqua l'affaire...

» C'est dès la première intervention des inquisiteurs qu'il importe de bien préciser la position de ce tribunal, ainsi que la portée de ses actes en cette affaire. Un religieux dénonce un savant, d'autres religieux le jugent ; d'où l'on a conclu l'antagonisme de l'Église et de la science. C'est le contraire qui fut vrai. Les religieux n'épousent ici que trop les animosités, les préjugés, les vengeances académiques. Les moines occupent une grande place dans l'histoire de Galilée, non à titre de contradicteurs systématiques, mais parce que les monastères étaient alors le foyer le plus ardent des préoccupations et des controverses scientifiques ; et le même homme qu'accusaient des Dominicains et des Jésuites se trouva en même temps défendu par des Jésuites et des Dominicains (2). »

Les impressions défavorables à Galilée n'étaient pas bien dangereuses, puisque sa seule présence les dissipa. On lui prodigua les mêmes témoignages d'estime et d'a-

(1) Pages 122 et 123, *l. c. sup.*
(2) Pages 500 et 501.

mitié. Après ce triomphe, il ne lui restait plus qu'à revenir à Florence, qu'à jouir de la liberté philosophique qu'on lui accordait, qu'à développer son système par les preuves physiques et mathématiques, sans les étayer de discussions très-étrangères au progrès des sciences. Le cardinal Del Monte, et divers membres du saint office, lui avaient tracé le cercle de prudence où il devait se renfermer. Son ardeur, sa vanité l'emportèrent. Il voulut que l'Inquisition pensât comme lui sur des passages de l'Écriture. « Il exigea, dit Guichardin (1), que le Pape et le saint office déclarassent le système de Copernic fondé sur la Bible ; il assiégea les antichambres de la cour et les palais des cardinaux ; il répandit mémoires sur mémoires..... Galilée a fait plus de cas de son opinion que de celle de ses amis..... Après avoir persécuté et lassé plusieurs cardinaux, il s'est jeté à la tête du cardinal Orsini. Celui-ci, sans trop de prudence, a pressé vivement Sa Sainteté d'adhérer aux désirs de Galilée. Le Pape, fatigué, a rompu la conversation, et il a arrêté avec le cardinal Bellarmin que la controverse de Galilée serait jugée dans une congrégation le 2 mars..... Galilée met un extrême emportement en tout ceci ; et il n'a ni la force, ni la sagesse de le surmonter..... »

Ces réflexions judicieuses d'un des meilleurs amis de Galilée firent rappeler l'indiscret physicien. Il quitta malgré lui Rome au commencement de juin 1616.

Lui-même, dans ses lettres au secrétaire du grand-duc, fait connaître le résultat de la congrégation, tenue les 6 et 12 mars de la même année. « Les Jacobins, dit-il, ont eu beau écrire et prêcher que le système de Copernic

---

(1) Dépêches de Guichardin, du 4 mars 1616.

était hérétique et contraire à la foi, le jugement de l'Église n'a pas répondu à leurs espérances : la congrégation a seulement décidé que l'opinion du mouvement de la terre ne s'accordait pas avec la Bible. On a défendu les ouvrages qui soutiennent cette conformité..... Je ne suis point intéressé personnellement dans l'arrêt. »

Remarquons, avec Mallet du Pan (1), qu'avant son départ, ce même Galilée, qui venait d'affronter l'Inquisition et de tout tenter pour en convertir la théologie, eut une audience très-amicale du pape Paul V, qui passa près d'une heure avec lui. Le cardinal Bellarmin, il est vrai, lui fit défense, au nom du Saint-Siége, de reparler de ces accords scolastiques entre le Pentateuque et Copernic, mais sans lui interdire aucune hypothèse astronomique. Cette défense fut insérée dans les registres du saint office.

Quand Maffeo Barbérini monta sur le trône pontifical, sous le nom d'Urbain VIII, Galilée et ses amis saluèrent son élévation à la papauté comme un événement favorable au progrès de la science. Urbain VIII avait été l'ami personnel de Galilée. Quoique incapable, depuis plusieurs années, de voyager autrement qu'en litière, il voulut cependant entreprendre le voyage de Rome, dans le but exprès de féliciter son ami sur son élévation au trône pontifical. Galilée arriva dans la capitale du monde catholique au printemps de 1624. La réception qui l'attendait surpassa de beaucoup son espérance; pendant ses deux mois de séjour au pied du Vatican, le Pape ne lui accorda pas moins de si longues audiences, et l'accueil de Sa Sainteté eut toujours le caractère le plus signifi-

(1) Page 125.

catif. Non-seulement Urbain combla Galilée de présents, mais encore il écrivit une lettre au grand-duc de Toscane pour recommander Galilée à sa protection particulière. Non content de s'être assuré l'amitié du Pape, il essaya de concilier au système de Copernic la bienveillance des cardinaux. Il eut à cet effet plusieurs entrevues avec différents membres du sacré Collége.

Galilée, comme l'ont très-bien établi Mallet du Pan et sir Brewster, n'eut jamais la conscience des égards qu'il avait rencontrés dans l'Inquisition en 1615. Il emporta, en quittant Rome, une hostilité envers l'Église, comprimée, mais profondément entretenue ; et la résolution de propager son système paraît avoir été chez lui contemporaine de la promesse d'y renoncer. Ainsi, « il imprima, en 1615, un discours adressé à Christine de Lorraine, où les gloses théologiques venaient à l'appui des expériences. Cette vaine dispute, cette prétention prohibée étaient aussi chères à Galilée que l'hypothèse même de Copernic. Rome fut inondée de mémoires, écrits en 1616, où le physicien s'efforçait de faire dégénérer en question de dogme la rotation du globe sur son axe.

» La cour de Rome ne voulait que prévenir d'ultérieures interprétations des Livres saints, confrontés avec la nouvelle philosophie... Galilée était répréhensible d'avoir compromis l'intérêt des sciences, le grand-duc son protecteur, les cardinaux ses partisans, par cette ridicule désobéissance à l'injonction qui faisait sa sûreté. Il ne s'agissait point de la défense de la vérité, mais d'une querelle honteuse, mais de subtilités indignes d'un vrai philosophe (1). »

(1) Mallet du Pan, p. 127.

Avec une bonté toute paternelle, « le Pape fit parvenir en secret à Galilée les accusations de ses ennemis ; et au lieu de remettre l'examen de son affaire au saint office, il en chargea une congrégation particulière. Les esprits étaient prévenus, non par fanatisme, ni par bêtise, comme tant de déclamateurs l'ont répété ; l'orgueil de ne pas céder allumait le différend ; et si cet orgueil est excusable dans Galilée, ne l'était-il pas dans le Pape, dans Bellarmin, dans l'inquisition, dans la cour de Rome tout entière, provoquée par des imprudences ? (1) »

Ainsi parle Mallet du Pan. Écoutons maintenant un des plus chauds partisans de Galilée, sir Brewster : « Quelques concessions que nous puissions faire au caractère ardent de Galilée, aux particularités de sa position, quand bien même nous approuverions et justifierions sa conduite passée, sa visite à Urbain, en 1624, le plaça, envers la papauté, dans une situation qui réclamait de sa part une conduite correspondante et nouvelle... Ainsi honoré des principaux membres de l'Église, amicalement traité des plus hauts dignitaires, Galilée aurait dû se croire en sûreté contre les attaques des fonctionnaires de second ordre, et en possession de la plus grande liberté pour continuer ses recherches et publier ses découvertes, pourvu toutefois qu'il évitât de toucher au dogme de l'Église.

» La pension donnée par Urbain n'était pas une de ces récompenses que les souverains quelquefois accordent aux services de leurs sujets. Galilée était étranger à Rome ; le souverain des Etats de l'Église ne lui avait aucune obligation. Ainsi nous devons regarder cette pen-

(1) Mallet du Pan, p. 127 et 128.

sion comme un don du Pontife romain à la science elle-même, et comme une déclaration au monde chrétien que la religion n'était pas jalouse de la philosophie, et que l'Église romaine respectait et alimentait partout le génie humain.

» Galilée envisagea toutes ces circonstances sous un aspect différent (1). »

Il crut qu'on redoutait la puissance de sa parole, et s'enivrant de ce qu'il croyait déjà le triomphe, il creusa l'abîme au bord duquel la main paternelle de l'Église tentait de le retenir.

Enfin parut, en 1632, le *Système du monde de Galileo Galilei*, ouvrage dans lequel, sous une forme ironique et mordante, Aristote et son influence, et surtout l'inquisition et l'Église même étaient livrés au sarcasme. Ce livre fut traduit devant l'Inquisition, et Galilée fut sommé de comparaître en personne, à Rome. Il y arriva le 14 février 1633.

« Comment y fut-il traité? Avec des égards inusités, avec des attentions particulières, avec des ménagements qui attestaient le respect public pour son génie (2). »

« Tout le temps du procès, dit sir Brewster, Galilée fut traité avec une déférence marquée. Abhorrant, comme nous devons le faire, les principes et les pratiques de cet odieux tribunal (continue l'auteur anglais), blâmant son usurpation sur le domaine de la science, cependant nous devons admettre que dans cette occasion les délibérations ne furent pas dictées par la passion, ni son pouvoir dirigé par la vengeance. Traduit à la barre comme hérétique, Galilée se présenta avec les attributs

(1) *L. c. sup.*
(2) Mallet du Pan, p. 128.

reconnus d'un sage, et, quoique coupable devant les lois dont ce tribunal était gardien, on accorda à son génie le plus profond respect et à ses infirmités la plus grande commisération.

» Au commencement d'avril, quand vint l'examen en personne, on le transféra au saint office ; mais au lieu de le soumettre à l'emprisonnement cellulaire, selon la coutume, on lui donna des appartements dans la maison du fiscal de l'Inquisition. Sa table fut fournie par l'ambassadeur, et son domestique, qui eut la permission de le servir, dormait dans un appartement voisin. Cette réclusion presque nominale parut néanmoins insupportable à Galilée. Il paraît que le cardinal Barberini eut connaissance de la disposition de son esprit. Avec une générosité qui sera toujours honorée par la postérité, il élargit le philosophe sous sa propre responsabilité, et dix jours après le premier examen, le dernier jour d'avril, Galilée fut rendu au toit hospitalier de l'ambassadeur toscan (1)...

» L'inquisition ayant interrogé Galilée lui accorda un temps convenable pour préparer sa défense. Il sentit alors la difficulté d'alléguer quoi que ce fût qui ressemblât à une justification plausible de sa conduite, et il eut recours à d'ingénieux mais vains artifices, qui furent considérés par le tribunal comme une aggravation de sa faute. »

« Personne, ajoute Mallet du Pan, n'ignore que Galilée eut la liberté de se défendre, et qu'il se défendit. *Cette apologie*, conservée dans une de ses lettres manuscrites... *est un véritable galimatias*. Ce n'est pas la réa-

---

(1) On peut comparer tous ces détails avec ce que dit Mallet du Pan, p. 128 et 129.

lité du mouvement de la terre qu'il démontre aux inquisiteurs, il ergote avec eux sur Job et sur Josué.....

» La sentence rendue, la rétractation exigée (1), la prison commuée en une relégation à l'hôtel de Toscane, sont assez connues. *Cette sévérité fut purement de forme* : on voulut intimider les autres catholiques, tentés de faire aussi des commentaires et de désobéir au Saint-Siége. Le but rempli, au bout de douze jours, Galilée se vit maître de retourner dans sa patrie ; il avait si peu souffert pendant sa détention, que, malgré ses soixante-quinze ans, il fit à pied une partie de la route de Rome à Viterbe (2). »

Le récit de Mallet du Pan et celui de sir B. Brewster, que nous avons suivi pas à pas, ne parle d'aucune douleur matérielle infligée au prisonnier de l'Inquisition. Cependant quelques écrivains, ne pouvant renoncer encore aux circonstances aggravantes de ce déplorable procès, argumentent d'une expression de la sentence même pour établir que Galilée fut livré à la question, et qu'il en contracta une infirmité demeurée incurable (3). La sentence dit en effet que l'accusé fut soumis à un examen *rigoureux*, et ce terme, dans le style légal de l'Inquisition, signifiait interrogatoire par voie de tortures.

Or, cela est-il conciliable avec ce que l'on vient de lire ? Cette expression peut-elle être comprise autrement que comme une formule conservée dans le style de cette austère chancellerie ? L'ambassadeur toscan n'aurait-il

---

(1) On a dit, mais sir David Brewster ignore sur quel fondement, que Galilée, se relevant après son abjuration, frappa du pied, et dit à voix basse à l'un de ses amis : *E pur si muove.* (Et cependant elle se meut !) Conte absurde !

(2) Mallet du Pan, p. 129.

(3) Voir M. Libri, p. 259 et suiv.

pas immédiatement protesté ? Dans le cas où, pour un intérêt momentané, Galilée se fût imposé le silence, n'aurait-il pas plus tard exhalé sa plainte ?... Mais pourquoi se poser de telles questions quand pas un fait ne les motive, sinon le délire imbécile de quelques écrivains dont le nom seul est la première des condamnations.

« Il faut, dit Mallet du Pan, entendre Galilée lui-même, pour se faire une idée juste de ces *chimériques souffrances*, dont on ne cesse de parler dans *de prétendus livres historiques.* »

Une lettre conservée à la bibliothèque impériale de Paris, et que M. de Falloux a publiée le premier (1), montre à nu l'état de son âme et la liberté de ses épanchements au dehors (janvier 1634). Elle est adressée à un ami :

« Je passe maintenant au sujet de votre lettre, et, voulant répondre aux questions que vous m'adressez à plusieurs reprises sur les malheurs que j'ai eus à supporter, je ne pourrais que vous dire, en résumé, que, *depuis bien des années, je n'ai jamais été mieux en santé*, grâce à Dieu, *qu'après ma citation à Rome*. J'ai été retenu cinq mois en prison dans la maison de l'ambassadeur de Toscane, qui m'a vu et traité, ainsi que sa femme, avec un si grand témoignage d'amitié qu'on n'eût pu mieux faire à l'égard de ses plus proches parents. Après l'expédition de ma cause, j'ai été condamné à une prison facultative au libre arbitre de Sa Sainteté. Pour quelques jours, cette prison fut le palais et le jardin du grand-duc, à la Trinité du Mont. Ensuite j'échangeai cette résidence contre la maison de Mgr l'archevêque, à Sienne, où j'ai passé

---

(1) Voir *le Correspondant*, *l. c. sup.*, p. 515 et 516.

cinq mois en compagnie du Père de Saint-Iré et en visites continuelles de la part de la noblesse de cette ville... *N'ayant donc point souffert dans les deux choses qui doivent seules nous être chères au-dessus de toutes les autres, je veux dire dans la vie et dans l'honneur;... au contraire, étant à l'abri sous ces deux rapports...* Il faut que les amis absents se contentent de ces généralités; car, tous les incidents, qui sont en grand nombre, surpassent de trop les limites d'une lettre... »

Dans une autre lettre, il trace avec une grande liberté d'esprit le portrait de ses juges, et n'indique nulle part ni réticence, ni arrière-pensée (1).

« Comparez maintenant, dirons-nous avec Mallet du Pan (2), comparez cette sérénité avec les lamentations de tant d'usurpateurs du martyre, qui remplissent l'univers de leurs brochures et de leurs clameurs, lorsqu'on leur a défendu un méchant livre? Comparez ce récit avec le tableau de fantaisie tracé par *des romanciers qui s'intitulent historiens, et toujours suivis de cinquante plagiaires.* »

Galilée mourut le 8 janvier 1642, dans la 78ᵉ année de son âge, après avoir vu ses dernières années affligées par des pertes de famille et par une cécité complète.

On le voit, ce n'est point *comme bon astronome, mais en qualité de mauvais théologien* (pour nous servir des termes de Mallet du Pan), que Galilée fut cité au tribunal de l'inquisition.

« En 1622, Thomas Campanella, moine de la Calabre, publia une *Apologie de Galilée*, dédiée à don Boniface Gaëtani, cardinal, et il paraît, d'après la dédicace, qu'il

---

(1) V. Mallet du Pan, p. 129 et 130 — et Tiraboschi.
(2) Page 130.

avait entrepris l'ouvrage par ordre du cardinal, à qui le sacré collége avait confié l'examen de cette question. Après une habile défense de son ami, Campanella revint, dans la conclusion de son apologie, sur la prohibition des ouvrages de Galilée, et observa que l'effet d'une telle mesure serait de le faire lire et estimer davantage. La hardiesse de l'apologiste, dit sir Brewster, est sagement tempérée par l'humilité de l'ecclésiastique, et il termina son ouvrage en déclarant qu'il soumet toutes ses opinions écrites ou à écrire aux opinions de sa sainte mère l'Eglise romaine et aux jugements de ses supérieurs. »

Hélas ! si Galilée avait terminé son *Système du monde* par la péroraison de son apologiste Campanella, et s'il l'avait dédié au Pape, son ouvrage eût pris place dans la bibliothèque du Vatican, à côté du livre de Copernic.

« Si, comme le dit avec raison sir Brewster, Galilée avait soutenu son innocence, proclamé ses sentiments, s'il en avait appelé aux opinions reconnues des dignitaires de l'Eglise, et même aux actes de ses pontifes, il aurait déjoué, confondu les accusateurs. Puisque Copernic, prêtre catholique lui-même, avait ouvertement soutenu le mouvement de la terre et la stabilité du soleil; puisqu'il avait dédié l'ouvrage qui maintenait ses opinions au pape Paul III, puisque le cardinal Schomberg et l'évêque de Culm avaient pressé Copernic de publier les nouvelles doctrines, et puisque l'évêque d'Emersland avait érigé un monument pour conserver la mémoire de ces découvertes, comment l'Eglise romaine aurait-elle pu se prévaloir de quelques décrets inquisitoriaux comme d'un précédent pour la condamnation et la punition de Galilée? Dans les derniers temps, cette doctrine avait été propagée avec une entière tolérance; bien plus, l'année même des premières *persécutions* (1) contre Galilée, Paul-Antoine Foscarini, savant moine carme, écrivit un traité dans lequel il expliquait et défendait le mouvement de la terre, et essayait de concilier la doctrine nouvelle avec les passages de l'Ecriture qui avaient été employés pour la renverser. Cette remarquable production, datée du couvent des Carmes de Naples, était dédiée au très-révérend Sébastien Fantoni, général de l'ordre des Carmes, et approuvé par l'autorité ecclésiastique. Elle fut publiée à Naples dès l'an 1615, année même des premières poursuites contre Galilée. »

Ce ne fut pas la seule défense qui sortit du sein de l'Eglise en faveur de Copernic : nous avons parlé de l'*Apologie de Galilée*, par Campanella.

Galilée ne dut ses malheurs qu'à son caractère impétueux, qu'à son immense orgueil et à son manque de franchise dans toute sa conduite vis-à-vis de l'autorité ecclésiastique, son juge sur la question théologique, qu'il osa aborder avec tant de témérité, et qu'il ne put soutenir un instant, quand l'heure de la défendre eut sonné.

Comment absoudrions-nous Galilée, lorsque son plus grand panégyriste, sir Brewster, se voit réduit à le condamner, et lorsqu'un autre Protestant, Mallet du Pan, fait ressortir, pièces en main, tous les torts regrettables de l'illustre physicien ?

(1) Il ne faut pas oublier, en lisant ce mot, que sir Brewster est ennemi de Rome et le panégyriste ardent de Galilée.

# LES ROIS FAINÉANTS.

De tous les différents États qui se formèrent des débris de l'empire romain vers le commencement du v$^e$ siècle de l'ère chrétienne, il n'y en eut point qui s'élevât à un si haut degré de puissance, et si promptement que la monarchie française. Clodion, Mérovée, Childéric, Clovis et les rois ses enfants et ses successeurs, s'emparèrent en moins d'un siècle de toutes les Gaules; ils en chassèrent les Romains, les Visigoths et les Bourguignons. Tout ploya sous l'effort et la rapidité de leurs armes. Clovis étendit sa domination en Allemagne jusqu'aux Alpes Rhétiques (1), et les rois, ses enfants et ses successeurs, ne songèrent à conserver les États qu'il leur avait laissés, que par de nouvelles conquêtes.

Ils partagèrent une si vaste monarchie (2) en différents

---

(1) Les Alpes rhétiques ou rhétiennes s'étendent jusqu'aux confins du Tyrol, de la Carinthie et Saltzbourg.

(2) Voyez dans l'ancienne collection des Mémoires de l'Académie des Inscriptions et Belles-Lettres, un *Mémoire* de Foncemagne, *sur l'Etendue du royaume de France dans la première race*, et du même, un autre *Mémoire historique sur le partage du royaume de France dans la première race*. (Edit. in-4°, t. VIII. — Edit. in-12, t. XII, p. 206 à 242, et p. 160 à 182.)

royaumes, mais cependant qui ne formaient qu'un même État, et plusieurs fois ces royaumes se trouvèrent réunis sous le sceptre du même souverain. Ainsi, Clotaire I*er*, Clotaire II et Dagobert I*er* possédèrent seuls et sans partage toute la monarchie française.

Dagobert I*er* laissa deux princes qui lui succédèrent : Sigebert III et Clovis II. Sigebert avait été reconnu du vivant du roi son père, pour souverain de l'Austrasie, et Clovis, à l'âge de quatre ans, lui succéda aux royaumes de Neustrie et de Bourgogne, vers l'an 638.

Clovis II est regardé par un grand nombre d'historiens comme le chef de cette série de rois qu'on a injustement flétris du nom odieux de *fainéants* et d'*insensés :* série de princes qui occupa le trône depuis 638, époque de l'avénement de Clovis II, jusqu'à 750, temps où Childéric III dut abandonner le sceptre à Pépin, père de Charlemagne.

Clovis II est le premier roi que les chroniqueurs, et, après eux, la foule des historiens, ont taxé de démence. Le moine anonyme de Saint-Denys, auteur des *Gesta Dagoberti*, qui écrivait vers la fin du viiie siècle (1), c'est-à-dire plus de cent ans après l'événement qu'il raconte, rapporte la cause de la folie de Clovis II à une dévotion indiscrète. Laissons parler le chroniqueur lui-même : « Le roi Clovis, par un coup du sort, dans les dernières années de sa vie (651), vint un jour comme pour prier dans l'église des Saints-Martyrs (*Denys, Rustique et Eleuthère*), et voulant avoir en sa possession leurs reliques, il fit découvrir leur sépulcre. A la vue du corps du bienheureux et excellent martyr Denys, et plus avide que

---

(1) C'est l'opinion de D. Mabillon et de Félibien, et c'est la plus probable. Voy. D. Rivet : *Hist. litt. de la France.*

pieux, il lui cassa l'os du bras, l'emporta (1), et, frappé soudain, tomba en démence. Le saint lieu fut aussitôt couvert de ténèbres si profondes, et il s'y répandit une telle terreur, que tous les assistants, saisis d'épouvante, ne songèrent qu'à prendre la fuite. Le roi Clovis, pour recouvrer le sens, donna ensuite à la basilique plusieurs domaines, fit garnir d'or et de pierres précieuses l'os qu'il avait détaché du corps du saint, et le replaça dans le tombeau. Il lui revint quelque peu de raison; mais il ne la recouvra jamais tout entière, et perdit au bout de deux ans son royaume et la vie (2). »

Telle est l'anecdote qui termine les *Gesta Dagoberti*.

Mais, plus haut, voici ce qu'il raconte : « La quatorzième année de son règne (652), d'après l'avis de quelques hommes, et parce qu'une grande famine se faisait alors sentir, il ordonna qu'on enlevât la couverture de la voûte sous laquelle reposaient les corps de saint Denys et de ses compagnons, et que la piété du roi son père (Dagobert I$^{er}$) avait fait garnir en dehors de pur argent. C'était, disait-on, pour venir au secours des pauvres, des

---

(1) *Instigante diabolo*, dit le continuateur d'Aimoin. (Du CHESNE : *Historiæ Francorum scriptores*, t. III.)

(2) « Ludovicus rex..., fortunâ impellente, quondam in extremis vitæ suæ annis, ad *supra dictorum* martyrum Dionisii scilicet ac sociorum, corpora, quasi causâ orationis venit, volensque eorum pignora secum habere, discooperire sepulchrum jussit; corpus autem beati et excellentissimi martyris ac pontificis Dionisii intuens minus religiosè licet cupidè os brachii ejus fregit, et rapuit, confestimque stupefactus in amentiam decidit. Tantus ei terror et metus! Ac tenebræ locum ipsum repleverunt, ut omnes qui aderant, timore maximo consternati, fugâ præsidium peterent : post hæc verò ut sensum recuperaret villas quasdam ad ipsum locum tradidit, os quoque quod de sancto corpore tulerat auro ac gemmis miro opere vestivit, ibique reposuit; sed sensum ex aliquantulâ parte recuperans, non autem integrè recipiens, post duos annos vitam cum regno finivit. » (Du CHESNE, *loc. cit. sup.*, t. I.)

affamés et des pèlerins. Clovis ordonna à l'abbé Ægulf, qui gouvernait alors ce monastère, d'exécuter cette œuvre fidèlement et avec la crainte de Dieu (1). »

Quoique, comme nous l'apprend Aimoin, auteur du x° siècle, on eût remis par ordre de Clovis II, à l'abbé Ægulf, le prix des lames d'argent précitées, pour qu'il le distribuât lui-même aux pauvres, cependant les moines de Saint-Denys ne purent pardonner à ce prince une charité qu'il exerçait à leurs dépens et qui pouvait tirer à conséquence.

« En ce temps, dit Jean du Tillet (2), y eut très-grande famine en France, pour obvier à laquelle Clovis arracha, et ôta l'or et l'argent, duquel Dagobert avait fait somptueusement et magnifiquement décorer l'église de Saint-Denis, et humainement le distribue aux pauvres ; il enlève aussi le trésor qui était (*existait*), et châsses et coffrets, et rompt le bras de saint Denis et l'emporte ; pour lequel acte on dit que, par vengeance divine, il devint enragé et hors du sens tout le reste de sa vie.

» Certainement, si pour survenir aux pauvres et indigents, il a ce fait, il a sagement fait, et en homme de bien, nonobstant qu'ils aient mis en avant qu'il était fol, craignans que par ci-après les princes ne prissent cet exemple pour eux, quand ils auraient besoin de prendre les biens de l'Eglise pour aider aux pauvres, et non-seulement pour les pauvres, mais aussi pour eux-mêmes. »

Ainsi s'exprimait, au xvi° siècle, un vénérable prélat, Jean du Tillet, évêque de Meaux. Nous voyons, pour ne citer qu'un exemple, le chapitre de Notre-Dame de Paris, donner à Louis XV les magnifiques chandeliers

(1) *Gesta Dagoberti.*
(2) *Recueil des rois de France,* etc.

d'argent massif du maître-autel de cette cathédrale, pour subvenir aux *pressants besoins de l'État* (1).

Il est très-vraisemblable que les moines, presque les seuls historiens de ces temps-là, trouvèrent à propos d'épouvanter les successeurs de Clovis II, par l'exemple d'un châtiment si redoutable. C'est ainsi qu'un chroniqueur traita la mémoire de Charles Martel, auquel l'Eglise de France devait la conservation de la religion et de ses autels, contre les entreprises des Sarrasins. Ce grand homme ayant pris les biens de l'Église pour se mettre en état de résister à trois cent mille Sarrasins ou Arabes, qui voulaient conquérir et asservir la France, nos évêques, dans une lettre qu'ils adressèrent depuis à Louis, roi de Germanie, en 858 (2), rapportèrent à ce prince qu'Eucherius, évêque d'Orléans, avait eu révélation depuis la mort de Charles Martel, que ce personnage illustre était damné pour avoir pris les biens de l'Eglise; que Boniface, l'apôtre de l'Allemagne, Fulrard, abbé de Saint-Denys et chapelain du roi Pépin, fils de Charles Martel, ayant fait ouvrir son tombeau, à la prière d'Eucherius, on n'y trouva qu'un dragon affreux, qui s'envola dans un tourbillon d'une fumée épaisse.

Il est bon de remarquer, que Charles Martel, à son retour de la défaite des Sarrasins, exila Eucherius et sa famille, vers l'année 732, que cet évêque mourut la sixième année de son exil, que Charles Martel vécut encore trois ans, d'autres disent dix ans, n'étant mort que le 2 octo-

---

(1) Voyez le chanoine Montjoie : *Description hist. des curiosités de l'Eglise de Paris*, etc. p. 62.
(2) *Ex epistolâ quam miserunt episcopi provinciarum Rhemensis et Rothomagensis Ludovico regi Germaniæ.* (Du Chesne, t. I, p. 792.) *Exstat inter Capitula Caroli Calvi, titulo XIII.* (Voyez J. Bollandus et G. Henschenius, *ad 20 februar. Act. SS.* et Surius, *ad 20 februar.*)

bre 741, et ainsi qu'Eucherius n'avait pas pu avoir de révélation de la damnation d'un prince plein de vie, qui lui avait survécu plusieurs années (1).

Nous n'avons rapporté cet exemple, que pour faire voir combien il est dangereux de croire aveuglément nos anciens historiens. Nous ne pouvons mieux, du reste, justifier la mémoire de Clovis II, que par l'exposé de la conduite habile et pleine de fermeté que ce prince tint après la mort de Sigebert, son frère aîné, roi d'Austrasie, et depuis sa prétendue démence, qu'on place vers la seizième année de son règne (654).

Sigebert n'avait laissé qu'un fils appelé Dagobert. Grimoald, maire du palais d'Austrasie, fils du vieux Pépin, et le premier qui eût succédé à son père dans une si grande dignité, plaça son fils Childebert sur le trône d'Austrasie, au préjudice du jeune Dagobert, qu'il avait fait transporter furtivement en Irlande. La reine, sa mère, se réfugia auprès de Clovis II, qui la prit sous sa protection, et ayant fait arrêter l'usurpateur et son fils, il fit couper la tête au père, et sans doute le fils eut le même sort. Acte souverain de sa justice, et qui prouve en même temps son autorité et l'habileté qu'il avait employée pour se rendre maître de la personne de ces tyrans.

Saint Ouen, dans la *Vie de saint Éloi* (2), son ami,

(1) Voyez Baronius : *Annales ecclesiast.*, t. III, ad ann. 741. et le P. Sirmond : *Not. ad Capitul. Caroli Calvi.* — Baluze : *Capitul. Reg. Francorum*, t. II.

(2) Voyez le 1er vol. de nos *Etudes hist., litt. et artist. sur le VIIe siècle en France. Vie de saint Éloi, évêque de Noyon* (588-659), par saint Ouen, évêque de Rouen, traduite par Ch. Barthélemy, précédée d'une introduction et suivie d'un grand nombre de notes hist. sur le VIIe siècle, avec les lettres de NN. SS. les évêques de Paris, de Limoges, de Cambrai et de Beauvais. (Un vol. in-8°, chez Lecoffre.)

nous assure que ce prince religieux vécut dans une parfaite union avec la reine Bathilde, sa femme (1). Cet historien contemporain ne lui reproche aucun égarement d'esprit.

Aimoin loue son ardente charité, vertu dont son père, le roi Dagobert, lui avait légué l'amour. Aimoin résume toute la vie et tout le règne de Clovis II en trois mots, et l'appelle un « prince agréable à Dieu. » *Deo amabilis princeps.*

Helgaud nous le représente comme « un prince illustre, plein de justice, et resplendissant par sa piété. » *Clodovæus inclitus successit regno justitiæ et pietatis amictus ornamento* (2).

L'abbé Liodebaud, sujet et contemporain de Clovis II, parlant d'un échange qu'il fit avec ce roi, au sujet de l'établissement du monastère de Fleury, près d'Orléans, dit : « Le roi Clovis, seigneur glorieux et très-élevé, » *cum glorioso atque præcelso domino Clodovæo rege.*

Mais, sans nous arrêter à ces témoignages puissants, qu'il nous serait facile de multiplier, passons aux rois de la première race, dite des Mérovingiens, que des historiens plus célèbres que l'auteur des *Gesta Dagoberti* ont traités d'insensés. Tâchons de démêler par quel motif ils en ont parlé si indignement.

Les deux premiers sont le moine d'Angoulême, dans la *Vie de Charlemagne* (3), et Eginhard (4), secrétaire de ce prince, qui semblent s'être copiés, quoiqu'on ne sache pas bien lequel des deux est l'original.

---

(1) *Et rex ac regina pacifice grateque consisterent.* (Vita S. Eligii, lib. II, chap. xxxi.)
(2) *Epitome vitæ Roberti regis.* (Du Chesne, t. IV.)
(3) Dans Du Chesne, t. II.
(4) *Vita Caroli Magni.* (Ibid.)

« Nourri par ce monarque (dit Eginhard, en parlant de Charlemagne), du moment où je commençai d'être admis à sa cour, j'ai vécu avec lui et ses enfants dans une amitié constante qui m'a imposé envers lui, après sa mort comme pendant sa vie, tous les liens de la reconnaissance ; on serait donc autorisé à me croire et à me déclarer bien justement ingrat, si, ne gardant aucun souvenir des bienfaits accumulés sur moi, je ne disais pas un mot des hautes et magnifiques actions d'un prince qui s'est acquis tant de droits à ma gratitude ; et si je consentais que sa vie restât comme s'il n'eût jamais existé, sans un souvenir écrit, et sans le tribut d'éloges qui lui est dû (1). »

C'est donc la reconnaissance qui fit prendre la plume à Eginhard, et quoiqu'un sentiment si louable ne soit pas incompatible avec cette vérité exacte et scrupuleuse qu'exige l'histoire, ce que nous allons rapporter, tiré de son ouvrage, nous fera voir qu'il a moins songé à écrire une biographie qu'à faire un éloge, et qu'il s'est surtout attaché à élever la race Carlovingienne aux dépens de celle des Mérovingiens.

On sait que Pepin, père de Charlemagne, le héros d'Éginhard, avait détrôné son souverain, et lui avait enlevé sa couronne. Éginhard glisse d'abord sur un endroit si délicat, et pour diminuer ce qu'une pareille entreprise

---

(1) Vitam et conversationem domini et nutritoris mei Caroli scribere animus tulit....
Nutrimentum videlicet in me impensum, et perpetuâ postquam in aulâ ejus conservari cœpi cum ipso ac liberis ejus amicitia, quam me ita sibi devinxit debitoremque tam vivo quam mortuo constituit, ut merito ingratus videri et judicari possem, si tot beneficiorum in me collatorum immemor, et clarissimi, illustrissimi hominis de me optime meriti gesta silentio præterirem. (Préface de la *Vie de Charlemagne* par ÉGINHARD.)

pourrait avoir d'odieux, voici ce qu'il dit en propres termes : « La famille des Mérovingiens, dans laquelle les Francs avaient coutume de choisir des rois, passe pour avoir duré jusqu'à Childéric, déposé, rasé et confiné dans un monastère par l'ordre du pontife romain Étienne (1). On peut bien, il est vrai, la regarder comme n'ayant fini qu'en ce prince ; mais depuis longtemps déjà elle ne faisait preuve d'aucune vigueur et ne montrait en elle-même rien d'illustre, si ce n'est le vain titre de roi. Les trésors et les forces du royaume étaient passés aux mains des préfets du palais, qu'on appelait *maires du palais*, et à qui appartenait réellement le souverain pouvoir. Le prince était réduit à se contenter de porter le nom de roi, d'avoir les cheveux flottants et la barbe longue, de s'asseoir sur le trône et de représenter l'image du monarque. Il donnait audience aux ambassadeurs, de quelque lieu qu'ils vinssent, et leur faisait, à leur départ, comme de sa pleine puissance, les réponses qui lui étaient enseignées ou plutôt commandées. A l'exception du vain nom de roi et d'une pension alimentaire mal assurée, et que lui réglait le préfet du palais selon son bon plaisir, il ne possédait en propre qu'une seule maison de campagne (2), d'un fort modique revenu, et c'est là qu'il tenait sa cour, composée d'un très-petit nombre de domestiques chargés du service le plus indispensable et soumis à ses ordres. S'il fallait qu'il allât quelque part, il voyageait monté sur un chariot traîné par des bœufs et qu'un bouvier conduisait à la manière des paysans ; c'est ainsi

(1) Assertion fausse, comme nous le prouverons dans un autre volume, dans un mémoire particulier.
(2) L'annaliste de Metz appelle cette maison des champs, *Mammacas*. (Du Chesne, t. III.)

qu'il avait coutume de se rendre au palais et à l'assemblée générale de la nation, qui se réunissait une fois chaque année pour les besoins du royaume; c'est encore ainsi qu'il retournait d'ordinaire chez lui. Mais l'administration de l'État et tout ce qui devait se régler et se faire au dedans comme au dehors étaient remis aux soins du préfet du palais (1). »

Le moine d'Angoulême, autre biographe de Charlemagne, n'a point eu honte de dire, pour faire sa cour à la maison dominante, que les derniers rois du sang de Clovis étaient tous fous et insensés, père, enfants, cousins. La démence, à en croire cet historien passionné, était également héréditaire dans la ligne directe et dans la collatérale (2). Les chroniqueurs grecs, trompés par nos annalistes, ont ajouté de nouvelles fables, et encore plus

(1) Gens Merovingorum, de quâ Franci reges sibi creare soliti erant, usque in Childericum regem, qui jussu Stephani romani pontificis depositus ac detonsus atque in monasterium trusus est, durasse putatur, quæ licet in illo finita possit videri, tamen jamdudum nullius vigoris erat; nec quidquam in se clarum præter inane regis vocabulum præferebat. Nam et opes et potentia regni penes palatii præfectos, qui MAJORES DOMUS dicebantur et ad quos summa imperii pertinebat, tenebantur : neque regi aliud relinquebatur quam ut regio tantùm nomine contentus, crine profuso, barbâ submissâ, solio resideret ac speciem dominantis effingeret; legatos undecumque venientes audiret, eisque abeuntibus responsa quæ erat edoctus vel etiam jussus, ex suâ velut potestate redderet. Cùm præter inutile regis nomen et præcarium vitæ stipendium, quod ei præfectus aulæ, prout videbatur exhibebat, nihil aliud proprii possideret quam unam et tam per parvi redditûs villam, inque domum ex quâ famulos sibi necessaria ministrantes atque obsequium exhibentes paucæ numerositatis habebat. Quocumque eundum erat, carpento ibat, quod bobus junctis et bubulco rustico more agente trahebatur. Sic ad palatium, sic ad publicum populi sui conventum, qui annuatim ob populi utilitatem celebrabatur, ire, sic domum redire solebat. (EGINHARD : *Vita Caroli Magni*, au commencement.)

(2) Post Dagobertum (*Dagobert III*) regnavit Chilpericus insensatus frater ejus; post Chilpericum regem insensatum regnavit solo nomine Theudericus insensatus consanguineus ejus; post Theudericum, regnavit solo nomine Childericus insensatus frater ejus.

extravagantes, à celles-ci. Cedrenus, écrivain du xi⁰ siècle, et Theophanes, son prédécesseur, prétendent que tous nos rois avaient l'épine dorsale couverte et hérissée d'un poil de sanglier (1).

Mais, pour en revenir à Éginhard, dans quel historien contemporain, lui, qui n'écrivait que dans le ix⁰ siècle, et après la mort de Charlemagne, a-t-il pris tout ce qu'il dit de ce chariot, conduit seulement par un bouvier? en a-t-il trouvé un seul exemple dans toute l'histoire de la première race, et comment a-t-il pu être instruit si exactement de l'escorte et des seigneurs qui accompagnaient nos rois, avant le règne de Charlemagne et de Pépin le Bref, lui qui avoue qu'il n'a pu rien apprendre de la jeunesse et de l'éducation du prince dont il a rédigé la biographie, parce qu'il n'en avait rien trouvé par écrit, et que ceux dont il aurait pu tirer des lumières étaient tous morts (2)?

Éginhard ne trouve personne qui l'instruise des premières années de Charlemagne et de l'éducation de ce prince, sous le règne duquel il avait vécu, et il veut que nous le croyions sur tout ce qu'il nous dit des mœurs et des coutumes des rois qui ont précédé Charlemagne, et qu'il fait conduire si indignement par un bouvier, pour les rendre plus méprisables.

(1) (Cedrenus : Compendium historiarum, etc., ad ann. septimum Leonis Isauri). *Qui ed stirpe prognati erant cristati dicebantur, quod græcè dicitur trichorachati, quia instar porcorum ex spinâ dorsi enascentes pilos haberent. — Quod et Græcorum in annalibus legitur, cum hac ineptissimâ fabulâ Francorum reges appellatosque ideo trichorachatos.* — (Le P. Petau : *Rationarium temporum*, etc. 1ʳᵉ partie, livre VIII, chap. II.)

(2) *De ejus nativitate, atque infantiâ vel etiam pueritiâ, quia neque scriptis unquam aliquid declaratum est, nec quisquam modo super esse invenitur, qui horum se dicat habere notitiam, scribere ineptum judicans.* — (Eginhard : *Vita Caroli Magni*, au commencement.)

Boileau, dans des vers heureux et imitatifs, a consacré le mensonge d'Éginhard, en faisant dire à la Mollesse :

> Hélas ! qu'est devenu ce temps, cet heureux temps,
> Où les rois *s'honoraient* du nom de fainéants,
> S'endormaient sur le trône, et me servant sans honte,
> Laissaient leur sceptre aux mains ou d'un maire ou d'un comte ?
> Aucun soin n'approchait de leur paisible cour,
> On reposait la nuit, on dormait tout le jour.
> Seulement au printemps, quand Flore dans les plaines
> Faisait taire des vents les bruyantes haleines,
> Quatre bœufs attelés, d'un pas tranquille et lent,
> Promenaient dans Paris le monarque indolent.
> Ce doux siècle n'est plus. . . . . . . . . . . (1).

Voilà comment le charme des vers perpétue l'erreur et le mensonge ! Pauvres débris de la race mérovingienne, ce n'était pas assez qu'on vous eût immolés à la gloire de Charlemagne : après plus de huit siècles, on vous sacrifiait de nouveau à la louange de Louis XIV !

On voit que Boileau, pour jeter du ridicule sur les derniers princes mérovingiens, leur reproche ce chariot traîné par des bœufs, comme une voiture inventée exprès pour entretenir leur mollesse et leur indolence. Mais, à supposer que nos rois se soient servis de ces chars, c'était, peut-être, la seule voiture usitée en ce temps-là, et qu'on appelait communément *basterne*, à cause des peuples de ce nom qui habitaient anciennement la Podolie, la Bessarabie, la Moldavie et la Valachie.

Grégoire de Tours parlant de la reine Deuterie, femme du roi Théodebert, petit-fils de Clovis I$^{er}$, rapporte que cette princesse, craignant que le roi ne lui préférât une fille qu'elle avait eue d'un premier lit, la fit mettre dans

---

(1) *Le Lutrin*, chant second, vers 123 à 133.

une *basterne*, à laquelle on attacha, par son ordre, de jeunes bœufs qui n'avaient pas encore été mis sous le joug, et que ces animaux la précipitèrent dans la Meuse (1).

L'usage de ces sortes de litières est encore plus ancien que le temps dont nous parlons. Il nous reste des vers d'Eunodius, où il fait mention de la *basterne* de la femme de Bassus :

Aurea matronas Claudii *basterna* pudicas.

Et pour qu'on n'objecte pas que cette voiture était seulement réservée aux femmes ou à des hommes indolents, on peut voir dans les lettres de Symmaque que ce Préfet de Rome, écrivant aux fils de Nicomachus, les prie de tenir des *basternes* prêtes pour le voyage de leur frère (2).

Il y a toute apparence que les premiers Francs, dans le temps qu'ils demeuraient au delà du Rhin, avaient emprunté cet usage des Cimmériens, qui habitaient les rives du Bosphore, avant qu'ils en eussent été chassés par les Gettes. Lucien, parlant, dans ses *Dialogues*, d'un roi des Scythes, nommé Toxaris, dit que ce prince n'était pas né du sang royal, mais qu'il sortait d'une famille honnête et riche, et de ceux qu'on appelait *octapodes*, parce qu'ils avaient, dit-il, le moyen d'entretenir un chariot et deux bœufs ; et Lucanor, dans le *Traité de l'Amitié* du même Lucien, demande à Arsacomas, qui recherchait sa fille en mariage, combien il avait de chariots et de bœufs à son usage.

Nous avons dit qu'on ne trouve pas dans l'histoire

---

(1) *In basternâ positam, indomitis bobus conjunctis, eam de ponto præcipitavit.* (Lib. III, cap. XXVI.)

(2) *Itaque fratrem vestrum continuo ad vos opto dimittere, cui basternarios mox præbere dignemini.* (*Epistola* XV.)

que nos rois se soient servis de cette voiture; mais, quand même ces princes se seraient fait porter dans ces sortes de litières, nous ne voyons pas quelle conséquence on en pourrait jamais tirer contre leur courage ou la sagesse de leur conduite, puisque c'était la seule voiture qui fût en usage à cette époque. Mais, nous le répétons avec le savant jésuite Bollandus, la relation de ces chariots dans lesquels nos rois se faisaient traîner si mollement, ne mérite pas plus de foi que la prétendue révélation de la damnation de Charles Martel (1).

Mais, dira-t-on, vous ne pouvez nier que ces princes, qui, selon Éginhard, n'en avaient plus que la naissance et le nom, ne parussent dans les assemblées générales de la nation, avec un cortége bien indigne de leur rang, puisqu'au rapport de cet historien, ils n'étaient escortés que par un bouvier. Il est vrai que ce sont les termes d'Éginhard; mais nous avons déjà démontré que ce chroniqueur n'était ni contemporain, ni fondé sur aucune autorité d'écrivains contemporains, et il doit être justement suspect d'avoir voulu rendre méprisable une maison à laquelle la couronne venait d'être enlevée.

Après tout, et quand ce qu'Éginhard rapporte de nos derniers rois de la première race serait vrai, la pauvreté de leur équipage ne prouve ni leur mollesse, ni leur fainéantise, et on n'en peut conclure au plus, sinon que la pompe et tout l'éclat qui doivent accompagner les rois dans des solennités publiques, étaient passés aux maires, qui avaient en même temps le commandement des armées et le gouvernement de l'État. Nous dirons de plus

(1) Hæc Adrevaldus, de quo non inepte judicabit qui ejusdem farina figmentum censuerit, et carpentum regum, et Caroli Martelli damnationem. (*Act. SS.*, ad 20 februar.)

que, comme l'origine de nos anciens usages a échappé à nos premiers historiens, nous ne savons si cette litière si humiliante (supposé que ce qu'en dit Éginhard soit vrai), et si ces bœufs et ce paysan qui les conduisait n'étaient point d'institution, et pour faire ressouvenir nos rois de leur origine et de la simplicité qui se trouvait dans les mœurs de ces temps si éloignés.

« On sait (écrivait Vertot, au siècle dernier) que parmi les Turcs, le sultan ou le grand seigneur est obligé, avant que de monter sur le trône, de conduire pendant quelques moments une charrue, et d'ouvrir quelques sillons de terre; on prétend même que dans ce souverain degré de puissance où il est élevé, il doit travailler de ses mains, et que sa table n'est servie que du prix de son travail (1). »

Si nous remontons à des siècles plus reculés et plus proches des temps dont nous parlons, nous trouverons que les habitants de la Carnie et de la Carinthie, peuples qui se disaient issus des anciens Francs, avaient une manière d'inauguration aussi humiliante que l'équipage qu'on reproche aux rois de la première race.

Un paysan, dit Æneas Sylvius (2), se plaçait sur une pierre dans une vallée proche Saint-Writ, et il avait à sa droite un bœuf maigre, au poil noir, et une cavale, aussi maigre, à sa gauche (3). Dans cette situation, il

---

(1) *Mémoires de l'Acad. des Inscript. et Belles-Lettres.* Edition in-12, t. VI, p. 530.

(2) Ecrivain du xve siècle, depuis pape, sous le nom de Pie II. Voyez son *Historia Friderici III, imperatoris*, etc., l'édit. de J. G. Kulpis. Argentorati, 1685, in-fol. — On trouve aussi ce curieux ouvrage dans le t. II des *Accessiones historicæ* de Leibnitz. (*Hanovre*, 1700.)

(3) A dextra bos macer nigri coloris adstat, ad sinistram pari macerie deformis equa.

était entouré d'une foule de villageois (1). Le prince destiné à régner s'avançait alors habillé en paysan et en berger (2). Le paysan, de si loin qu'il l'apercevait de dessus sa pierre, s'écriait : « Quel est cet homme qui s'avance si fièrement (3) ? » On lui répondait que c'était le souverain du pays (4). Alors il demandait s'il aimait la justice, et s'il serait zélé pour le salut de la patrie (5); et après qu'on avait satisfait à toutes ses demandes, il ajoutait : « De quel droit prétend-il me déplacer de dessus cette pierre (6) ? » Alors le comte de Gorice lui offrait soixante deniers, le bœuf et la cavale précités, les habits du prince et une exemption de tous tributs. A ces conditions, le paysan, après avoir donné un léger soufflet à son souverain, lui cédait sa place, et il allait chercher dans son chapeau de l'eau, qu'il lui présentait à boire (7).

Nous n'avons rapporté une forme d'inauguration si extraordinaire, que pour montrer qu'il y a eu des nations qui ont assujetti leurs premiers souverains à des pratiques si humiliantes, pour les empêcher de se trop élever au-dessus de ceux qui leur avaient déféré volontairement la souveraine puissance. Et peut-être que les premiers Français ne voulurent point souffrir que leurs rois eussent des voitures plus magnifiques que celles de leurs sujets, pour les retenir toujours dans ce tempé-

(1) Frequens et omnis rustica turma.
(2) Agrestis ei vestis, agrestis pileus calceusque, et baculus ei manu gestans pastorem ostendit.
(3) Quis est hic, inclamat, cujus tam superbum incessum video ?
(4) Principem terræ advenire.
(5) Salutem Patriæ quærens.
(6) Quo me jure ab hac sede me dimovebit.
(7) Voyez Wolfgang Lazius : *De gentium migrationibus*, lib. VI, p. 201.
— (Ouvrage curieux du xvi<sup>e</sup> siècle.)

rament si convenable parmi une nation libre et jalouse de la liberté.

A l'égard de ce qu'Eginhard rapporte de l'usage où nos rois étaient de porter de longs cheveux, cela n'est contesté par personne. Agathias nous apprend qu'ils les portaient tressés et cordonnés avec des rubans; en sorte qu'on peut dire que cette chevelure était comme un diadème, qui faisait reconnaître le roi et les princes de son sang. Mais, pour ce qui est de cette grande barbe qu'il leur attribue, avec laquelle il nous représente les derniers rois mérovingiens, cela paraît encore plus fabuleux que le chariot traîné par des bœufs. Que l'on consulte l'effigie de la plupart de nos rois de la première race qu'on trouve sur leurs monnaies, aucun de ces princes n'y est représenté avec cette barbe vénérable dont parle Eginhard (1). La plupart sont rasés, et il n'y en a que deux ou trois dont la barbe paraît avoir trois semaines ou un mois, ou telle qu'on la rapporte d'un voyage ou d'une expédition, qui n'aurait pas permis de se faire raser.

L'histoire est conforme sur ce point avec le métal, et Sidoine Apollinaire, qui vivait du temps de nos premiers rois, dit que les Francs se faisaient raser le visage, et qu'ils ne conservaient que de grandes moustaches, qu'ils relevaient avec le peigne (2).

Mais nous demanderions volontiers à Eginhard et à

---

(1)            Vultibus undique rasis
      Pro barbâ tenues perarantur pectine cristæ.

(2) Voyez Claude Bouteroue : *Recherches curieuses des monnaies de France, depuis le commencement de la monarchie, etc., avec les figures des monnoies* (Paris, 1666, in-fol.), et François le Blanc : *Traité hist. des monnoies de France, depuis le commencement de la monarchie, etc., avec les figures* (Paris, 1690, in-4°).

ses partisans, comment Clovis II pouvait avoir cette grande barbe qui descendait jusqu'à la ceinture, lui qui, de l'aveu de tous les historiens, est mort à l'âge de vingt et un ans ; Clotaire III, son fils, n'en a vécu que dix-sept ou dix-huit; Childéric II, son frère, fut tué qu'il n'avait pas encore vingt-quatre ans; Clovis III, leur neveu, mourut à l'âge de quatorze ans ; Childebert II, son frère, ne passa pas sa vingt-huitième année ; le jeune Dagobert II, son fils, né en 700, mourut en 716 ; Thierri de Chelles, son fils, vers la vingt-troisième année de son règne ; si Childéric III, le dernier des Mérovingiens, était fils de Thierri, il ne pouvait au plus avoir que dix-neuf ans.

Il est aisé de conclure, par l'âge de la plus grande partie de nos rois de la première race, que ces princes étant morts, ou en minorité, ou très-jeunes, ne pouvaient pas avoir cette grande barbe, avec laquelle Eginhard nous les représente.

Après cela, nous ne croyons pas qu'on doive ajouter beaucoup de foi à tout ce que les écrivains de la seconde race disent de cette petite maison et de cette terre où l'on veut que nos rois fussent renfermés par leurs maires. D. Mabillon nous a conservé une donation faite par Childebert III à l'abbaye de Saint-Denys; elle est datée du domaine de *Mamacas* (1), dont l'annaliste de Metz parle avec assez peu d'estime, et surtout comme de la seule propriété que les maires du palais eussent laissée aux derniers rois mérovingiens (2). Une seconde donation du

---

(1) Datum quod fuit mensis Martius dies 12, annum 12, regni nostri Mamacas in Dei nomine feliciter. — *De re diplomaticâ*, p. 8481, ad annum 706.

(2) *His peractis* (la promenade de nos rois en chariot) *regem illum ad Mamacas villam publicam custodiendum cum honore et veneratione mittebat.*

même prince, encore datée de *Mamacas*, ne laisse pas douter que ce fût une maison royale (1). Cette terre était située dans le territoire de Noyon : au siècle dernier, l'abbaye de Saint-Corneille-de-Compiègne en était encore en possession, et ce domaine s'appelait *Maumaques* ou *Mommarques*.

Il nous reste un acte solennel de la troisième race et de 1200, la vingtième année du règne de Philippe Auguste, qui confirme le sentiment précité (2). On voit dans cette charte qu'il y avait une forêt qui portait le nom de *Mommaques*. « Ce qui nous fait voir, dit D. Mabillon, que ce château et cette terre étaient environnés de tous côtés de grandes forêts, convenables à des princes qui employaient une partie de leur temps à la chasse. »

Mais il ne faut pas conclure que nos derniers rois de la première race aient été ensevelis dans l'obscurité dans cet unique domaine, et gardés comme des prisonniers d'État, ainsi que les écrivains de la seconde race l'insinuent en tant d'endroits. Pour être persuadé du contraire, il n'y a qu'à ouvrir la *Diplomatique* de D. Mabillon (3), on y verra que la plupart des actes des princes

---

(1) In eodem quoque pago Noviomensi de villa Mamacas quam dedit Odo rex sancto Cornelio, ad luminaria, etc. » (*Ibid. ut sup.*, lib. VI, p. 561.)

(2) Noverint universi, etc., quod cum querela inter Joannem D.... et Abbatem, et Monacos Ecclesia Beati Medardi Sussionnensis, super quâdam portione nemoris de Lesque diutiùs versaretur, tandem terminata est in hunc modum : prædicta Ecclesiam totam illam portionem nemoris quæ dicitur Elloy, et totam portionem quæ dicitur le Foiler, et omnes costas quæ sunt à viâ Delgres ad viam de Chaisnou usque ad cacumen montis et commutationem nemoris, quæ facta fuerat primitus pro nemore Fratrum Grandis-Montis, totumque reliquum nemus per medium filium Alneti nemoris de Choisi, usque ad nemus de Mommaques.

(3) Lib. VI, p. 296.

dont nous parlons, sont ainsi datés : *datum Clipiaco, datum Morlacas, datum Lusarca, datum Compendio, Noviento, Captonaco, Valencianis novinginto, Carrariaco, Crisciaco, Parisiis*, etc. A peine trouvons-nous trois de ces actes datés de *Mamacas*, ce qui prouve justement que nos rois n'y étaient pas renfermés. On les voit, au contraire, toujours avec les marques de leur grandeur, et dans des palais convenables à leur dignité. Tous ces princes commencent ainsi leurs actes : « Lorsque ces jours passés, nous présents et avec l'assemblée de nos grands, nous siégions dans notre palais de, etc. (1); » et ces titres sont presque tous des donations faites par ces princes à diverses églises. Comment pouvaient-ils se montrer si magnifiques, s'ils étaient insensés, et d'ailleurs réduits à ne vivre et à ne subsister que du modique revenu d'une terre? Comment Thierri III a-t-il pu fonder des monastères dans les diocèses de Rouen et de Therouanne? Où a-t-il pris tant de terres, dont il a enrichi les moines d'Orbais, de Saint-Vaast d'Arras, et surtout l'église de Saint-Martin de la même ville, à laquelle il donna les biens qui lui appartenaient en Allemagne (2)?

On nous dira peut-être que ces donations étaient faites par les maires du palais, et que suivant la formule du temps on mettait seulement le nom du prince en tête d'un acte, dans lequel on le faisait parler, quoique souvent il n'en eût pas eu connaissance.

Mais on vient de voir que ces princes avaient un grand nombre de maisons et de terres, outre ce *Mamacas*; et Thierri III, dont nous avons parlé tout à l'heure,

---

(1) Cùm ante hos dies in nostrâ vel procerum nostrorum præsentiâ Compendio in Palatio nostro resideremus, etc.

(2) Res proprietalis suæ.

ayant réuni à son domaine la terre *de Latiniaco*, qui avait appartenu successivement à plusieurs maires du palais, la donna par le conseil de la reine sa femme et de Berthaire, maire du palais, à l'abbaye de Saint-Denys(1). Preuve de son autorité, puisque par le conseil de la reine, sa femme, il disposait des terres et des biens réunis au Domaine.

Tout ce que nous avons dit jusqu'ici ne regarde que ce qu'Eginhard a avancé en général d'odieux et d'offensant contre l'autorité des derniers Mérovingiens. Il faut répondre à présent à ce que le moine d'Angoulême a reproché de personnel à ces princes, au sujet de la démence dans laquelle il les fait tous tomber depuis Dagobert III, à commencer par Chilpéric II son frère (2) ; et pour en juger sans préoccupation, il n'y a qu'à rapporter les principales actions de son règne, qui ne dura que cinq à six ans.

Ce prince ne fut pas plutôt sur le trône, qu'il songea à attaquer Charles Martel, qui s'était emparé du royaume d'Austrasie sous le titre spécieux de *prince* ou de *duc des Francs*. Dans cette vue, il fit une ligue avec Ratbode, duc de Frise ; celui-ci s'avança aussitôt dans le pays qui reconnaissait Charles. L'Austrasien fut battu, et Chilpéric ayant joint Ratbode, et ne trouvant point d'ennemis en campagne en état de leur résister, ils ravagèrent tout le pays depuis la forêt des Ardennes jusqu'au Rhin, et s'avancèrent jusqu'à Cologne. Cette ville ne se racheta du pillage que par une grosse somme d'argent.

---

(1) Nos ipsam villam de Fisco nostro ad suggestionem præcelsæ Reginæ nostræ Chrodochild, et illustri viri Bertharii, Majoris domûs nostræ ad monasterium sancti domni Dionysii contulimus.

(2) Post Dagobertum regnavit Chilpericus insensatus frater ejus.

Charles eut sa revanche. Il avait rétabli son armée, il vint chercher à son tour Chilpéric, le surprit près de l'abbaye de Saint-Avelo, entre Limbourg et la Roche en Ardennes, et mit ses troupes en déroute. Cependant, ces avantages réciproques ne décidaient rien. Les deux armées, l'année suivante (717), se trouvèrent campées près de Cambrai. Charles, inférieur en troupes, demanda la paix, et on la lui refusa, à moins qu'il ne rendît l'Austrasie, qui appartenait aux princes sortis du sang de Clovis. On vit bien qu'il n'y avait que les armes qui pussent décider de si hautes prétentions : une bataille très-opiniâtre eut lieu ; de part et d'autre beaucoup de sang fut répandu ; la victoire se déclara enfin pour Charles (19 mars). Ce prince habile en profita, et il poursuivit ses ennemis, qu'il obligea de mettre la Seine et la Loire derrière eux, pour éviter de tomber entre ses mains.

Chilpéric, abandonné de la fortune, ne s'abandonna pas lui-même ; il engagea les Saxons, pour faire diversion, à prendre les armes, et en même temps il eut recours à Eudes, duc de Gascogne et d'Aquitaine, prince puissant, et qui régnait avec une espèce d'indépendance, depuis les Pyrénées jusqu'à la Loire. Eudes se déclara en faveur de Chilpéric, et vint le joindre avec des troupes nombreuses : ils marchèrent ensemble vers l'Austrasie. Les deux armées se rencontrèrent entre Soissons et Rheims ; Charles fut encore victorieux, il poursuivit ses ennemis jusqu'à la Loire, et Chilpéric se sauva avec ses trésors dans les États d'Eudes. Charles l'envoya demander à Eudes ; celui-ci, qui craignait d'attirer ce foudre de guerre dans son pays, le remit entre ses mains, et Chilpéric ne survécut que deux ans à sa disgrâce.

Ces ligues, ces guerres, ces combats et ces batailles

peuvent-ils être attribués à un prince tombé en démence ? Chilpéric, le souverain légitime de ces royaumes d'Austrasie, de Neustrie et de Bourgogne, tâche de détruire l'autorité d'un sujet rebelle, quoique ce rebelle fût en même temps un grand seigneur et un grand capitaine ; et quoique Chilpéric eût été transporté tout à coup du cloître sur le trône, il ne laissa pas de se trouver aussitôt en personne à toutes les batailles qui se donnèrent contre Charles. Il fit des ligues puissantes contre lui, il se joignit aux Frisons, il suscita les Saxons, il s'allia avec les Gascons : on ne pouvait mieux conduire ses entreprises, mais la fortune lui manqua en toutes ces occasions.

Et que pourrait-on lui reprocher, s'il n'avait pas eu à combattre un aussi grand capitaine que Charles ? Cet insensé ne laissa pas de soutenir la guerre pendant plusieurs années : le moine d'Angoulême lui rend ce témoignage en propres termes (1). Chilpéric n'est traité d'insensé que parce qu'il fut malheureux ; il eût été un des plus grands princes de la monarchie, s'il avait ruiné le parti du maire du palais. Mais, c'était à peu près impossible dans la situation où étaient alors les affaires d'Austrasie, de Neustrie et de Bourgogne. Pour en juger sainement, il est utile de représenter ici en peu de mots quels étaient l'état et la forme du gouvernement français.

Tacite, dans son *Traité des mœurs des Germains,* nous apprend qu'ils avaient égard aux droits de la naissance dans le choix de leurs souverains, mais qu'ils ne consi-

---

(1) Chilpericus iste ineptus movit exercitum contra Carolum magnum.

deraient que le mérite et la valeur, quand il s'agissait de mettre des généraux à leur tête (1).

Les premiers Francs, sortis de la Germanie, en usaient de la même manière; ils prenaient toujours leurs rois dans la maison dominante, et la couronne était toujours héréditaire (2). Les maires, au contraire, étaient toujours électifs, et jamais, dans le principe, le fils ne succédait au père. Les Francs, disent nos anciens chroniqueurs, c'est-à-dire les nobles et les guerriers, étaient en droit de choisir leur général, que le prince seulement confirmait (3). Frédégaire (4) nous en fournit une preuve qui mérite d'être rapportée ici.

Les Francs, sous le règne de Sigebert I$^{er}$, avaient élu pour maire du palais un seigneur nommé Chrodin, également estimé pour sa valeur et pour sa probité. Ce seigneur, par un motif de conscience, s'excusa d'accepter cette dignité. Il représenta à l'assemblée, que se trouvant allié de la plupart des seigneurs francs, il lui faudrait, ou fermer les yeux sur leurs injustices, ou, s'il entreprenait de les punir, qu'on le ferait passer pour un homme dur et pour un mauvais parent. Cet aveu, qui marquait un fonds de probité extraordinaire, lui attira encore plus l'estime et la confiance de toute l'assemblée, et, comme on ne put le résoudre à se charger de cet emploi, on le pria du moins de nommer lui-même

---

(1) Reges ex genere, duces ex virtute sumunt.

(2) *De hinc, extinctis Ducibus in Francis denuò creantur Reges in eâdem stirpe quâ priùs fuerant.* (FRÉDÉGAIRE, cap. V, apud DU CHESNE, t. I. Voyez surtout l'édit. de D. Ruinart, à la suite des Œuvres de saint Grégoire de Tours. *Paris*, 1699, un vol. in-fol.)

(3) Qui honor non aliis à populo, dari consueverat quam his qui et claritate generis et opum amplitudine cæteris eminebant. (EGINHARD: *Vita Caroli Magni*, au commencement.)

(4) *L. c. sup.*, chap. 58 et 59.

le maire du palais. Chrodin s'adressa à un seigneur franc, qui avait été son élève, appelé Gogon. Il prit, dit Frédégaire, sa main et la fit passer sur son cou, pour montrer que lui et les Francs lui allaient être soumis.

Clotaire II eut l'habileté de persuader aux Bourguignons de se passer de maire du palais sous son règne; mais, après la mort de Clovis II, son fils, ils voulurent rentrer dans leurs droits. La reine vint exprès en Bourgogne, avec le roi, Clotaire III, son fils aîné, et tout ce qu'elle put obtenir de cette nation, ce fut de faire tomber le choix sur Flavade, qui lui était attaché, et à qui elle fit épouser sa nièce Ransberge.

L'histoire ne nous a point conservé la mémoire de l'institution de cette grande charge, qui paraît aussi ancienne que l'origine même de la monarchie. Il est vrai qu'il n'en est point fait mention sous le règne du grand Clovis, ni de ses fils; mais, quand Grégoire de Tours (1) et Frédégaire (2) en parlent sous le règne des petits-fils de ce prince, ils s'en expliquent comme d'une dignité déjà établie, et on voit ces ministres, sous le règne de Clotaire II, à la tête des armées. Le maire du palais était en même temps le ministre et le général-né de l'Etat; les Francs, infiniment jaloux de leur liberté, les révéraient comme les tuteurs des lois, et ils les opposaient comme une barrière aux entreprises du souverain, s'il eût tenté de porter trop loin son autorité, et au préjudice de la liberté de la nation.

Cet usage n'était point particulier aux Francs. Les peuples d'Aragon eurent, jusqu'au règne de Philippe II, leur *Mayor*, qu'ils appelaient *el Justitia*, le grand Juge.

(1) *Lib.* VI, cap. 91.
(2) *Idem ut sup.*

Ce souverain magistrat était considéré comme le modérateur de l'autorité des rois, et le protecteur des priviléges de la nation. Dans la cérémonie de l'inauguration des rois d'Aragon, on leur adressait ces paroles hardies : « Nous qui valons autant que vous, nous vous élisons pour roi à telles et telles conditions; et entre vous et nous, un qui commande plus que vous. »

Les palatins de Hongrie avaient anciennement la même autorité dans ce royaume. Le palatin était le premier ministre et le général-né de l'Etat, avant que la maison d'Autriche eût aboli les priviléges de cette nation; et, suivant les lois de l'empire, si quelques princes d'Allemagne avaient un procès contre l'empereur, ou qu'ils se plaignissent qu'il eût donné atteinte à leurs droits et à leurs priviléges, ils le faisaient assigner devant l'électeur palatin ou celui de Saxe, vicaires-nés de l'Empire, et l'empereur, quoique chef du corps germanique, était traduit à un de ces tribunaux, c'est-à-dire devant l'électeur palatin, pour le cercle de Souabe, et devant le duc de Saxe, pour les pays qui suivaient le droit saxon.

Pour modérer l'autorité des maires du palais, on avait sagement établi en France, que cette éminente dignité ne pourrait jamais être héréditaire; mais comme toutes les fortunes des particuliers étaient entre les mains des maires du palais, ils eurent l'adresse de la faire passer insensiblement à leurs enfants.

Grimoald, fils de Pepin le Vieux, dit *de Landen,* s'empara de la mairie de l'Austrasie comme d'un héritage, et il tenta ensuite de mettre la couronne de ce royaume sur la tête de son fils. Il succomba dans ce projet ambitieux, et fut traité comme un tyran : s'il eût réussi, nos historiens lui auraient donné toutes les louanges qu'ils ont prodiguées à Pepin, son arrière-neveu, qui détrôna Childeric, son maître. Le succès décide des titres, et fait du même homme un conquérant ou un usurpateur. Béga, sœur de Grimoald, épousa Ansegise, fils de saint Arnould, qui avait gouverné l'Austrasie au commencement du règne de Dagobert I<sup>er</sup>. Voilà le fondement et l'origine de la grandeur à laquelle s'éleva la race carlovingienne. Ansegise fut père de Pepin le Gros, ou *de Héristal*, maire du palais en Neustrie, sous le règne de Clovis III, et qui gouverna sans roi toute l'Austrasie. Pepin laissa son autorité, son crédit et peut-être des projets ambitieux à Charles Martel, son fils, qui lui succéda dans la mairie. Ce prince, dans ce haut degré de puissance où sa rare valeur et son habileté le portèrent, sonda par des interrègnes affectés les dispositions des Francs, et s'ils seraient d'humeur à le placer sur le trône. Mais les ayant trouvés inviolablement attachés à la famille du grand Clovis, il n'osa enlever la couronne à ses maîtres; il laissa ce grand dessein à Pepin le Bref, son fils. Celui-ci ayant hérité de la dignité de maire et de l'ambition de son père, sut se prévaloir des conjonctures et détrôner un jeune prince âgé de dix-huit ou dix-neuf ans, et faire passer la couronne dans sa maison; ce qui paraîtra moins surprenant, si on considère que la mairie était devenue héréditaire dans sa famille; qu'il était le dépositaire de la souveraine puissance, le maître absolu des grâces, que les armées étaient sous ses ordres, et que la foule, les respects et la flatterie, en un mot ce qui s'appelle la cour, était toute de son côté, pendant qu'on ne voyait qu'une triste solitude dans le palais des rois, la plupart mineurs, et dont plusieurs moururent si jeunes et si promptement, que nous ne savons si l'on ne peut pas douter que leur mort ait été bien naturelle.

Les historiens de la seconde race, et attachés aux Carlovingiens, ont voulu faire passer les derniers Mérovingiens pour des insensés; mais, nous défions qu'on puisse en trouver la moindre preuve dans toute l'histoire. Thierri III, Childebert III, qui succéda à Clovis III son frère, est appelé, dans le livre *De Gestis Regum Francorum*, « Un homme plein de gloire et juste (1). » Comment aurait-il mérité ces qualités d'un chroniqueur qui écrivait sous le règne de Thierri de Chelles, c'est-à-dire vingt-huit ans après, s'il ne s'était pas signalé et par sa valeur et par la sagesse de son gouvernement?

Nous ne prétendons pas faire de tous ces princes des héros; la plupart, morts jeunes, n'ont pu faire briller leurs bonnes qualités; elles étaient même obscurcies par l'éclat des grandes actions de leurs maires, qui tous ont été d'illustres capitaines. Il y a cependant une remarque à faire au sujet de tant de guerres qu'ils ont soutenues contre les vassaux de la couronne, et dont nos chroniqueurs leur font honneur; si l'on examine les motifs de ces guerres, on verra que c'était moins pour conserver la gloire de la monarchie, que pour se perpétuer dans le gouvernement.

Ratbode, duc de Frise, reconnaissait Chilpéric III pour son souverain; il se joint à ce prince contre Charles Martel qui faisait la guerre à son maître, et nos historiens font honneur de ses victoires à Charles, qu'ils auraient traité de rebelle et d'usurpateur s'il avait été défait.

---

(1) *Vir inclitus et justus.* (Ap. Du Chesne, t. I.)

Il est vrai que le grand-père, le père et le petit-fils, c'est-à-dire, Pepin d'Héristal, Charles Martel et Pepin le Bref, étaient de grands capitaines ; et nous conviendrons, si on veut, que les rois leurs maîtres, Chilpéric, Thierri et Childéric, n'étaient que des hommes médiocres ; mais où trouvera-t-on que ces princes aient donné aucune marque de démence ? Quelle preuve trouverons-nous qu'ils se soient fait traîner par mollesse dans un chariot attelé de bœufs, eux que nous voyons à la tête des armées ? Ces historiens partiaux les enferment tous dans une *chaumière*, pendant que tous les titres qui nous restent font mention de différents *palais* qu'ils habitaient (1). On veut qu'ils n'eussent pour tout bien que le simple revenu d'une terre, et nous trouvons dans ces mêmes titres des preuves d'un nombre infini de fondations qu'ils ont faites !

Mais aussi où trouve-t-on toutes ces fables ? — Dans Eginhard, passionné pour la mémoire de Charlemagne ; dans l'auteur fabuleux des *Gestes des Rois des Francs*, qui écrivaient sous Thierri de Chelles, et pendant que Charles Martel faisait trembler toute la France sous son autorité ; dans Erchambert (2), adulateur de Charles Martel, sous le gouvernement duquel il a écrit, et pendant son ministère ; dans le continuateur de Frédégaire (3), aux gages de Childebrand, frère de Charles Martel ; enfin, dans le moine de Saint-Arnould, monastère fondé par les Pépin, et dont l'annaliste ne cache point sa passion contre les Mérovingiens.

---

(1) In Palatio nostro.
(2) Apud Du Chesne, t. I.
(3) Apud Du Chesne, t. I, et l'édit. des Œuvres de saint Grégoire de Tours, par D. Ruinart.

Enfin, quoique Sigebert III, Thierri III et Chilpéric se soient trouvés en plusieurs batailles, on en fait des insensés, parce qu'ils n'ont pas été heureux. L'histoire ne dit rien de quelques-uns de leurs successeurs; mais, outre que les grands événements se rapportaient à leurs maires, « on peut dire que l'histoire a plutôt manqué à ces princes, qu'ils n'ont manqué eux-mêmes de fournir de matière à l'histoire. Mais quand même, soit par leur minorité ou par l'excès de puissance auquel étaient parvenus les maires, ils n'auraient pu se signaler dans les combats, en doit-on parler pour cela comme d'*insensés?* Les princes ne peuvent-ils acquérir de la gloire, qu'en répandant beaucoup de sang? Mais c'est une des bizarreries de l'esprit humain, qui dans le fond connaît tous les avantages de la paix, et qui cependant ne trouve pas qu'un prince ait régné glorieusement, si son règne n'a été rempli de guerres et d'événements funestes et sanglants (1). »

(1) Vertot : *l. c. sup.*, p. 549.

# L'USURPATION DE HUGUES CAPET.

*Hugues Capet usurpa la couronne.* Tel est le langage de la plupart de nos historiens.

Il semble pourtant que, pour intenter une accusation aussi grave contre le chef de l'illustre maison qui a donné des rois à la France pendant tant de siècles, il faudrait avoir en main les preuves les plus convaincantes. Nous les avons cherchées, ces preuves, dans les auteurs contemporains, qui seuls peuvent nous les fournir. Loin d'y trouver des témoignages du crime que l'on impute à ce prince, nous n'y avons découvert que des monuments de la légitimité de son élection.

Avant que d'entrer en matière, nous ne pouvons nous dispenser de tracer un précis de l'histoire des rois de la seconde race, depuis Charles le Chauve jusqu'à Hugues Capet. Nous ne toucherons point aux événements qui n'ont aucune liaison avec le sujet que nous traitons.

Charles le Chauve eut deux fils, Charles et Louis, surnommé *le Bègue*. Il fit le premier, roi d'Aquitaine; il donna au second l'abbaye de Saint-Martin de Tours pour apanage. Il maria une fille qu'il avait, nommée Judith, à Édilulfe, souverain des Saxons occidentaux, en Angleterre. Ce roi étant mort, Éthelbolde, son fils, qu'il avait eu d'un premier mariage, épousa sa belle-mère. Ce prince mourut, après avoir vécu deux ans dans cette union incestueuse. Judith revint alors en France avec beaucoup d'argent, qu'elle avait amassé de la vente de quantité de terres que les deux rois ses époux lui avaient données. Charles le Chauve lui assigna Senlis pour sa demeure. Elle était jeune, car à peine était-elle en âge nubile quand elle passa en Angleterre, où elle ne resta que six ou sept ans. Elle vivait à Senlis en reine, et les seigneurs y venaient de temps en temps faire leur cour. Le comte Baudouin en devint épris, et s'aperçut qu'elle répondait à son amour. Il fit connaître sa passion à Louis, frère de la princesse, qui lui promit de la favoriser. Il y a lieu de croire que Charles le Chauve n'agréa pas la proposition qu'on lui fit de ce mariage; cela détermina le prince Louis et le comte à enlever Judith, qui y consentit sans peine. Elle changea d'habit, sortit de son palais, et fut emmenée dans les États du roi de Lorraine par les gens du comte.

Le roi de France, très-irrité, fit faire le procès au comte et à la princesse; il assembla promptement un concile d'évêques qui, selon les canons, excommunièrent Baudouin et Judith. Charles, pour punir Louis son fils, qui était entré dans le complot, lui ôta son abbaye.

Ce prince, outré de ce châtiment, se retira à la cour du duc de Bretagne, qui lui avait fait offrir toutes ses forces, pour qu'il pût se dédommager avantageusement de l'apanage qu'on lui avait ôté. Il n'y fut pas plutôt arrivé, que s'étant mis à la tête d'une armée de Bretons, il entra en Anjou, où il fit de grands ravages; mais, il fut défait à son tour par le comte Robert. Louis, peu de temps après, revint dans la même province avec de nouvelles troupes : il y fut encore mis en déroute, et peu s'en fallut qu'il ne fût pris lui-même. Tous ces événements arrivèrent en 862.

Cette même année, Charles, roi d'Aquitaine, fils aîné de Charles le Chauve, se maria à l'insu de son père avec la veuve du comte Humbert. Louis, son frère, dans le même temps et pendant sa retraite en Bretagne, épousa Ansgarde, fille du comte Hardouin.

Cette année n'était pas révolue, que Louis vint se jeter aux genoux de son père, lui demanda pardon de ses fautes, lui promit, avec serment, une fidélité et une obéissance inviolables (1). Charles le Chauve, touché de son repentir, lui rendit son amitié, lui donna le comté de Meaux et l'abbaye de Saint-Crépin de Soissons, et l'engagea à venir à sa cour avec sa femme. Il y demeura depuis ce temps, jouissant toujours des bonnes grâces de son père. Il eut d'Ansgarde deux fils, Louis et Carloman. Ce ne fut qu'après la naissance de ces deux enfants que Charles le Chauve obligea son fils de quitter Ansgarde, et que lui ayant fait promettre, avec serment, de ne la plus voir, il lui donna Adélaïde pour femme (2).

Charles, frère aîné de Louis, étant mort, Charles le Chauve donna à Louis de nouvelles marques de sa bonté, en le faisant couronner roi d'Aquitaine (3).

En 876, Charles le Chauve allant à Rome prendre la couronne impériale (4), il déclara Louis, régent du

---

(1) Pour tous ces faits, voyez les *Annales de saint Bertin*, dans Du Chesne, t. III.
(2) *Annales de Metz*, dans Du Chesne, t. III.
(3) Annales de saint Bertin, à l'année 867.
(4) *Ibidem*.

royaume de France pendant son absence; et lorsque, l'année suivante, il repassa en Italie, il lui confia encore les rênes de l'État (1). Enfin, en mourant, il donna à l'impératrice un acte scellé de son sceau, par lequel il déclarait Louis son successeur; il y joignit les ornements royaux, qu'il la chargea de remettre à ce prince, qui monta sur le trône immédiatement après la mort de son père (2).

« Le roi Louis le Bègue se fit sacrer au concile de Troyes, de la main du Pape. Après la cérémonie du couronnement, ce prince invita le Pape à le venir voir en une maison royale qu'il avait auprès de Troyes. Il l'y régala magnifiquement, lui fit tous les honneurs imaginables, et lui, aussi bien qu'Adélaïde, son épouse, le comblèrent d'amitiés et d'honnêtetés, et lui firent de magnifiques présents.

» Quand il fut retourné à Troyes, le roi lui envoya un seigneur de sa cour, pour le prier de vouloir bien prendre un jour pour sacrer et couronner de sa main Adélaïde. Le Pape s'en défendit, et pria le roi de ne le point presser là-dessus. L'histoire ne marque point en cet endroit la cause de la difficulté que faisait le Pape; mais, il est hors de doute que c'était celle que je vais dire.

» Lorsque Louis le Bègue, vers l'an 862, se fut révolté contre le roi, son père, et qu'il se fut réfugié en Bretagne, il épousa Ansgarde, dont il eut deux fils, Louis et Carloman. Ce mariage s'était fait contre (3) la volonté du roi, qui, dans la suite, obligea ce prince à ré-

---

(1) Voyez les Capitulaires de Charles le Chauve, à l'année 877. (Dans Baluze : *Capitularia regum Francorum.*)

(2) *Annales de saint Bertin.*

(3) Les *Annales de saint Bertin* (ad ann. 878) ne disent pas *contre le consentement*, mais *sans le consentement de son père et à son insçu.*

pudier Ansgarde, et à épouser Adélaïde. Ce second mariage fut regardé par le Pape comme illégitime : apparemment Ansgarde vivait encore au temps dont je parle. C'est là ce qui empêcha le Pape de couronner Adélaïde (1). »

Louis le Bègue, au lit de la mort, ordonna de porter à Louis, son fils aîné, la couronne, l'épée et toutes les autres marques de la royauté, recommandant qu'on le fît au plus tôt sacrer et couronner roi (2). Louis le Bègue, ainsi que nous l'avons dit plus haut, avait eu deux fils d'Ansgarde : Louis et Carloman. En mourant, il laissait Adélaïde, grosse d'un prince, qui fut nommé Charles et depuis surnommé *le Simple*.

Quoique Louis le Bègue n'eût désigné pour son successeur que Louis, l'aîné de ses deux fils, et qu'il l'eût fait sacrer de son vivant, cependant les seigneurs du royaume résolurent de mettre ces deux princes sur le trône et de partager entre eux l'Etat, selon la coutume de la nation. C'est pourquoi ils les firent sacrer et couronner à l'abbaye de Ferrières par Ansegise, archevêque de Sens (3).

Carloman, roi de Bavière, étant mort sans enfants légitimes, Louis, roi de Germanie, son frère, lui succéda dans ses Etats. Il donna à Arnolfe, ou Arnoul, fils naturel de Carloman, la Carinthie (4). Le Père Daniel dit (5) que sa bâtardise l'avait fait exclure du royaume de son père. Louis mourut en 882, et laissa, par sa mort,

---

(1) Le P. Daniel : *Histoire de France* (édit. in-fol.), t. I, col. 812, 813 et 814. — Le P. de Longueval : *Histoire de l'Eglise gallicane*, pense, sur le refus du pape, de la même manière que le P. Daniel.
(2) *Ann. de saint Bertin*, ad ann. 879.
(3) *Ibidem*.
(4) *Les Annales de Fulde*, ad ann. 880. (Du Chesne, t. II.)
(5) *L. c. sup.*, col. 827 et 828.

8

son frère Carloman, seul maître du royaume de France.

Carloman, second fils de Louis le Bègue, mourut en 884 (1). Par sa mort, il ne restait plus en France d'enfants de Louis le Bègue que Charles le Simple, alors âgé de cinq ans. Les seigneurs du royaume, sans aucun égard pour ce jeune prince, reconnurent pour leur souverain l'empereur Charles le Gros, qui restait seul de la postérité légitime de Charlemagne, dans la branche de Germanie (2). Mais, en 887, les seigneurs de Germanie, voyant la faiblesse de Charles le Gros, prirent la résolution de le détrôner, et de se choisir pour roi Arnoul, bâtard de Carloman, prétendant lui donner par leur élection, le droit à la couronne, que sa naissance lui refusait. Charles le Gros ne survécut que peu de jours à un si prodigieux revers.

Eudes, fils du comte Robert, fut élu roi de France (en 888) par les suffrages de la plus nombreuse partie des grands de l'Etat, et par les vœux de presque tout le peuple. Quelques contrées du Languedoc refusèrent de le reconnaître, et restèrent sans maître. Foulques, archevêque de Rheims, engagea quelques évêques et quelques seigneurs à lui préférer Gui, duc de Spolète, dont il était parent ; mais personne ne songea dans cette occasion à Charles le Simple, quoiqu'il eût déjà dix ans. Eudes fut sacré à Sens ; il força bientôt Gui, son compétiteur, à repasser les monts ; et les villes du Languedoc, qui étaient demeurées pendant quelque temps dans l'anarchie, se soumirent à son obéissance (3).

---

(1) *Ann. de Fulde.*
(2) *Ann. de Metz*, ad ann. 884.
(3) Reginon — Sigebert — les *Annales de Fulde* — celles de Metz — Luitprand, lib. I, cap. VI. Dans *Du Chesne*, t. III.

Il y avait cinq ans qu'Eudes régnait avec beaucoup de gloire, lorsque Foulques, archevêque de Rheims, qui lui avait suscité un concurrent, quand il fut élevé sur le trône, lui opposa un nouveau rival. Il engagea quelques seigneurs à proclamer Charles le Simple, roi. Alors naquit une longue et sanglante guerre entre ces deux princes (1). Les ravages des Normands, qui désolaient la France, engagèrent Eudes et Charles à faire la paix, pour résister à ces nouveaux ennemis. Ils partagèrent entre eux le royaume : la France, depuis la Seine jusqu'aux Pyrénées, demeura à Eudes, qui céda tout le reste à Charles. Ce partage eut lieu en 896 (2).

Eudes mourut un an après ce traité, laissant un fils, nommé Arnoul, que quelques-uns proclamèrent roi. Mais ce jeune prince ayant vécu peu de jours, tous les seigneurs reconnurent Charles pour leur souverain (898), et la France se trouva ainsi réunie sous son empire (3).

En 920, dans une assemblée des grands de l'Etat, qui se tint à Soissons, il fut résolu, d'un consentement unanime, de ne pas reconnaître Charles pour roi. Un seigneur, qui survint un instant après, les engagea à changer de résolution ; il les détermina à rester soumis à Charles encore un an, sur la parole que ce prince leur fit donner de changer de conduite, et de ne plus se servir de son ministre Haganon, qui leur était odieux. L'ayant rappelé, les grands du royaume se soulevèrent contre lui, le déclarèrent indigne du trône, et prièrent Robert,

---

(1) *Annales de Metz*, ad ann. 892-893, selon la manière de compter aujourd'hui.
(2) Voyez dans Du Chesne, t. III : *Chronicon breve*, ad ann. 897.
(3) *Vita sancti Genvifi*, lib. II, dans le t. II de la *Nova bibliotheca Mss.* du P. Labbe.

frère d'Eudes, de vouloir bien accepter la couronne. Ayant déféré à l'invitation de ces seigneurs, ils le conduisirent à Rheims, où il fut sacré en 922. L'année suivante, il fut tué dans une bataille qu'il livra, près de Soissons, à son compétiteur Charles (1).

Après la mort de Robert, les seigneurs de France élurent pour roi Rodolfe, duc de Bourgogne. Robert, comte de Vermandois, feignant de vouloir rentrer dans le parti de Charles, attira ce prince dans ses États, où il le retint prisonnier. Il ne parut plus alors parmi les Français aucun reste du parti de ce roi, et la reine Ogive, sa seconde femme, se sauva en Angleterre, dans le royaume de son père, avec son fils Louis (2).

La mort de Rodolfe, arrivée en 936, fut suivie d'un interrègne de plus de cinq mois. A la sollicitation du roi d'Angleterre et du duc de Normandie, les seigneurs de France élurent enfin pour roi, Louis, dit *d'Outremer*, fils de Charles le Simple (3). En 954, Louis mourut : Hugues le Grand fit élire Lothaire, fils de ce prince. Après la mort de ce prince, arrivée en 985, les grands de l'Etat choisirent son fils Louis pour souverain. En 987, peu de jours après la mort de Louis, Hugues Capet, petit-fils du roi Robert, petit-neveu du roi Eudes, le plus puissant des seigneurs de France, assembla à Noyon les grands de l'Etat, qui lui déférèrent la couronne d'une

---

(1) Frodoard: *Chronicon*, dans Du Chesne, t. II. — Ademar : *Chronicon*, dans le P. Labbe, *l. c. sup.* — Et *Chronicon archiepiscopatûs Magdeburgensis*, dans le t. II des *Rerum Germanicarum* de Henri Meibom.

(2) Aimoin : lib. I, *De miraculis sancti Benedicti*. (Voyez l'édit. de la chronique d'Aimoin, donnée en 1603, un vol. in-fol., par D. J. Dubreuil.) — Raoul Glaber, lib. I, cap. xii, dans le t. IV de Du Chesne. — Frodoard, ad ann. 923.

(3) Dudon, *t.* III dans A. Du Chesne : *Historiæ Normannorum scriptores*. — Frodoard.

commune voix, sans aucun égard pour Charles, fils de Louis d'Outremer et oncle du dernier roi. Quelques jours après, Hugues Capet fut sacré à Rheims.

Par ce précis, tracé fidèlement d'après les auteurs contemporains, on peut voir qu'après la mort de Carloman et de Charles le Gros, il n'y avait plus de prince légitime de la race carlovingienne ; que toute la nation en jugeait ainsi ; qu'elle le croyait, et qu'elle était effectivement rentrée dans le droit de se donner un maître ; qu'elle usa de ce droit en prenant des rois dans différentes familles ; qu'elle n'avait encore fixé son choix dans aucune maison, pour y rendre la couronne héréditaire, lorsqu'elle offrit le trône à Hugues Capet, et que par conséquent l'élection qu'elle fit de ce seigneur, pour son roi, fut très-légitime.

Mais il faut mettre cette vérité dans un plus grand jour, et revêtir tous les événements dont elle dépend des preuves les plus incontestables. C'est ce que nous allons faire, en les examinant les uns après les autres, le plus brièvement possible, sans toutefois rien négliger.

Il s'agit de prouver, d'une part : la légitimité du mariage de Louis le Bègue avec Ansgarde, et d'autre part l'illégitimité du mariage de ce même prince avec Adélaïde. Nous devons établir qu'Eudes monta sur le trône par le choix de la nation, qui, vu le défaut d'héritiers légitimes dans la maison régnante, était rentrée dans le droit de se choisir un maître ; que Charles le Simple et Robert parvinrent à la couronne par voie d'élection, ainsi que Rodolfe, Louis d'Outremer, Lothaire et Louis, son fils ; et, qu'enfin, Hugues Capet reçut le sceptre des mains de la nation, qui pouvait alors en disposer. Dix propositions, toutes s'enchaînant l'une à l'autre, et pour la preuve desquelles les autorités et les arguments abondent.

I. *Ansgarde a été épouse légitime de Louis le Bègue.*

C'est un fait unanimement attesté par les auteurs contemporains.

L'annaliste de Metz, Reginon et l'annaliste de Saint-Bertin disent en termes formels que Louis le Bègue, encore jeune, s'unit par les liens du mariage avec Ansgarde (1), dont il eut deux fils : Louis et Carloman.

Hincmar, qui fut de son temps l'oracle de l'Eglise et de l'Etat, qui eut tant de part au gouvernement du royaume, ne doutait pas de la légitimité de Louis et de Carloman, puisqu'il écrivit une lettre à Charles le Gros, pour le prier de servir de père à ces princes, qu'il appelle *nos rois,* et auxquels il dit qu'appartient la couronne, comme l'héritage de leurs ancêtres (2).

Le Pape, les rois étrangers, la nation française, Louis le Bègue, ont toujours regardé comme bon le mariage d'Ansgarde. Ce dernier prince, au lit de la mort, envoya ses ornements royaux à Louis son fils (3), comme à son héritier légitime. Pourrait-on se persuader que ce monarque, dans ces derniers moments, où l'on est sourd aux cris des passions, et où l'on n'écoute plus que la voix de la raison et de l'équité, aurait voulu faire une

---

(1) *Habuit... Ansgard, sibi conjugii fœdere copulatam,* dit l'annaliste de Metz. — *Ludovicus filiam Harduini..., sibi conjugem copulat.* (Annal. Bertin.)

(2) Precamur... ut... istos juvenes Reges nostros, propinquos vestros et pupillos sine patre loco filiorum teneatis, et eis regnum ab antecessoribus filiorum successione demissum, per suggestionem primorum regni hujus disponatis, etc. » (Du Chesne, t. II, p. 485.)

(3) *Annales de saint Bertin,* ad ann. 877. — « Richildis Compendium ad Ludovicum veniens in missa sancti Andreæ attulit ei præceptum, per quod pater suus illi Regnum ante mortem suam tradiderat, et spatam quæ vocatur sancti Petri, per quam eum de regno vestiret. Sed et regium vestimentum, et coronam, ac fustem ex auro et gemmis.

injustice aussi considérable, que celle d'enlever une couronne à celui à qui elle aurait appartenu de droit? La nation française ne balança pas à reconnaître pour ses souverains, Louis et Carloman (1), ce qu'elle n'eût pas fait, s'ils n'avaient pas été légitimes. Car, les bâtards, dans la seconde race, furent toujours exclus du trône de leur père; et si quelques-uns y montèrent, ils dûrent leur élévation, non aux droits de leur naissance, mais à la libre élection des peuples.

Dans la traité de Mersen, Louis roi de Germanie et Louis le Bègue se promirent réciproquement, que celui d'entre eux qui survivrait à l'autre, servirait de père aux enfants que le défunt aurait laissés, et qu'il emploierait toutes ses forces, s'il était nécessaire, pour les faire jouir de la couronne à laquelle leur naissance les appelait (2). Les fils de Louis le Bègue, nommés dans ce traité, sont Louis et Carloman. Le roi de Germanie n'aurait sûrement pas promis de leur conserver le royaume de France, s'il

(1) Ludovicus sentiens se mortem evadere non posse, per Odonem Belgivacensem episcopum et Albuinum comitem coronam et spatam, ac reliquum regium apparatum, filio suo Ludovico misit : mandans illis qui cum eo erant ut eum in Regem sacrari ac coronari facerent... Audientes autem Hugo abbas et ceteri primores qui cum filiis quondam senioris sui Ludovici scilicet et Carolo magno agebant Ludovicum cum uxore suâ in istas partes venturum quosdam episcopos, Ansegisum et alios miserunt ad Ferrarias monasterium, et ibi eos consecrari et coronari in Reges fecerunt. (*Ann.*, Bertin, ad ann. 879.)

(2) Quod si ego vobis superstes fuero, filium vestrum Ludovicum adhuc parvulum et alios filios vestros, quos Dominus vobis donaverit, ut regnum paternum hereditaris jure quieti tenere possint, et consilio et auxilio, prout melius potuero, adjuvabo : si autem vos mihi superstites fueritis, filios meos Ludovicum et Carlomannum et alios, quos mihi divina pietas donare voluerit, ut regnum paternum quiete tenere possint, similiter et consilio et auxilio, quam optime potueritis, adjuvabitis. (*Ann.* 879, dans le t. III, p. 296, de Goldast : *Rerum Alemannicarum scriptores*.)

ne les eût cru légitimes; puisque s'ils eussent été bâtards, c'était lui et Charles le Gros, son frère, qui devaient, suivant la loi constamment suivie sous la seconde race, succéder à Louis le Bègue.

On a déjà vu plus haut que le pape Jean VIII n'avait pas voulu sacrer reine, Adélaïde, parce qu'il ne la jugeait pas la légitime épouse de Louis, et qu'il regardait Ansgarde comme telle.

Mais, dira-t-on, un mariage contracté sans l'aveu du père était alors nul, selon les lois civiles et canoniques, et tel fut celui de Louis le Bègue avec Ansgarde.

Nous répondons, que lorsque le droit exigeait le consentement du père, pour la validité du mariage, il y avait quatre circonstances, dans lesquelles il n'était pas requis : 1° quand le père avait émancipé son fils, parce qu'alors il n'était plus sous la puissance paternelle; 2° quand le père tombait en démence, ou devenait furieux; 3° quand le père était absent, pris ou retenu captif l'espace de trois ans; 4° quand le père gardait le silence après qu'un fils s'était marié à son insu; parce que, dit un empereur, il y consentait tacitement (1).

Voilà précisément le cas du mariage de Louis le Bègue. Retiré dans une cour étrangère, il s'y marie à l'insu de son père : peu de jours après, il fait sa paix avec lui. Charles le Chauve le rappelle, lui et sa femme, dans son palais ; il y vit avec elle, comme un mari avec sa femme, au moins pendant deux ans; il en a deux enfants : son père, témoin de toute cette conduite, ne l'improuve point. Il est donc censé, suivant la loi, avoir consenti à cette union.

Ce ne fut que peu de temps avant sa mort, que Charles

(1) Si pater, cognitis vestris nuptiis, non contradicit, vereri non debes ne nepotem suam agnoscat.

le Chauve força Louis le Bègue, déjà père de deux enfants, à quitter leur mère, Ansgarde, pour prendre Adélaïde.

2° *L'union de Louis le Bègue avec Adélaïde ne fut pas un mariage légitime.*

Cette proposition est une suite nécessaire de la précédente.

Toute union formée pendant la durée d'un légitime mariage est essentiellement irrégulière, et les enfants qui en proviennent ne peuvent être qu'illégitimes. Tel est le jugement que toute la nation française porta de l'état de Charles le Simple, en trois occasions différentes. A la mort de son père, on partagea le royaume, selon la coutume de l'État, entre ses frères Louis et Carloman, sans en réserver la moindre partie pour lui, — ce qu'on n'eût pas manqué de faire, si on l'eût cru légitime. Après la mort de Louis et de Carloman, s'il n'eût pas été bâtard, il aurait dû monter sur le trône de ses frères; toute la nation, suivant la loi fondamentale de l'État, l'aurait reconnu pour roi. Elle n'en fit pourtant rien : au mépris de ce prince, elle appela Charles le Gros pour venir prendre possession de la couronne. Lorsque cet empereur fut mort, la nation, toujours constante dans sa conduite, oublia encore Charles le Simple. Les grands de l'État élurent Eudes pour roi. Foulques, archevêque de Rheims, appela à la couronne Gui, duc de Spolète, dont il était parent, mais personne ne pensa au fils d'Adélaïde.

En vain, voudrait-on dire que ce ne fut que le bas âge de Charles le Simple qui empêcha le nation de le reconnaître pour roi, parce qu'on avait besoin alors d'un souverain qui pût se mettre à la tête des armées pour repousser les ennemis de l'État. Cette raison n'est pas recevable. Jamais la minorité d'un prince ne l'a fait exclure du trône, en France ; on a toujours respecté les droits de la naissance, on a reconnu pour souverain un enfant de quatre mois, parce qu'il était le légitime héritier du trône. Eudes, choisi pour régent du royaume, eût pu faire tête aux Normands, avec autant de succès qu'en le déclarant roi.

L'annaliste de Metz, auteur contemporain, peint en ces termes l'état de la monarchie française après la mort de Charles le Gros : « Comme il ne se trouva plus d'héritier légitime des États qui avaient obéi à Charles le Gros, ils furent divisés en plusieurs parties. Les peuples de ces différents royaumes ne voyant plus personne qui, par sa naissance, eût droit de les commander, se choisirent chacun pour maître un seigneur de ces mêmes royaumes. Cette élection causa de grands troubles, non qu'il n'y eût dans chaque partie de l'empire des Francs plusieurs seigneurs dignes du trône, mais l'égalité de noblesse, de puissance et de force qui était entre eux, était un obstacle à la préférence qu'il fallait donner à l'un sur les autres (1). »

Reginon, qui vivait dans le même temps que l'annaliste de Metz, a trouvé le portrait que celui-ci a fait de l'empire français après la mort de Charles le Gros, si ressemblant, qu'il en a copié les expressions (2).

Ces auteurs, en assurant qu'après la mort de Charles le Gros il ne se trouvait plus d'héritier légitime de ces États, qu'il ne restait plus aucun prince qui, par sa naissance, pût prétendre aux États de Charlemagne, ne pouvaient marquer en termes plus exprès, que Charles le

(1) *Ann.* 888.
(2) *Ad ann.* 888.

Simple n'était pas de la postérité légitime de ce grand empereur.

Le pape Etienne V, prié par Bernouin, archevêque de Vienne, de désigner quel était celui qu'il croyait devoir être reconnu pour roi de France, dans le temps que cette monarchie était partagée entre Eudes et Louis, fils de Boson, déclare que Louis, quoique encore fort jeune, doit être mis en possession de la couronne, parce qu'il est du sang de Charlemagne par sa mère (1). S'il eût regardé Charles le Simple comme légitime, il n'eût pas prononcé une pareille décision.

L'union de Louis avec Adélaïde ne fut pas seulement défectueuse pour avoir été contractée du vivant d'une épouse légitime, elle le fut encore par la violence qui la fit former : Charles força son fils à quitter sa femme, pour en prendre une autre de sa main (2).

Tout mariage fait par contrainte ne peut être légitime.

3° *Eudes monta sur le trône en vertu du choix de la nation, qui, vu le défaut d'héritiers légitimes dans la maison régnante, était rentrée dans le droit de se choisir un maître.*

Sous la seconde race, en France, les bâtards ne succédaient point à leur père. Hugues, fils naturel de Charlemagne, n'hérita d'aucune partie des vastes États de ce prince. Bernard, fils naturel de Pepin, roi d'Italie, n'a pas régné en France, ni partagé avec Louis le Débonnaire. Charlemagne, père de Pepin et de Louis le Débonnaire, avait conquis la Lombardie, et l'avait donnée à Pepin avec le titre de roi. Ce prince mourut en 810. Charle-

---

(1) Concile de Valence, dans le P. Hardouin : *Conciliorum collectio*, etc., t. VI, p. 422.
(2) *Annales de Metz*, ad ann. 878. — Reginon, ad ann. 878.

magne gouverna ce royaume par lui-même jusqu'en 812, qu'il le donna à Bernard à titre de bienfait, et à la prière de Louis le Débonnaire, mais pour en jouir sous la souveraineté de la couronne de France. Il ne l'eut donc pas à titre de succession de Pepin son père, quoique ce prince n'eût laissé aucun enfant légitime.

Bernard eut une nombreuse postérité : cependant, aucun de ses descendants ne réclama la couronne, lors de l'élection de Hugues Capet.

On voit par ces exemples, qu'il nous serait facile de multiplier (1), qu'il n'y a aucun bâtard qui, sous la seconde race, ait exercé des droits *successifs* à la couronne, d'où il résulte que, par l'extinction des princes légitimes de la maison de Charlemagne, la nation se trouvait maîtresse de donner le sceptre à son choix. Elle usa de cette

(1) Encore quelques exemples. Lothaire II ne laissa, en mourant, qu'un fils bâtard, nommé Hugues. Les princes légitimes de la maison de Charlemagne qui vivaient alors ne lui donnèrent aucune part dans le royaume de son père. Charles le Chauve et Louis le Germanique s'emparèrent de sa succession ; et si l'on se plaignit de la conduite de ces rois, ce ne fut pas parce qu'ils en dépouillaient Hugues, qui n'y avait aucun droit, mais parce qu'ils l'enlevaient à l'empereur Louis, qui, comme frère du défunt, en était le légitime héritier. — Arnoul, bâtard de Carloman, roi de Bavière, n'hérita point de ses Etats. Son père étant mort sans enfants légitimes, Louis son frère lui succéda, et donna la Carinthie à Arnoul. Lorsque, par la mort de Charles le Gros, il ne se trouva plus, comme le remarque l'annaliste de Metz, aucun prince à qui la naissance donnât des droits à l'empire français, les seigneurs de Germanie élurent Arnoul pour leur roi : ce fut ainsi que par leur choix il obtint une couronne à laquelle sa naissance ne l'avait pas appelé. — Bernard, fils naturel de Charles le Gros, n'eut aucune part dans l'immense succession de son père. — Arnoul, roi de Germanie, ayant voulu faire Zuintibold, son fils naturel, roi de Lorraine, en une diète tenue à Worms, les seigneurs du pays s'y opposèrent; mais depuis, en 849, soit qu'il les eût gagnés ou intimidés, ou pour quelque autre cause, ils le reçurent. Zuintibold tenait donc le droit de succéder au royaume de Lorraine, du consentement et de la volonté des grands de l'Etat.

liberté, en élisant Eudes, qui fut par conséquent roi légitime. Aussi cette qualité lui est-elle donnée par une foule de chroniqueurs, soit français, soit étrangers (1). Lui-même se proclama toujours souverain, partout il en prit le titre. Son sceau contient cette inscription : *Eudes, roi*. Sur ses monnaies, on lit ces mots : *Eudes, roi de France ; Eudes, par la grâce de Dieu, roi ; Eudes, par la miséricorde de Dieu, roi* (2). Ses chartes débutent ainsi : *Eudes, par la clémence de Dieu, — par la miséricorde de Dieu, — par la grâce de Dieu, roi* (3).

Il fut reconnu comme tel par les autres souverains. Le pape Etienne VII, dans une bulle expédiée en faveur d'Arnuste, archevêque de Narbonne, qualifie Eudes du titre de *très-glorieux et catholique empereur*. Arnoul, qui régnait en Germanie, regarda son élection comme légitime. Guillaume, duc d'Aquitaine, nomme Eudes, *mon seigneur roi*, longtemps après la mort de ce prince (4),

(1) On peut voir tous les textes relatifs à ce point, dans Bullet : *Dissertations diverses*. Paris, 1771, un vol. in-12, p. 148 à 151, note a. — Ces chroniqueurs sont : l'annaliste de Metz, 888 ; — Reginon, 888 ; — la Chronique de saint Bénigne de Dijon, ad ann. 885, dans le t. I du Spicilége de D. Luc d'Achery, édit. in-4° ; — Abbon, dans son poëme sur le siège de Paris par les Normands ; — la Chronique d'Odoran (Du Chesne, t. II) ; — la Chronique de Conrad, abbé d'Usperg ; — Guillaume de Jumièges (Camden : *Anglica, Hibernica*, etc.) ;— Chronique de France de Guyman, moine de Saint-Vaast-d'Arras ; — Fragment de l'Hist. d'Aquitaine (Du Chesne, l. c. sup., t. II, p. 533) ; — Chron. de saint Pierre le Vif de Sens (Spicilége, t. II de l'édit. in-4°) ; — Aimar de Chabannes (t. II de la *Nova biblioth*. Mss du P. Labbe ; — Luitprand, lib. I, cap. vi ; — Othon de Frisingue, lib. VI, cap. x, dans le t. I du recueil des écrivains d'Allemagne d'Urstisius.

(2) Voyez D. Mabillon : *De re diplomaticâ*. — Le P. Daniel : *Histoire de France*.

(3) *Odo clementiâ Dei rex, — Odo misericordiâ Dei rex ; Odo gratiâ Dei rex.* (Voyez D. Bouquet : *Rerum Gallicarum et Francicarum scriptores*, etc., t. ix.)

(4) *Senioris mei Odonis regis*. (Charte de la fondation de Cluni, dans

Charles le Simple reconnut lui-même Eudes pour roi, en partageant la monarchie avec lui. Mais ce ne fut pas seulement en cette occasion, où l'on pourrait dire qu'il fut forcé de le faire. Il reconnut Eudes pour tel, après la mort de ce prince. Il lui donne le titre de *roi* dans une charte (1), et ordonne qu'un anniversaire fondé par *ledit roi* se fasse dans l'église de Saint-Corneille de Compiègne. Ailleurs, il nomme Eudes son *prédécesseur* (2) ; et ce qui est plus fort encore, il date tous les diplômes qu'il donna depuis la mort d'Eudes, de l'année de son avénement au trône, et de l'année de sa succession au royaume d'Eudes.

Lorsque, du temps de saint Louis, on dressa des monuments aux rois de France dans l'église de Saint-Denys, on en fit un pour Eudes, que l'on voit encore aujourd'hui.

Enfin, tous ceux qui ont écrit l'histoire de France, soit français, soit étrangers, ont placé Eudes parmi nos rois.

Nous ne nous attachons pas ici à prouver qu'une nation rentre dans le droit de se choisir un souverain, lorsque la famille dans laquelle elle avait fixé le trône vient à finir : c'est une maxime du droit public, qui n'est contestée par personne.

4° *Charles le Simple parvint à la couronne, par élection.*

Nous avons montré plus haut, que Charles le Simple n'avait aucun droit au trône par sa naissance ; c'est donc

---

Baluze : *Histoire généalogique de la maison d'Auvergne*, etc., t. II, p. 11 et suiv.)

(1) *Odo rex.* (Mabillon : *Diplom.*, p. 561.)
(2) *Prædecessoris nostri domini Odonis regis.* (Preuves de l'*Hist. de Blois*, de J. Bernier, p. 3.)

le choix de la nation qui l'y a placé. Quelque certaine que soit cette induction, nous ne voulons pas nous en contenter, et nous allons établir ce fait par des preuves directes.

Il y avait cinq ans que toute la nation française reconnaissait Eudes pour son roi, lorsque Foulques, archevêque de Rheims, souleva contre lui la plus grande partie des seigneurs, qui firent sacrer (1) Charles le Simple. On ne peut se persuader que ce prélat ait mis ce jeune prince sur le trône par un sentiment d'équité. Après la mort de Carloman, il avait appelé Gui, duc de Spolète, pour qu'il vînt se mettre en possession du royaume. Eudes ayant obligé Gui à repasser les monts, Foulques écrivit à Arnoul, roi de Germanie, pour lui offrir la couronne de France. Enfin, cet évêque, en 896, reconnut Eudes pour son souverain ; par conséquent, il ne croyait pas que Charles fût l'héritier légitime du sceptre. Ainsi, on ne peut attribuer la démarche de ce prélat qu'à sa haine pour Eudes, ou à l'espérance qu'il conçut d'avoir une grande part aux affaires, sous le gouvernement d'un prince qui lui devrait sa couronne. Quoi qu'il en soit de son motif, ce fut le choix des seigneurs qui plaça Charles le Simple sur le trône (2).

Eudes et Charles le Simple se disputèrent le trône pendant quatre ans : la guerre fut vive et sanglante. Les Normands, par leurs ravages, la firent cesser. Les deux rois, pour s'opposer à ces redoutables ennemis, firent la

---

(1) *Annales de Metz*, ad ann. 892. — Albéric, *ad ann.* 894, dans le t. II des *Accessiones historicæ*, etc. de Leibnitz.

(2) Voyez l'abbé le Beuf : *Notice raisonnée des Annales Védastines*, etc., dans le t. XXIV de l'édit. in-4° des *Mém. de l'Acad. des Inscriptions et Belles-Lettres* (édit. in-12, t. XL).

paix et partagèrent le royaume qu'ils n'avaient pu se ravir. Eudes mourut une année après ce traité, laissant un fils nommé Arnoul, qui fut proclamé roi par les seigneurs qui avaient constamment suivi son parti (1). Ce jeune prince étant mort trois mois après son élévation au trône, tous les grands qui lui avaient été attachés reconnurent Charles le Simple pour leur souverain (2).

Lorsque ce prince se trouva seul maître de la France, il prit pour ministre un nommé Haganon, homme de médiocre naissance, mais habile dans le maniement des affaires. « Le roi répondait au zèle et à l'application de son ministre, par une confiance entière, mais qui paraissait trop. Il ne consultait que lui. Il ne s'entretenait presque qu'avec lui, et à peine les seigneurs pouvaient-ils trouver quelques moments pour faire leur cour. Quand ils se présentaient pour entrer chez le roi, on leur répondait presque toujours que le roi était avec Haganon. Cette réponse se faisait si souvent, qu'elle passa comme en proverbe et fut tournée en ridicule. Mais un jour, comme la cour était à Aix-la-Chapelle, Henri, duc de Saxe, et qui fut depuis roi de Germanie, étant venu pour saluer le roi, et n'ayant pu pendant quatre jours obtenir audience, choqué de cette réponse qu'on lui fit comme aux autres, qu'Haganon était avec le roi : *De deux choses l'une*, dit-il, *ou Haganon sera bientôt roi avec Charles, ou Charles sera bientôt simple gentilhomme comme Haganon* (3). »

Oserait-on menacer ainsi un prince que la naissance aurait placé sur le trône ?

(1) *Vie de saint Genulfe*, lib. II, *l. c. sup.*
(2) *Reginon*, lib. II, ad ann. 898.
(3) Le P. Daniel : *Hist. de France*, édit. in-fol., t. I, col. 893.

Il y avait vingt-deux ans que Charles gouvernait seul la monarchie, lorsque les seigneurs, mécontents de son administration, élurent le comte Robert, frère d'Eudes, pour roi (1). Celui-ci ayant été tué dans une bataille qu'il livra à son compétiteur, ils déférèrent le sceptre à Rodolfe, duc de Bourgogne (2).

Herbert, comte de Vermandois, feignant de vouloir rentrer dans le parti de Charles, attira ce prince dans ses États, où il le retint prisonnier. « Ensuite il alla en Bourgogne rendre compte au nouveau roi du succès de sa trahison. Comme cette prison de Charles ne finit qu'à sa mort, et que Rodolfe fut toujours possesseur du royaume, sans que personne le lui disputât, on le met dans notre histoire au nombre de nos rois (3), et l'on commence à y compter les années de son règne depuis l'an 923, où toutes ces choses se passèrent. Il ne parut plus alors parmi les Français aucuns restes du parti de Charles, et la reine Ogive, sa seconde femme, se sauva en Angleterre dans le royaume de son père, avec le petit prince Louis, son fils, qui n'avait que trois ans (4). »

Voilà le tableau fidèle du règne de Charles le Simple. Il est placé sur le trône par la volonté de quelques-uns des grands. Après la mort de son compétiteur et du fils qu'il avait laissé, les autres seigneurs le reconnaissent librement pour maître. Un d'entre eux annonce hautement qu'on le dépouillera de la royauté s'il ne change de conduite. Ces menaces sont suivies de l'effet; tous les grands, dans l'assemblée de Soissons, prennent la réso-

(1) Frodoard, *ad ann.* 922.
(2) *Id. ad ann.* 923.
(3) Tous nos historiens et nos chroniqueurs traitent Rodolfe de roi.
(4) Le P. Daniel : *l. c. sup.*, col. 904.

lution de lui ôter le sceptre. Sur des représentations faites en sa faveur, et sur des paroles données de sa part, on promet de lui obéir encore une année. La condition qu'il avait stipulée n'étant pas remplie, on le déclare privé de la couronne, on élit un autre roi. Celui-ci ayant été tué dans un combat, on lui nomme un successeur qui fut universellement reconnu, et que la France a constamment compté parmi ses rois.

Il n'y eut donc jamais d'autorité plus dépendante du choix des sujets, que celle de Charles le Simple. Il ne porta le sceptre que lorsque les grands le voulurent, qu'autant qu'ils le voulurent, qu'aux conditions qu'ils y mirent. Il ne jouit de la royauté qu'à titre de *précaire*, s'il nous est permis de parler ainsi. Ce fut pour lui une espèce de dépôt qu'on lui confia volontairement, et qu'on crut pouvoir lui redemander quand on le jugea à propos.

De ces faits, il suit par une induction légitime, que Charles le Simple posséda la couronne par le seul choix de la nation. Ce prince en a fait lui-même plusieurs fois l'aveu le plus solennel. En 894, il donna une charte en faveur de l'Église de Liége, où il appelle cette année, la seconde de son règne. Il en plaçait donc le commencement à 893, temps de son élection. S'il eût cru tenir la couronne par le droit de sa naissance, il eût dû nommer l'année 894, la dixième de son règne, puisque son frère Carloman était mort le 6 décembre 884. Il a fait plusieurs fois cet aveu, puisqu'il a toujours suivi constamment cette date dans le grand nombre de chartes qu'il a données pendant tout le temps qu'il a été sur le trône. Aussi Albéric, dans sa Chronique, ne compte les années du règne de ce prince que depuis son élection.

5° *Robert fut placé sur le trône par l'élection des seigneurs.*

C'est ce qu'assure Frodoard en termes exprès : « Les Francs, dit-il, élisent Robert et se confient à lui. Robert est donc établi *roi* à Reims, à Saint-Remi, par les évêques et les grands du royaume (1). »

L'auteur de la *Vie de saint Gérard*, premier abbé de Brogne, qui vivait dans le xe siècle, atteste aussi que le comte Robert fut *élu roi* par la noblesse française (2).

6° *Rodolfe parvint à la couronne par le choix de la nation.*

« Tous élisent Rodolfe, dit encore Frodoard. Rodolfe, fils de Richard, est élu *roi* à Soissons, dans le monastère de Saint-Médard (3). »

7° *Louis d'Outremer monte sur le trône par élection.*

La mort de Rodolfe, arrivée en 936, fut suivie d'un interrègne de cinq mois : marque certaine qu'on ne voyait point d'héritier naturel de la couronne. A la sollicitation du roi d'Angleterre et du duc de Normandie, les seigneurs de France élurent enfin pour souverain Louis, dit d'Outremer, fils de Charles le Simple (4).

Glaber, dira-t-on, assure que les grands du royaume donnèrent la couronne à Louis d'Outremer, pour la posséder à titre d'héritage; ainsi c'est par sa naissance et

---

(1) Franci Rotbertum eligunt, ipsique sese committunt. Rotbertus itaque rex Remis apud sanctum Remigium ab episcopis et primatibus regni constituitur. (*Ann.* 922.)

(2) Cuidam comiti nomine Roberto, quem posteà Francorum nobilitas sceptrifero sublimavit solio.

(3) Rodulfum cuncti eligunt, Rodulfus filius Richardi rex apud urbem Suessionicam in monasterio sancti Medardi, constituitur. (*Ann.* 923.)

(4) *Chronicum Turonense.* — *Chron. Sithiense.* — Raoul Glaber, lib. I, cap. III.

non par élection que son fils Lothaire est monté sur le trône.

La suite des événements montre évidemment que cet auteur s'est trompé. La coutume de l'État était de partager la monarchie entre tous les enfants légitimes de celui qui tenait la couronne à titre d'héritage. On n'en usa pas ainsi avec Charles, frère de Lothaire. La nation ne croyait donc pas qu'il eût des droits *successifs*, et par conséquent elle n'avait pas rendu le sceptre héréditaire dans la maison de son père.

8° *Lothaire, fils de Louis d'Outremer, est élu roi par la nation.*

En 954, Louis d'Outremer étant mort, la reine Gerberge, sa femme, eut recours à Hugues le Grand, qui lui promit de faire donner la couronne à son fils Lothaire. Il lui tint parole. Ce jeune prince fut sacré à Reims par la faveur de ce seigneur et des grands de l'État (1).

9° *Louis, fils de Lothaire, monte sur le trône par le choix des seigneurs.*

Les termes qu'emploie un historien contemporain, désignent que Louis, fils de Lothaire, fut élu roi par les grands de l'État, après la mort de son père (2), arrivée en 985. Ce prince reconnut, au lit de la mort, qu'il n'avait point tenu le sceptre par le droit du sang, puisque, n'ayant point d'enfants, il nomme pour son successeur Hugues Capet, sans avoir égard à Charles, son oncle paternel (3).

10° *Hugues Capet reçoit le sceptre des mains de la nation, qui pouvait alors en disposer.*

---

(1) Frodoard, ad ann. 954.
(2) Qui apud Compendium patre defuncto sublimatur in regno. (Du Chesne, t. III, p. 638.)
(3) Chronique d'Odoran.

Par la mort de Carloman, fils de Louis le Bègue, la nation était rentrée dans le droit de se donner un souverain, comme nous l'avons prouvé dans la deuxième proposition. Elle n'avait point encore rendu la couronne héréditaire dans aucune famille. Eudes, Charles le Simple, Robert, Rodolfe, qu'elle choisit successivement, étaient de trois maisons différentes. Elle avait mis sur le trône Louis d'Outremer, son fils et son petit-fils ; mais elle les y avait placés par élection, comme nous l'avons établi dans les propositions 3, 4, 5, 6, 7, 8 et 9. D'où il suit, par une induction nécessaire, qu'à la mort de Louis, fils de Lothaire, elle était la maîtresse de son sceptre. Elle le remit à Hugues Capet, comme le prouvent tous les textes ci-dessous réunis (1).

Donc ce seigneur est monté sur le trône par une élection légitime, donc il n'a pas usurpé la couronne. Et à qui l'aurait-il ravie ? — A Charles, duc de Lorraine, on-

(1) « Mortuis igitur Lothario ac Ludovico regibus, totus Franciæ regni dispositio incubuit Hugoni Parisiensis ducis filio, videlicet illius magni Hugonis suprà memorati, cujus etiam frater erat nobilissimus Burgundiæ dux Henricus qui simul cum totius regni primatibus convenientes, prædictum Hugonem in regem ungi fecerunt. » (RAOUL GLABER, lib. I, cap. II.)

« Defuncto Ludovico, Hugo tunc dux Francorum invitus suscepit regnum. » Fragment hist. de l'Invention de saint Josse, dans DU CHESNE, t. IV, p. 144.)

« Franci primates relicto Carolo ad Hugonem, qui ducatum Franciæ strenuè tunc gubernabat, magni illius Hugonis filium, se conferentes, Noviomo civitate solio sublimant regio. » (Chron. de saint BENIGNE de Dijon, ad ann. 987.)

« Ludovicus rex, filius Lotharii regis, obiit, et Hugo, cognomento Chapet dux Francorum, Rex Francorum effectus est. » (Chron. de saint MÉDARD de Soissons, ad ann. 986. — SPICILÉGE, t. II, édit. in-4º.) — Cf. Chron. de Senone, ad ann. 986. Ibid. tome III.

« Anno 987, Ludovicus filius Hlotarii obiit. Et ipso anno V nonas Julii. Hugo rex factus est. (Petite Chron. de saint DENYS. — Ibid. ut suprà.) Franci elegerunt Hugonem Capet. » (THOMAS DE LOCHES.)

cle du dernier roi ? — Mais ce prince n'avait pas sûrement plus de droit à la souveraineté, que son frère Lothaire, qui ne la tint que du choix des seigneurs.

Velly, dans son *Histoire de France*, s'est non-seulement laissé emporter au préjugé commun de l'usurpation d'Hugues Capet; il a cru encore en trouver une preuve décisive dans un ancien document. Laissons-le parler : « On dit communément que la couronne fut déférée à Hugues Capet, du consentement général de la nation assemblée à Noyon. Mais si l'on en croit une lettre déterrée par Duchesne, — loin de recourir à l'autorité d'un parlement, il sut dissiper avec des troupes celui qui se tenait alors pour assurer la succession au duc Charles. Cette lettre écrite à Diéderic ou Thierry, évêque de Metz, est du fameux Gerbert, lors écolâtre de l'Église de Rheims, depuis archevêque de cette même ville, ensuite de Ravenne, enfin pape sous le nom de Silvestre II (2). Voici ses propres termes : (Le duc Hugues a assemblé six cents hommes d'armes; et sur le bruit de son approche, le parlement, qui se tenait dans le palais de Compiègne, s'est dissipé dès le onzième de mai. Tout a pris la fuite, et le duc Charles, et le comte Reinchard, et les princes de Vermandois... et l'évêque de Laon, Adalberon, qui a donné son neveu en ôtage à Bardas, pour l'exécution de ce que Sigefrid et Godefroy ont promis.) On remarquera, continue Velly, que le duc de France est ici nommé *Bardas*, par allusion à ce qui se passait alors à Constantinople, où un seigneur de ce nom avait entrepris d'usurper l'empire sur les enfants de son bienfaiteur et de son maître.

(1) Tome II, p. 257.
(2) Epist. 59, t. II de Du Chesne, p. 803.

» Ce ne fut donc pas un parlement de la nation qui donna la couronne à Hugues Capet ; ce fut ce qui élève ou renverse les trônes, — l'heureux concours de la force et de la prudence. »

Velly assure qu'Hugues Capet s'est emparé du trône par la force, parce qu'à la tête d'une troupe d'hommes, il dissipa une assemblée de seigneurs qui se tenait à Compiègne. Cette conséquence ne paraîtra pas juste à ceux qui seront instruits des dates de ces deux événements.

En 987, Hugues reçoit la couronne à Noyon, par le vœu de la nation, quoiqu'il ne fût accompagné d'aucunes troupes. C'est en 984 qu'il avait dissipé l'assemblée de Compiègne. Velly a donc confondu deux événements séparés par un intervalle de trois ans, arrivés dans des lieux divers, accompagnés de circonstances différentes.

Hugues, avons-nous dit, reçut la couronne à Noyon, en 987. Cette époque n'est contestée de personne. Il dissipa l'assemblée de Compiègne en 984. On ne peut douter de cette date, puisque la lettre qui rapporte ce fait a été écrite à Diéderic ou Thierry, évêque de Metz, mort le 7 septembre de cette année.

Charles, duc de Lorraine, oncle du dernier roi Louis, prétendant que la couronne lui appartenait, fit une guerre fort vive à Hugues Capet. Après divers événements, Charles tomba entre les mains de son rival, qui l'envoya à Orléans, où il fut enfermé dans une tour. Les historiens français écrivent que ce prince mourut dans cette prison ; mais ceux de la basse Lorraine assurent (1), qu'après y avoir demeuré quelques années, il s'enfuit hors du royaume. Ce dernier sentiment est appuyé d'un ancien

---

(1) D. Calmet : *Hist. de Lorraine*, t. I, p. 997. (1re édition.)

monument. En 1666, on trouva dans une petite crypte de l'église de Saint-Servais de Maëstricht, une petite lame de plomb qui avait été autrefois enterrée avec le corps de celui qu'elle désignait. On lisait sur cette lame le nom de Charles, avec le simple titre de *comte* (1). On voit par là que Charles se désista de ses prétentions à la couronne et se soumit au choix de la nation ; en sorte que le droit d'Hugues Capet se trouva encore fortifié par l'acquiescement de celui qui seul pouvait, avec quelque apparence de raison, lui disputer le sceptre.

Un trait bien remarquable de la prudence et de la politique d'Hugues Capet, fut l'ordre qu'il mit dans la succession à la couronne. Il savait quels inconvénients entraînaient, soit les partages, soit les élections. Il anéantit ces deux abus à la fois, en faisant agréer aux seigneurs, que son fils Robert fût couronné de son vivant, et qu'il régnât seul après lui. Les premiers successeurs de Hugues Capet suivirent cet exemple ; et, dès lors, l'hérédité du trône en faveur du fils aîné fut consacrée, non par une loi expresse, mais par un usage auquel depuis on ne dérogea jamais, et qui, devenu ainsi une loi fondamentale de l'État, épargna jusqu'à la fin du siècle dernier à la France bien des secousses et des révolutions.

Il existe encore sur Hugues Capet une erreur et un mensonge qui, quoique peu graves et surtout assez oubliés, nous ont semblé dignes d'être relevés à la fin de ce mémoire.

Parlons d'abord de l'erreur : elle a trait à l'origine du surnom de *Capet*, donné à Hugues.

Quoique la plupart des surnoms aient rapport aux

---

(1) *Propylæum ad Acta SS. Maii*, p. 219.

qualités personnelles, physiques ou morales des sujets auxquels on les a donnés, ou à des circonstances particulières qui les leur ont fait donner, il y en a un très-grand nombre dont il serait difficile de rendre raison. « Et certes, dit Pasquier (1), il n'y a rien où je me trouve tant empesché, qu'en la variété qui se rencontre aux surnoms... il semble que ce soit un je ne sçay quel démon qui nous les ait imposés. »

Comment, en effet, rendre raison de tant de noms baroques, souvent injurieux ou choquants, qui furent donnés aux personnages les plus célèbres dans l'histoire, ou qui tenaient les premiers rangs dans l'État; et ces noms leur sont restés.

Ce n'est pas que ces noms bizarres aient été donnés au hasard, et qu'ils n'aient eu un motif dans l'origine; les auteurs anciens nous en ont donné quelquefois des explications assez plausibles. Il faut laisser aux étymologistes le soin de trouver le mot de toutes ces énigmes; nous ne voulons que recueillir les différentes explications qui ont été données du surnom de *Capet*, et en proposer une nouvelle, qui nous paraît la seule vraie.

Un auteur anonyme, qui écrivait à Tours, vers le milieu du XII$^e$ siècle, une chronique assez mal rédigée (2), donne à Charles le Simple le surnom de *Capet*, qu'il fait synonyme de celui d'*insensé* (3). Il n'y a aucune apparence que ce soit dans ce sens que le même surnom a été donné à Hugues, que l'histoire nous représente comme un grand prince, sage, prudent et bon politique (4).

(1) *Recherches de la France*, livre IV, chap. XXIV.
(2) Du Chesne, t. II, p. 359.
(3) *Carolus Stultus vel Capet, filius Ludovici I Balbi*, etc.
(4) D. Bouquet : t. X, p. 278. — Pasquier : *l. c.*, livre II, chap. I.

L'opinion la plus commune parmi les modernes, est celle qui fait dériver *Capetus* du mot latin *capito*, une grosse tête, ou, au figuré, un entêté ; et, en bonne part, un homme de tête, un bon esprit. C'est l'interprétation la plus bénigne et la plus honorable; mais on ne la trouve pas dans les auteurs anciens.

Selon une chronique des rois de France, écrite en latin, le surnom de *Capet* fut donné à Hugues, parce que, dans sa jeunesse, il se plaisait à enlever les chaperons des autres enfants (1).

Toutes ces opinions ne sont pas du goût de Pasquier. «Vraiment, dit-il (2), je ne puis que je ne me plaigne de l'injure que nous faisons à la memoire de notre Hugue, qui a esté un des plus grands Rois de la France; Roi, dis-je, qui a donné vogue à la troisième lignée (*race*) de nos Rois, lequel nous avons surnommé *Capet*. Et neanmoins je n'en trouve presque un tout seul qui nous enseigne pourquoi lui ait esté baillé (*donné*) ce surnom. Quelques-uns, comme Nicolas Gilles en ses *Annales*, disent que ce fut par forme de sobriquet, d'autant que lui jeune avait accoustumé de jeter, en folastrant, les chappeaux des jeunes princes et seigneurs qui le suivoient. Mais, si les chapperons estoient lors et longtemps après plus en usage que les chappeaux, je ne vois pas sur quel pied nous puissions fonder cette divination; joint que la grandeur de ses gestes (*actions*), sur laquelle il establit avec le progrès de temps sa fortune, pouvoit faire oublier toutes ces jeunesses et folastreries : c'est pourquoi

---

(1) *Hugo Capet, sive Caputii, sic dictus est, quia, dum juvenis esset, Capitia solebat auferre per ludum.* (D. Bouquet, t. X, p. 302. — Mss de Saint-Victor, n° 419, p. 313.)

(2) *L. c.*, livre VIII, chap. XLV.

j'aime mieux adherer avec le bon homme Cenalis, evesque d'Avranches, qui, en ses perioques, dit que tout ainsi que Charles, fils de Pepin, fut par aucuns (*quelques-uns*) appellé *Charles le Grand*, et des autres *Charlemagne*, d'un mot corrompu du latin, pour la grandeur de ses chevaleries; aussi Hugue, pour le grand sens qu'il apporta en la conduite de ses affaires, fut appellé *Capet*, d'un mot à demi latin qui signifie *le chef;* car aussi, à vrai parler, vous trouverez en toutes ses actions plus de conseil que de hauts faits d'armes. »

Ainsi pensait Pasquier. On voit que son opinion revient à celle qui a été adoptée par presque tous les modernes, qui font dériver *Capetus* du mot latin *capito*. Mais peut-être que Pasquier aurait été plus satisfait de la nouvelle interprétation donnée par D. Brial (1), d'après un auteur qui vivait au milieu du xii$^e$ siècle, et qui a pu connaître la vraie tradition de ce qui aurait donné lieu à ce surnom ou sobriquet.

Selon cet auteur (2), ce n'est pas Hugues Capet qui aurait été proprement appelé de ce nom, mais Hugues dit *le Grand*, ou *l'Abbé*, son père. Voici ce qu'il dit : « Au roi Robert succéda, non comme roi mais comme duc, son fils Hugues dit *le Grand* et *à la Cappe*, à cause du manteau de Notre Seigneur Jésus Christ, que l'on raconte qu'il rapporta de la terre sainte (3). » Parlant ensuite de son fils Hugues, cet auteur ajoute qu'il fut surnommé comme son père (4).

(1) *Mém. de l'Acad. des Inscript.* Nouvelle série, t. III (1818), p. 77 à 84.
(2) Dans D. Bouquet, t. XIV, p. 2.
(3) « Roberto regi, non in regnum, sed in ducatum, successit filius ejus Hugo qui Magnus est et Cappatus à cappâ Domini quam de terrâ promissionis transvexisse fertur, appellatus. »
(4) « Idem etiam Hugo dux.... procreavit filium Hugonem similiter

Ainsi, d'après cet auteur, c'est Hugues *le Grand* qui fut surnommé *le Chapé* ou *le porte-chape;* et le nom de *Capet*, qui fut donné à son fils, ne serait que le diminutif du nom du père, *le jeune* ou *le petit chapé*.

Cette opinion n'est pas tellement particulière au généalogiste précité, qu'on n'en trouve encore des vestiges dans des auteurs anciens; mais aucun ne l'a autant développée que lui, et il est le plus ancien de ceux que nous connaissons. Raoul de Diceto (1), historien anglais du commencement du xiiie siècle, semble adopter cette opinion en appelant les rois de la troisième race *Capaticii;* et, ailleurs, il appelle toujours le chef de cette dynastie *Hugues Chapet,* et non *Capet*. Albéric de Trois-Fontaines (2) donne, comme notre généalogiste, le surnom de *Cappatus* au père du roi Hugues.

Parmi les modernes, Adrien de Valois (3) est le seul que nous trouvons avoir connu cette origine du nom de *Capet*.

Mais pourquoi Hugues le Grand fut-il surnommé *Cappatus?* Notre généalogiste répond que c'est à cause de la *cape* ou *casaque* du Christ, qu'il avait rapportée de la Terre sainte, dit-on *(fertur)*. D. Brial, qui révoque en doute, avec assez de raison, le voyage de Hugues le Grand en terre sainte, propose une autre conjecture. La chape de saint Martin était en grande vénération dans ces temps-là : nos rois n'allaient jamais à la guerre sans la faire porter devant eux; c'était comme le *Labarum* de la

---

appellatum, qui de duce meruit fieri regem Francorum post prædicti Lotharii filium, quintum et ultimum de progenie Magni Karoli Ludovicum.
(1) Dans Twysden et Selden : *Hist. anglicanæ scriptores*, col. 608.
(2) *Ad ann.* 987 *et* 988.
(3) *Valesiana*, p. 89.

France, avec lequel on était assuré de la victoire (1). Or, Hugues le Grand, surnommé aussi *l'Abbé*, était abbé de Saint-Martin de Tours; et son fils, Hugues Capet, le fut après lui. En cette qualité, ils avaient quelque fonction à remplir relativement à la chape de saint Martin, où ils assistaient parfois en chape au chœur de leur église, comme faisait après eux le roi Robert aux grandes solennités : et de là leur vint le surnom de *chapé*, selon le génie du siècle, qui, n'ayant pas encore introduit les noms de famille pour distinguer les personnes, avait recours aux sobriquets.

Maintenant, le mensonge le plus impudent comme le plus absurde, débité jadis sur Hugues Capet, consistait à dire qu'il était le *fils d'un boucher!*...

Laissons encore une fois la parole au savant Pasquier (2); il est remarquable d'ironie et de patriotisme : « Dante, poëte italien, dit (3) que notre Hugues Capet avait été fils d'un boucher (4) : laquelle parole, ores que

---

(1) Le moine de Saint-Gall : *Vita Caroli magni.* (Du Chesne, t. II.)
(2) *Recherches de la France*, édition Feugère, t. I, p. 172 à 175, chap. XXVIII.
(3) Dans le *Purgatoire.* Voyez la Divine comédie.
(4)       Chiamato fui di là Ugo Ciapetta :
      Di me son nati i Philippi e Luigi,
      Per cui novellamente e Francia retta.
      Figliol fui d'un beccaio di Parigi.

Dante est le plus ancien auteur qui ait débité ce ridicule mensonge, vers le commencement du XIV siècle. Environ trente ans après Dante, Jean Villani, son compatriote, a répété la même impertinence : *Questo Ugo... el padre suo fu uno grande e ricco borghese di Paris, stratto di natione di beccai, o vero mercatante di bestie; ma per la sua richezza e potentia, vacato il ducato d'Orliens, e rimasane una donna, si l'hebbe per moglie, unde nacque il detto Ugo Ciapetta,* etc. (Quant à Hugues Capet, son père était un grand et riche bourgeois de Paris, issu d'une famille de bouchers, un vrai marchand de bêtes; mais, par sa richesse et son pouvoir, le duché d'Orléans étant venu à vaquer, il se remaria avec une (*quoique*) par lui écrite à la traverse, et comme faisant autre chose, si s'est-elle tellement insinuée en la tête de quelques sots, que plusieurs, qui ne sondèrent jamais les anciennetés de notre France, sont tombés en cette même hérésie. François de Villon, plus soucieux des tavernes et cabarets que des bons livres, dit en quelque endroit de ses œuvres :

> Si fusse des hoirs (*héritiers*) de Capet,
> Qui fut extrait de boucherie.

« Et depuis, Agrippa, Allemand, en son livre de la *Vanité des sciences*, chapitre *de la Noblesse*, sur cette première ignorance déclame impudemment contre la généalogie de notre Capet. Si Dante estima Hugues le Grand, duquel Capet était fils, avoir été un *boucher*, il était un malhabile homme. Que s'il usa de ce mot par métaphore, ainsi que je le veux croire, ceux qui se sont attachés à l'écorce de cette parole sont encore plus grands lourdauds (1).....

« Le passage du Dante lu et expliqué par Louis Alleman (2), Italien, devant le roi François, premier de ce nom, il fut indigné de cette imposture, et commanda qu'on le lui ôtât ; voire (*même*) fut en émoi d'en interdire la lecture dedans son royaume. Mais de ma part, pour excuser cet auteur, je voudrais dire que sous ce nom de *boucher*, il entendait que Capet était fils d'un vaillant

dame, et par cette femme eût ce duché ; d'elle, lui naquit Hugues Capet, etc.) *Istor. univers.*, lib. IV, cap. III.

(1) Voir à cette occasion la chanson de geste intitulée : *Hugues le boucher*, où la fable accueillie par Dante se trouve développée ; c'est un ouvrage du XIII<sup>e</sup> siècle, conservé à la bibliothèque de l'Arsenal, à Paris. (*Belles-Lettres*, n° 86. Le manuscrit est du XV<sup>e</sup> siècle.)

(2) Sur le poëte Alamanni, réfugié en France, voir la *Biog. univers.* de Michaud, t. I, p. 572.

guerrier : car à vrai dire, en matière de guerre, quand on a fait en une bataille un grand carnage, nous disons d'un autre mot *boucherie*, et appelons aussi un grand meurtrier et carnassier, *grand boucher;* et de cette même façon ai-je lu (1) qu'Olivier de Clisson était ordinairement appelé *boucher* par les nôtres, parce que tous les Anglais qui tombaient entre ses mains, il n'en prenait aucun à merci, mais les faisait tous passer au fil de l'épée... Si ainsi Dante l'entendit, je lui pardonne; si autrement, il était un poëte fort ignorant. »

Mézerai s'est indigné (2), en ces termes, de l'opinion qui a voulu faire passer Hugues Capet pour le fils d'un boucher : « Un seul, Dante, poëte italien, tourmenté d'une bile brûlée qui le rendit insupportable à tout le monde et à soi-même, a osé mettre la dent, comme un chien enragé, sur une chose si sainte (l'origine de la troisième race) : ce frénétique, parce qu'il avait été chassé de Florence (par Charles de Valois, Capétien), comme l'un des plus factieux Gibelins, aboya impudemment que Hugues Capet était fils d'un boucher; calomnie si noire et si visible que même les ennemis de la France ont pris la peine de la réfuter. »

(1) *Hist. de Charles VI,* par Jean Juvénal des Ursins, p. 234.
(2) Livre III, t. II, p. 307 de l'édit. de 1830.

# LA SAINT-BARTHÉLEMY

Personne, que nous sachions, n'avait osé, avant notre époque (1), répondre en détail aux déclamations des protestants et des philosophes relatives à la Saint-Barthélemy, parce que tout le monde craignait de passer pour l'apologiste d'une action que chacun avait en horreur : ainsi l'erreur s'accrut d'âge en âge, faute d'avoir été réfutée dans sa naissance. Le moment de la détruire est plus propre aujourd'hui que jamais. Éloignés de trois siècles de ce trop mémorable fait, nous pouvons le contempler sans partialité : nous pouvons répandre des clartés sur les motifs et les effets de cet événement terrible, sans être l'approbateur tacite des uns, ou le contemplateur insensible des autres.

Basé sur des preuves incontestables, dont le plus grand nombre nous est fourni par des auteurs protestants, nous entreprenons d'établir : que la religion catholique n'eut aucune part à la Saint-Barthélemy ; que ce fut une affaire

---

(1) Voyez à la fin de cet article, le résumé de ce que MM. de Carné et de Falloux ont dit sur la Saint-Barthélemy, — le premier dans la *Revue des deux Mondes*, le second dans le *Correspondant*. Ce sont plutôt des observations générales, qu'un mémoire en forme, comme celui qu'on va lire.

de proscription, qu'elle n'a jamais dû regarder que Paris; enfin, qu'il y a péri beaucoup moins de monde qu'on n'a écrit. C'est à l'examen de ces quatre points principaux (dont le premier et le dernier ont surtout le plus besoin de démonstration, à cause des nombreux mensonges qui s'y rattachent) que nous consacrerons ces pages.

I. *La religion n'a eu aucune part à la Saint-Barthélemy.*

Il faut avoir dépouillé toute justice, pour accuser la religion catholique des maux que nos pères ont soufferts pendant les malheureuses guerres qui désolèrent la France sous les règnes des trois frères, et encore plus pour lui attribuer la résolution de Charles IX; elle n'y a participé, ni comme motif, ni comme conseil, ni comme agent. Nous trouvons la preuve de ce que nous avançons, dans les procédés des calvinistes, dans les aveux de Charles IX, dans la conduite des parlements : l'entreprise d'enlever deux rois, plusieurs villes soustraites à leur obéissance, des sièges soutenus, des troupes étrangères introduites dans le royaume, quatre batailles rangées livrées à son souverain, étaient des motifs d'indisposition assez puissants pour irriter le monarque et rendre les sujets odieux; aussi Charles IX écrivait-il, après la Saint-Barthélemy, à Schomberg, son ambassadeur en Allemagne : « *Il ne m'a pas été possible de les supporter plus longtemps.* »

La religion avait si peu de part, *comme motif*, à la Saint-Barthélemy, que le martyrographe des calvinistes (1) rapporte que les meurtriers disaient aux passants, en leur montrant les cadavres : « *Ce sont ceux qui ont*

(1) *Histoire des martyrs persécutés et mis à mort pour la vérité de l'Evan-*

*voulu nous forcer, afin de tuer le Roi.* » Il dit aussi (1) : « *Les courtisans riaient à gorge déployée, disant que la guerre était vraiment finie, et qu'ils vivraient en paix à l'avenir; qu'il fallait faire ainsi les édits de pacification, non pas avec du papier et des députés.* » Le même auteur nous fournit encore une preuve que la religion ne fut pas le motif de cette terrible exécution, quand il dit que *le parlement de Toulouse fit publier quelque forme de volonté du Roi, par laquelle défenses étaient faites de ne molester en rien ceux de la religion* (réformée), *ains'* (mais) *de les favoriser* (2). Pareil édit avait été publié à Paris dès le 26 août; l'auteur des *Hommes illustres* n'est nullement persuadé de la sincérité de cette déclaration; mais il faut s'être nourri de l'esprit de De Thou pour voir partout, comme lui, dans cette affaire *la religion* et jamais *la rebellion.* Eh! qu'avait-on besoin d'un motif religieux là où l'intérêt personnel, la jalousie, la haine, la vengeance, peut-être même la sûreté du prince, ou du moins le repos commun s'unissaient pour conseiller la perte des rebelles? C'est donc faire injure au bon sens autant qu'à la religion, d'attribuer à une sorte d'enthousiasme une résolution prise par des gens qui connaissaient à peine le nom du *zèle.*

Mais si la religion n'eut aucune part au massacre comme motif, elle y est bien moins entrée *comme conseil.* On ne voit, en effet, ni cardinaux, ni évêques, ni prêtres admis dans cette délibération; le duc de Guise lui-même en fut exclu; et il y aurait autant d'injustice à

*gile, depuis le temps des apôtres jusqu'en* 1574. (Édit. de 1582, p. 713, folio recto.)
(1) *Ibid., folio verso.*
(2) *Ibid.*, p. 730, folio recto.

charger les catholiques de l'horreur de cet événement, que d'attribuer l'assassinat du cardinal de Lorraine et de son frère à l'instigation des calvinistes. Si, à la nouvelle de ce terrible coup d'État, on rendit de solennelles actions de grâces à Rome, si Grégoire XIII alla processionnellement de l'église de Saint-Marc à celle de Saint-Louis, s'il indiqua un jubilé (1), s'il fit frapper une médaille, — toutes ces démonstrations de reconnaissance, plutôt que de satisfaction, eurent pour véritable et unique principe, non le massacre des huguenots, mais la découverte de la conspiration qu'ils avaient tramée, ou du moins dont le roi de France les accusa formellement dans toutes les cours de la chrétienté. Si Charles IX, après avoir conservé un sang précieux dès lors à la France, et qui devait l'être un jour bien davantage, voulut forcer le roi de Navarre et le prince de Condé à aller à la messe, c'était moins pour les attacher à la foi catholique que pour les détacher du parti huguenot. Aussi ne le vit-on irrité de leur refus que dans les premiers moments de la résistance, passé lesquels il ne se mit pas fort en peine de leur conversion; en quoi il se montra plus mauvais politique que bon missionnaire. En effet, si, après avoir amené ces princes à une abjuration, on eût employé tous les moyens honnêtes de les retenir dans la religion catholique, les calvinistes, à qui on venait d'enlever leur chef, n'auraient plus eu personne à mettre à leur tête, et les guerres civiles eussent pris fin. Moins on les employa, ces moyens, plus on a donné lieu

(1) Indicto jubileo christiani orbis populos provocavit ad Galliæ religionem et regem supremo numini commendandos. (*Bonanni :* Numismata pontificum romanorum à tempore Martini V, usque ad annum 1699, etc., t. I, p. 336.)

à la postérité d'être persuadée qu'on ne consulta pas la religion catholique. Elle n'entra donc pour rien dans la journée de la Saint-Barthélemy, comme conseil, quoi qu'en dise l'auteur des *Hommes illustres* et son inscription imaginée à plaisir. Nous ignorons sur quels mémoires cet écrivain a travaillé, mais son affectation à nous les cacher rend ses anecdotes très-suspectes, heureux si la suspicion ne s'étend pas plus loin. Les *Essais sur l'Histoire générale* ne sont ni plus favorables à la religion, ni plus conformes à la vérité, lorsqu'ils hasardent que la résolution du massacre avait été préparée et méditée par les cardinaux de Birague et de Retz, sans faire attention que ces deux personnages ne furent revêtus de la pourpre que longtemps après cette époque (1).

Mais pourrait-on accuser la religion catholique d'être entrée *comme agent* dans la Saint-Barthélemy, elle qui ouvrit partout ses portes à ces infortunés que la fureur du peuple poursuivait encore quand la colère du souverain était calmée? Charles IX ne voulant pas et n'ayant jamais voulu que la proscription s'étendît au delà de Paris, dépêcha des courriers dès le 24, vers les six heures du soir, à tous les gouverneurs des provinces et villes, afin qu'ils prissent des mesures pour qu'il n'arrivât rien de semblable à ce qui s'était passé dans la capitale; et sur ces ordres, les gouverneurs pourvurent, chacun à sa manière, à la sûreté des calvinistes : ainsi, à Lyon, on en envoya beaucoup aux prisons de l'archevêché, aux Célestins et aux Cordeliers. Si on doutait que ce fût dans la vue de les sauver, qu'on lise le *Martyrologe des Calvinistes :* il y est dit qu'on en envoya une fois trente et

---

(1) Le premier en 1578, et le second en 1587.

une autre fois vingt aux Célestins, dans cette intention. Et si les prisons de l'archevêché ne les préservèrent pas de la fureur de quelques scélérats, on voit dans ce même *Martyrologe* que les meurtres furent commis à l'insu et pendant l'absence du gouverneur, qui les fit cesser à son retour, et voulut en faire rechercher et punir les auteurs. *Il fut dressé procès-verbal, par la justice, comme les prisons avaient été brisées par émotion populaire, et on fit crier à son de trompe, que ceux qui en déclareraient les auteurs auraient cent écus. Les couvents servirent d'asile aux calvinistes de Toulouse. A Bourges, quelques paisibles catholiques en retirèrent aucuns* (quelques-uns) (1). A Lisieux, l'évêque (Hennuyer) s'opposa, non à l'exécution cruelle des ordres du roi, car il est faux qu'il y en ait eu d'envoyés dans les provinces, mais à la fureur de quelques hommes que le gouverneur ne pouvait pas contenir, tant ils étaient excités au meurtre par l'exemple, par l'avarice, ou même par le ressentiment (2). A Romans, « les catholiques les plus paisibles désirant sauver plusieurs de leurs amis, de soixante qu'on avait arrêtés, ils en délivrèrent quarante; à quoi M. de Gordes, gouverneur de la province, qui n'était pas cruel, contribua; et des vingt restants on en sauva encore treize; il n'en périt que sept pour avoir beaucoup d'ennemis et porté les armes. A Troyes, un catholique voulut sauver Étienne Marguien. A Bordeaux, il y en eut plusieurs sauvés par des prêtres et autres personnes desquelles on n'eût jamais espéré tel secours (3). » A Nîmes, les catholiques

---

(1) Page 716, folio recto.
(2) Voir à ce sujet M. de Falloux (*Correspondant* de 1843, p. 166 à 168). — Et le *Martyrologe des calvinistes*, p. 728, fol. recto.
(3) Page 718, fol. recto;— p. 730, fol. verso.

oubliant que leurs concitoyens huguenots les avaient massacrés deux fois de sang-froid, se réunirent à eux pour les sauver d'un carnage trop autorisé par l'exemple, assez excusé par le ressentiment, nullement permis par la religion. La plaie que les calvinistes avaient faite à presque toutes les familles catholiques de cette ville (1) saignait encore ; on se souvenait de ces nuits fatales où ils avaient égorgé leurs frères, aux flambeaux, processionnellement, et avec le cruel appareil des sacrifices de la Taurique ; c'est, nous le croyons, la seule procession (2) que les calvinistes aient faite. Si les catholiques se sont montrés plus humains qu'eux, c'est parce qu'ils étaient meilleurs chrétiens ; un tel acte d'humanité, sorti du sein du trouble, n'a pu prendre son principe que dans la charité. Mais pourquoi chercher hors de Paris des exemples de compassion ? Cette capitale nous en fournit ; un historien calviniste nous les a conservés. « Entre les seigneurs français qui furent remarqués avoir garanti la vie à plus de confédérés, les ducs de Guise, d'Aumale, Biron, Bellièvre et Walsingham, ambassadeur anglais, les obligèrent plus..... Après même qu'on eut fait entendre au peuple que les huguenots, pour tuer le Roi, avaient voulu forcer les corps-de-garde, et que jà (*déjà*) ils avaient tué plus de vingt soldats catholiques. Alors ce peuple, guidé d'un désir de religion, joint à l'affection qu'il porte à son prince, en eût montré beaucoup davantage, si quelques seigneurs, contents de la mort des chefs, ne l'eussent souvent détourné : plusieurs Italiens même, courant

(1) En 1567 et en 1569. — Voyez Ménard : *Hist. civile, ecclés. et litt. de Nimes*, t. V, p. 9 et suiv. et p. 50.
(2) On peut en voir l'ordre et la marche dans l'ouvrage précité. (T. V, à l'année 1567.)

montés et armés par les rues, tant de la ville que des faubourgs, avaient ouvert leurs maisons à la seule retraite des plus heureux (1). »

Les catholiques ont donc sauvé ce qu'ils ont pu, de la colère du prince et de la fureur du peuple. Il n'y eut aucune des villes infortunées qui ne leur fût redevable de la conservation de quelques citoyens calvinistes : toutes se sont ressenties, dans ce fatal moment, de cet esprit de charité qui caractérise la vraie religion, qui distingue ses ministres, qui abhorre le meurtre et le sang. Genève même serait ingrate, si elle ne s'en louait; c'est à un prêtre de Troyes qu'elle doit l'avantage de compter parmi ses hommes illustres un des plus célèbres médecins de l'Europe, si ce prêtre n'eût sauvé le père de *Tronchin;* il eût manqué, au xviii$^e$ siècle, un ornement à cette République, une lumière à son Académie, un secours à ses concitoyens.

Si ces actes d'humanité ne lavaient pas assez la religion des reproches qu'on lui fait encore tous les jours, peut-être que le sang de plusieurs catholiques, mêlé avec celui de leurs malheureux frères, et versé par la haine ou par l'avarice, en effaceront jusqu'au moindre soupçon. La licence, inséparable du tumulte, fit périr beaucoup de catholiques. « C'était être huguenot, dit Mézeray (2), que d'avoir de l'argent ou des charges enviées ou des héritiers affamés. » Si on nous avait conservé les noms des catholiques qui furent immolés à la vengeance ou à la cupidité, on serait surpris du nombre de cette

---

(1) Voyez la Popelinière : *Histoire de France,* etc., *depuis l'an* 1550, *jusqu'en* 1577. (Édit. de 1581, livre XXIX, p. 67.)

(2) Cité dans l'*Histoire des martyrs,* etc., *l. c. sup.*, p. 731, folio recto.

espèce de martyrs. Le gouverneur de Bordeaux rançonnait les catholiques, comme les protestants, et faisait perdre la vie à ceux qui avaient le moyen de la racheter, s'ils n'en avaient la volonté (1). A Bourges, un prêtre, détenu en prison, y reçut la mort. A La Charité, la femme catholique du capitaine Landas fut poignardée. A Vic, dans le pays Messin, le gouverneur fut assassiné. A Paris, Bertrand de Villemor, maître des requêtes, et Jean Rouillard, chanoine de Notre-Dame, conseiller au parlement, eurent le même sort. Eh! combien d'autres catholiques ont été enveloppés par la seule confusion dans cette terrible proscription.

Nous espérons, qu'après les faits que nous venons de citer, on ne verra plus dans les ministres de la vengeance de Charles IX ni *fureur religieuse*, ni mains armées tout à la fois *de crucifix et de poignards*, comme Voltaire s'est plu à les inventer, et comme un opéra moderne, trop fameux, nous les représente, en plein XIX$^e$ siècle.

II. *La Saint-Barthélemy fut une affaire de proscription.*

Si l'on n'avait pas fait des éloges singuliers de l'amiral de Coligny; si la plupart des Français ne le regardaient pas encore, sur la foi d'un apologiste ou d'un poëte (2), comme un modèle de probité, quand ils ne devraient voir en lui qu'un chef de rebelles; si, à la faveur de ses vertus guerrières, on ne lui supposait pas gratuitement toutes celles qui constituent le bon Français et le bon serviteur du roi, il serait inutile de mettre en problème le motif qui détermina Charles IX et son conseil à la terrible extrémité où l'on se porta. Mais, puisqu'il plaît à

---

(1) *Ibid.*, p. 724, fol. verso.
(2) Voltaire, dans sa *Henriade*.

beaucoup de monde de douter des torts réels, ou plutôt des crimes de ceux qui prirent les armes contre leur souverain et ameutèrent contre lui une partie de ses sujets, il est indispensable de rechercher leur conduite ; on y trouvera la vraie cause de leur proscription.

Du moment que les huguenots prirent les armes, ils devinrent criminels de lèse-majesté. C'est en vain qu'ils disaient alors, et qu'ils disent encore, que c'était pour le service du roi et contre les entreprises des princes de Guise ; ces entreprises n'auraient jamais existé sans la jalousie des Coligny ; c'est elle qui donna naissance aux troubles du royaume et aux inquiétudes de Catherine de Médicis. Le crime de l'amiral et des seigneurs, ses complices, était donc aussi ancien que la première prise d'armes, sans que les édits de pacification en aient interrompu la continuité, bien qu'ils en eussent assuré le pardon.

La preuve de cette rébellion non interrompue se trouve, quant à l'amiral, dans le journal de sa recette et de sa dépense, produit au conseil du roi et au parlement ; on y voit que sous prétexte de lever de l'argent pour le payement des Reîtres, et au préjudice des défenses portées par les édits de pacification, « il levait et exigeait sur les sujets du roi, qui étaient de la religion, une si grande et énorme somme de deniers que les pauvres gens en étaient du tout spoliés de leurs facultés. » Ses papiers, dont on se saisit après sa mort, contenaient des arrangements et des projets, qui auraient suffi pour le faire périr sur un échafaud, si la preuve en eût été acquise. Mais ce qu'on ne pourrait pas prouver juridiquement, on le soupçonnait avec raison de la seule contenance de ses gentilshommes qui l'environnaient sans cesse, qui lui offraient leurs bras, qui voulurent s'armer pour venger sur-le-champ sa blessure. Bellièvre disait aux députés des Treize Cantons, en parlant de ses papiers : « Je sais où ils sont, le roi les a vus, tout son conseil semblablement, comme aussi sa cour de Parlement, que peut-on dire d'un ordre politique qui a été trouvé parmi leurs papiers ? Par lesquels il a apparu au roi que ledit amiral avait établi, ez (*dans*) seize provinces de son royaume, des gouverneurs, des chefs de guerre, avec certain nombre de conseillers qui avaient charge de tenir le peuple armé, le mettre ensemble et en armes aux premiers mandements de sa part ; auxquels était donné pouvoir de lever annuellement sur les sujets de Sa Majesté, notable somme de deniers. »

Pour comprendre à quel point l'amiral était devenu odieux à Charles IX, il faut lire ce que ce prince écrivait à Schomberg, son ambassadeur auprès des princes d'Allemagne : « Il avait plus de puissance, et était mieux obéi de ceux de la nouvelle religion, que je n'étais, ayant moyen par la grande autorité usurpée sur eux, de me les soulever, et de leur faire prendre les armes contre moi, toutes et quantes fois que bon lui semblerait ; ainsi que plusieurs fois il l'a assez montré ; et récemment il avait déjà envoyé ses mandements à tous ceux de ladite nouvelle religion, pour se trouver tous ensemble en équipages d'armes le troisième du mois à Melun, bien proche de Fontainebleau où en même temps je devais être ; de sorte que s'étant arrogé une telle puissance sur mesdits sujets, je ne me pouvais dire roi absolu, mais commandant seulement une des parts de mon royaume : donc, s'il a plu à Dieu de m'en délivrer, j'ai bien occasion de l'en louer et bénir le juste châtiment qu'il a fait dudit amiral et de ses complices. Il ne m'a pas été possible (ajoute le roi) de le supporter plus longuement, et me suis résolu de laisser tirer le cours d'une justice, *à la vérité extraordinaire, et autre que je n'eusse voulu*, mais telle qu'en semblable personne il était nécessaire de pratiquer (1). »

Il est certain que ce sujet rebelle entretenait continuellement un parti redoutable à l'autorité royale, et creusait sous le trône des mines prêtes à éclater au premier moment favorable : il était donc constamment criminel de lèse-majesté, et conséquemment il dut devenir odieux à Charles IX et à son conseil. Il menaçait à tout propos le roi et la reine d'une nouvelle guerre civile, « pour peu que Sa Majesté se rendît difficile à lui accorder ses demandes tout injustes et déraisonnables qu'elles fussent, — dit Bellièvre. Lorsque le roi ne voulut à son appétit rompre la paix au roi d'Espagne pour lui faire la guerre en Flandre, il n'eut point de honte de lui dire en plein conseil, et avec une incroyable arrogance, que si Sa Majesté ne voulait consentir à faire la guerre en Flandre, elle se pouvait assurer de l'avoir bientôt en France entre ses sujets. Il n'y a pas deux mois que se ressouvenant Sa Majesté d'une telle arrogance, disait à aucuns (*plusieurs*) siens serviteurs entre lesquels j'étais, que quand il se voyait ainsi menacé, les cheveux lui dressaient sur la tête. »

Il ne faut pas croire que le président de Bellièvre soit le seul qui ait parlé de la sorte; les *Mémoires* de Brantôme, de Tavannes, de Montluc, et la harangue de l'évê-

---

(1) Cette lettre est du 13 septembre 1572. (Voyez Villeroy : *Mémoires servant à l'hist. de notre temps*, etc., t. IV. Ces Mémoires s'étendent depuis l'an 1567, jusqu'en 1604.)

que de Valence aux Polonais, sont pleins de ces reproches fondés sur les faits. « Les huguenots ne peuvent oublier le mot qui leur coûta si cher le 24 août 1572, dit Tavannes (1) : *Faites la guerre aux Espagnols, Sire, ou nous serons contraints de vous la faire.* » C'est ce projet de guerre qui acheva de perdre l'ambitieux amiral ; Charles IX en goûta trop le plan pour le malheur de celui qui l'avait formé, puisque ce sujet entreprenant en devint assez hardi pour essayer de détruire Catherine de Médicis dans l'esprit et dans le cœur de son fils. Enivré d'un commencement de faveur, il oublia l'affection du roi pour sa mère, il la peignit aux yeux de ce prince avec des couleurs trop fortes pour être pardonnées. Il la lui représenta maniant à son gré les rênes de l'empire, retenant toute l'autorité, préférant la réputation du duc d'Anjou à la gloire du roi et aux véritables intérêts de l'État. Il conseilla à Charles IX de secouer ce joug ; il le rendit inquiet sur une puissance dont lui-même était jaloux, qu'il eût voulu abattre pour élever la sienne ; il avança sa perte, parce qu'il ne put pas achever celle de Catherine et de son conseil, et en cela il se montra tout à la fois mauvais politique, mauvais serviteur et mauvais citoyen. Avec quelle témérité ou plutôt quelle audace il offrit à Charles IX dix mille hommes de troupes pour porter la guerre dans les Pays-Bas ? Le roi, entretenant Tavannes des moyens d'entreprendre cette guerre, n'oublia pas l'offre de Coligny, qu'il ne nomma pas à Tavannes ; mais, ce serviteur zélé et bouillant qui savait bien que le seul amiral pouvait faire de telles offres, répondit

---

(1) Voyez ses *Mémoires depuis l'an 1530 jusqu'à sa mort, en 1573*, dressés par son fils. (Édition de Paris, 1574, in-8°, p. 407.)

à son maître : « Celui de vos sujets qui vous porte telles paroles, vous lui devez faire trancher la tête; comment vous offre-t-il ce qui est à vous? C'est signe qu'il les a gagnés et corrompus, et qu'il est chef de parti à votre préjudice; il a rendu ces dix mille vos sujets à lui pour s'en aider à un besoin contre vous. » Réflexion judicieuse dont la vive image coûta cher à l'amiral.

Si l'on ajoute à ces griefs du moment les torts passés qu'un édit n'efface jamais assez bien pour qu'il n'en reste pas toujours quelque impression fâcheuse; si l'on se rappelle les motifs qui avaient déterminé la cour à faire arrêter le prince de Condé et l'amiral à Noyers, l'arrêt du parlement (13 septembre 1569) qui avait condamné ce dernier à perdre la tête, les cinquante mille écus d'or promis (arrêt du 28 du même mois) à celui, Français ou étranger, qui l'apporterait, et surtout, comme dit Montluc, « la traite qu'il fit faire au roi de Meaux à Paris, plus vite que le pas (1); » on se persuadera sans peine que ce sujet était devenu insupportable au fils comme à la mère, et à leur conseil intime, et dès lors qui pourra douter que la Saint-Barthélemy ne fût une vraie proscription, dont les différents motifs réunis, et semblables à des nuages, s'étaient rassemblés sur la tête de Coligni et de son parti, pour former enfin l'orage d'où partit la foudre qui l'écrasa.

On n'a pas assez remarqué, ce nous semble, la propension énorme de l'historien de Thou pour les calvinistes, et surtout pour Coligni; on ne saurait trop faire remarquer cet esprit de partialité dans un auteur qu'on s'est accoutumé à regarder comme la fidélité même. De tous

(1) *Commentaires* de Blaise de Montluc, etc., depuis l'an 1521 jusqu'en 1572, livre VII.

les préjugés, en fait d'histoire, le plus dangereux est celui d'une vénération mal entendue pour les écrivains, et certainement de Thou n'en est pas toujours digne. Qu'on en juge par son affectation à rapporter et à faire valoir deux articles du *Journal* de l'amiral. L'un est l'avis donné « au roi de prendre garde, en assignant l'apanage de ses frères, de ne pas leur donner trop d'autorité; » l'autre est un mémoire qui ne devait être communiqué qu'au roi, où il « représentait que si on n'acceptait pas les conditions proposées par les Flamands révoltés contre l'Espagne, ils ne manqueraient pas de se livrer aux Anglais, qui deviendraient les ennemis de la France dès qu'ils auraient mis le pied dans les Pays-Bas. »

Voilà de belles preuves de zèle ! Quand de Thou les ramassait avec soin et les rapportait avec complaisance, il croyait sans doute que, sur sa parole, la postérité n'y verrait qu'attachement et fidélité ; il croyait qu'elle oublierait combien l'amiral avait intérêt à voir le roi brouillé avec ses frères et avec l'Espagne.

Si Charles IX eût demandé à Coligni son sentiment sur la manière de régler l'apanage des princes, on pourrait croire que sa sincérité était l'effet du zèle, et il faudrait lui en savoir gré ; mais, c'était un avis donné à quelqu'un qui n'en demandait pas; avis qui devait mettre dans la famille royale une division dont le parti de l'Amiral eût profité. On sait qu'il détestait le duc d'Anjou : c'était donc pour se venger de lui, ou pour s'en mieux garder, qu'il voulait que son autorité fût diminuée. On sait aussi que le duc d'Alençon penchait pour ce chef des huguenots, et c'était se l'attacher davantage que de lui fournir des sujets de mécontentement capables d'achever de le détacher des intérêts du roi ; c'était le faire pousser par la main même de Charles IX dans les bras des rebelles ; il n'y a donc rien dans ce premier avis qui mérite des éloges. L'autre est encore plus marqué au coin de l'intérêt. La rébellion des Pays-Bas était l'ouvrage de la Réforme ; l'étendue et l'affermissement de la secte en dépendaient. Aider aux calvinistes de Flandre à secouer le joug, c'était en imposer un aux catholiques de France, c'était augmenter les forces du parti. Les révoltés pouvaient échouer dans leur entreprise, parce qu'Élisabeth ne voulait pas favoriser leur rébellion. L'amiral devait jouer un rôle dans cette guerre ; il avait affaire à un prince dont il fallait réveiller l'ardeur par la jalousie, et le déterminer en le piquant ; il lui fit craindre que les Anglais ne s'emparassent de ce pays, et il savait, au contraire, que leur reine n'en voulait pas. Il y avait donc intérêt particulier, injustice générale et mauvaise foi dans ce beau mémoire, qui n'était au fond que le précis de ce que l'amiral avait dit à Charles IX pour l'engager à porter la guerre dans les Pays-Bas.

Qu'on regarde sous ce point de vue les deux articles recueillis et relevés par de Thou, et loin d'y voir rien qui mérite le moindre éloge, on y apprendra à lire cet historien avec une sage méfiance, qui peut seule empêcher qu'une telle lecture ne devienne très-dangereuse. C'est dans cette source suspecte que l'auteur des *Vies des Hommes illustres* a puisé ce qu'il nous dit de beau de l'amiral Coligni ; c'est là qu'il a pris que la recherche faite dans les papiers de ce rebelle « ne put rien fournir qui pût faire naître le soupçon le plus léger » contre lui (1). Ce n'était donc rien, à son avis, que d'avoir « des

---

(1) Tome XV, p. 649.

gouverneurs dans des provinces, des chefs de guerre avec certain nombre de conseillers, qui avaient charge de tenir le peuple armé; » ce n'était rien que de « lever des sommes d'argent et de s'en appliquer une partie; » ce n'était rien que d'avoir « envoyé ses mandements à ceux de la religion, pour se trouver en armes le trois de septembre à Melun, près de Fontainebleau, où le roi devait être. »

Si toutes ces choses ne caractérisent pas le sujet rebelle, à quoi reconnaîtra-t-on désormais la rébellion?

Voilà pourtant cette probité tant vantée par nos historiens anciens et modernes, tant célébrée par Voltaire dans sa *Henriade*, tant accréditée parmi ceux qui sont toujours portés à croire tout ce qui tend à augmenter les torts d'un gouvernement.

L'excès est condamnable dans le blâme comme dans les éloges. Coligni avait des vertus guerrières, mais il manquait de celles qui caractérisent le vrai serviteur du roi; sa probité n'était pas tellement épurée, qu'il n'y eût dans ses actions un mélange de jalousie contre les Guises, et un degré d'ambition désordonnée qui le rendront toujours criminel aux yeux des juges désintéressés. Ceux qui ont entrepris de faire l'apologie de Coligni auraient dû, avant tout, le justifier du soupçon trop bien fondé d'avoir conduit la main de Poltrot. Ce n'est pas la déposition de ce scélérat qui nous fait regarder l'amiral comme son complice, ou plutôt son instigateur; ce sont ses défenses, ses propres aveux. Convenir dans une lettre à la reine (1), que *depuis cinq ou six mois en çà il n'a pas fort contesté contre ceux qui montrèrent avoir telle volonté;*

(1) Pour tout ce qui suit, voyez les *Mémoires de Condé, depuis la mort de Henri II jusqu'au commencement des troubles, en* 1565, t. IV, p. 303 et

donner pour raison de sa non-opposition à une action si détestable, qu'il avait eu avis que *des personnes avaient été pratiquées pour le venir tuer;* ne point nommer ces personnes dans le cours de sa justification, quoiqu'il eût dit qu'*il les nommerait quand il serait temps;* avouer dans ses réponses que *Poltrot s'avança jusqu'à lui dire qu'il serait aisé de tuer le duc de Guise, mais que lui, amiral, n'insista jamais sur ce propos, d'autant qu'il l'estimait pour chose du tout* (tout à fait) *frivole.* Avoir donné à Poltrot cent écus pour acheter un cheval qui fût un excellent coureur; convenir, dans un second mémoire, que, *quand Poltrot lui avait tenu propos qu'il serait aisé de tuer le seigneur de Guise, il ne lui répondit rien pour dire que ce fût bien ou mal fait.* Déclarer, dans une lettre à la reine, qu'il estimait que la mort du duc de Guise fût *le plus grand bien qui pouvait advenir au royaume et à l'Église de Dieu, et personnellement au roi et à toute la maison des Coligni.* Récuser tous les parlements qui existaient alors en France (1), et même le grand conseil, en disant que *son fait ne devait être examiné que par gens faisant profession des armes, et non par la chicanerie, mal séante à personnes de cette qualité.* Réclamer enfin, pour dernière ressource, le privilége de l'abolition porté par l'édit de pacification, ce qui n'est pas, pour un criminel, une décharge plus honorable que la voie de prescription ne l'est pour un débiteur. Toutes ces choses impriment sur la vie de l'amiral une tache que ni les poëtes ni les historiens ne sauraient effacer, non plus que le récit de la

---

304. (Edit. de Paris, 1741, in-4°, 6 vol. publiés par Secousse et Lenglet du Fresnoy.)

(1) C'étaient ceux de Paris, de Toulouse, de Bordeaux, de Dijon et de Rouen.

constance et de la résignation qu'il montra après sa blessure.

Lorsque l'auteur des *Hommes illustres* copiait (1), un peu trop à l'aveugle, ce que les protestants ont écrit là-dessus en faveur de ce chef de parti, il ne faisait pas sans doute attention que la seule nature de la blessure et le courage du blessé démentaient tous ces récits. En effet, pour un doigt perdu et une balle retrouvée dans les chairs d'un bras, il ne fallait pas tant montrer d'héroïsme, ni adresser à Dieu des prières si ardentes, ni demander celles des ministres; c'est ainsi qu'en voulant trop prouver, on ne prouve rien.

3° *La proscription n'a jamais regardé que Paris.*

Aucune autorité certaine n'établit que la résolution de faire périr l'amiral et ses complices fût préméditée. Quelques écrits et plusieurs conjectures font croire, au contraire, que ce parti extrême fut pris peu d'heures avant d'être exécuté. Les protestants sont les seuls qui aient écrit que ce coup d'État avait été concerté au voyage de Bayonne. De Thou lui-même n'a pas osé adopter cette fable; mais, il n'a pas entrepris de la réfuter, et, afin de tenir dans cette occasion une sorte de milieu entre son penchant pour les calvinistes et la force de la vérité qui le retenait, il s'est contenté de dire que les uns ont donné à la résolution du massacre une date fort antérieure à son exécution, et que les autres n'ont mis qu'un court intervalle entre le projet et l'entreprise. Cet auteur a même assez de bonne foi, en cette circonstance, pour dire (2), à propos de la mort de Lignerolles,

---

(1) Dans les *Mémoires de l'état de la France sous Charles IX*.
(2) Livre L.

que plusieurs protestants lui avaient paru persuadés qu'il n'était pas encore question du massacre de la Saint-Barthélemy. Cet aveu de la part des protestants est à remarquer; il confond leurs écrivains, qui ont affecté de faire remonter jusqu'au voyage de Bayonne la résolution d'anéantir leur parti, en faisant main-basse sur leurs chefs et sur la noblesse. C'est à l'aide de cette supposition, qu'ils justifient, tant bien que mal, le projet d'enlever Charles IX à Meaux et toutes les suites criminelles de cette entreprise. D'ailleurs, quelque odieuse que soit une action telle que celle d'un massacre, l'idée d'un projet médité pendant six années y ajoute beaucoup. On trouve quelque excuse dans une sorte de premier mouvement, il n'y en a point dans la réflexion, surtout quand elle est si longue. Les calvinistes avaient donc intérêt à publier que la Saint-Barthélemy était l'ouvrage et le concert de plusieurs années; il est donc sage d'être en défiance sur ce qu'ils ont écrit là-dessus.

D'autres ont parlé bien différemment : ils veulent que la résolution fut subite, qu'elle naquit des circonstances, et ne précéda l'exécution que d'une après-midi. Avant de nous déterminer à les croire, voyons s'ils ont intérêt à nous tromper.

L'un est la reine Marguerite; elle assure que (1) la résolution ne fut que l'effet des menaces des seigneurs calvinistes résolus à se faire justice de la blessure de l'amiral; cette princesse ajoute que son frère, le roi Charles IX, lui avait dit qu'il eut beaucoup de peine à y consentir, et que, *si on ne lui avait fait entendre qu'il y allait de sa vie et de son État, il ne l'eût jamais fait.* Ce récit

---

(1) Voyez ses *Mémoires*.

écarte toute idée de préméditation, et on ne peut guère en soupçonner la sincérité. La princesse ajoute que la reine-mère eut toutes les peines du monde à déterminer son fils; qu'il fallut le secours du maréchal de Retz; que ce ne fut qu'à dix heures du soir qu'on vint à bout de sa résistance. Il est clair qu'elle n'a pas cherché à justifier son frère, puisque dès lors elle accablait sa mère, et c'est une raison pour prendre confiance dans son assertion.

L'autre est le maréchal de Tavannes : son fils qui n'a écrit, sans doute, ses *Mémoires*, que sur ce qu'il lui avait entendu dire, ne veut pas permettre qu'on croie que la Saint-Barthélemy ait pu être concertée de longue main. Il traite d'ignorants ceux qui ont cru que le massacre était résolu avant les noces du roi de Navarre (depuis Henri IV); il assure qu'il était question sérieusement de la guerre de Flandre proposée par l'Amiral. Selon lui, la reine craignait que son fils, se livrant aux conseils de Coligni, ne lui ôtât sa confiance, pour la donner à ce chef de parti; appréhension d'autant plus fondée, que Catherine trouvait déjà du changement dans la conduite du roi à son égard. Suivant ces *Mémoires*, l'assassinat de l'Amiral fut proposé par la reine, arrêté par son Conseil, approuvé par Tavannes, exécuté par Maurevert. Enfin les menaces des seigneurs protestants, après la blessure de l'Amiral, déterminèrent la cour à les faire massacrer, la fureur du peuple ayant fait le reste, *au grand regret des conseillers, n'ayant été résolu que la mort des chefs et factieux*.

Ces *Mémoires*, ou plutôt ces aveux, semblent porter avec eux un caractère de franchise auquel on ne saurait méconnaître la vérité. La maxime : *cui bono*, est un grand motif de crédulité. Quel intérêt avait le fils du maréchal de Tavannes à donner cette tournure au massacre? Son père en était-il moins chargé d'une partie de l'odieux retombé sur ceux qui y ont eu part? Au contraire, il eût pu lui épargner ce blâme, en le rejetant sur l'entrevue de Bayonne. Eh! que pouvait-il arriver de pis à sa mémoire, que de passer pour un homme qui donna son approbation à l'assassinat de l'Amiral, après avoir blâmé hautement celui de Mouï, ainsi que son fils en fait la remarque? Si on veut bien faire réflexion que Tavannes ne gagnait rien à parler comme il l'a fait; qu'au contraire, en laissant les choses dans une certaine obscurité, il eût pu se cacher derrière les nuages, on se persuadera qu'il a écrit conformément à la vérité, et son témoignage deviendra d'autant plus fort qu'il porte contre lui.

Le troisième est celui du duc d'Anjou (depuis Henri III) : il ne faut que le lire pour être convaincu de la sincérité de ce récit. Ce prince, élu roi de Pologne, traversa l'Allemagne pour se rendre à Cracovie, et reçut des marques particulières de distinction de tous les souverains chez lesquels il passa. On allait partout au-devant lui, on lui fit des réceptions, on lui donna des fêtes; mais, ces plaisirs n'étaient pas exempts d'amertume. Beaucoup de calvinistes français qui avaient pris la fuite au temps du massacre, étaient répandus dans plusieurs endroits où le le duc d'Anjou passa, et ces hommes, mécontents, mêlaient leurs imprécations aux acclamations des Allemands. Ces injures firent une cruelle impression sur l'esprit du duc d'Anjou, elles troublaient souvent sa sérénité dans le jour et son repos pendant la nuit. Il avait auprès de lui un médecin nommé Miron, homme de mérite et de confiance que Catherine de Médicis lui avait donné; c'était par conséquent un des Français de sa suite auquel il

11.

pouvait s'ouvrir avec le plus de liberté. Il le fit appeler une de ces nuits cruelles où l'image des horreurs de la Saint-Barthélemy se retraçait plus vivement à sa mémoire, et il lui dit : « Je vous fais venir ici pour vous faire part de mes inquiétudes et agitations de cette nuit qui ont troublé mon repos, en repensant à l'exécution de la Saint-Barthélemy, dont possible (*peut-être*) vous n'avez jamais su la vérité, telle que présentement je veux vous la dire (1). »

Après ce début, il lui raconta que la reine et lui s'apercevaient d'un grand changement à leur égard dans Charles IX; que, c'était l'effet des impressions désavantageuses dont l'Amiral avait soin de lui remplir l'esprit contre eux; que s'ils l'abordaient, après un de ces entretiens fréquents et secrets, « pour lui parler d'affaires, même de celles qui ne regardaient que son plaisir, ils le trouvaient merveilleusement fougueux et refrogné, avec un visage et des contenances rudes; » que ses réponses n'étaient pas comme autrefois accompagnées d'honneur et de respect pour la reine, et de faveur et bienveillance pour lui. Que peu de temps avant la Saint-Barthélemy, étant entré chez le roi, au moment où l'Amiral en sortait; Charles IX, au lieu de lui parler, se promenait furieusement et à grands pas, le regardant souvent de travers, et de mauvais œil, mettant parfois la main sur sa dague avec tant d'émotion, qu'il n'attendait sinon qu'il le vînt colleter pour le poignarder; qu'il en fut tellement effrayé, qu'il prit le parti de se sauver « dextrement (*adroitement*) avec une révérence plus courte que celle de

(1) *Manuscrits de la Bibliothèque du roi*, t. III, cités par de Cavairac, dans sa remarquable *Dissertation sur la journée de la Saint-Barthélemy*. 1758, in-8°.

l'entrée ; que le roi lui jeta de fâcheuses œillades, qu'il fit bien son compte, » comme on dit, « de l'avoir échappé belle ; » qu'au sortir de là, il fut trouver la reine sa mère, qu'ils joignirent ensemble tous les « rapports, avis et suspicions, » desquels ils conclurent que c'était l'ouvrage de l'Amiral, et ils « résolurent de s'en défaire. » Qu'ils mirent madame de Nemours dans la confidence « pour la haine mortelle qu'elle portait à l'Amiral; » qu'ils envoyèrent chercher « incontinent » un capitaine gascon, dont ils ne voulurent pas se servir, parce qu'il les avait « trop brusquement » assurés de sa bonne volonté, « sans réservation d'aucune personne, » qu'ils jetèrent les yeux sur Maurevert « expérimenté à l'assassinat que peu devant (*auparavant*) il avait commis en la personne de Mouï, » qu'il fallut « débattre quelque temps ; » qu'on le mena au point où on voulait, en lui représentant que l'Amiral « lui ferait mauvais parti pour le meurtre de son favori ami Mouï ; » que madame de Nemours procura la maison de Vilaine, « l'un des siens ; que le coup manqué les fit bien rêver et penser à leurs affaires jusqu'à l'après-dînée ; » que le roi voulant aller voir l'Amiral, la reine et lui « délibérèrent d'être de la partie ; » que le blessé demanda à parler au roi en secret, ce qu'il lui accorda, « leur faisant signe de se retirer, qu'ils restèrent debout au milieu de la chambre pendant ce colloque privé qui leur donna un grand soupçon, mais encore plus, lorsqu'ils se virent entourés de plus de deux cents gentilshommes et capitaine du parti de l'Amiral qui étaient dans la chambre, dans la pièce d'à côté et dans la salle basse. » Lesquels, dit le duc d'Anjou, « avec des faces tristes, gestes et contenances de gens mal-contents parlementaient aux oreilles les uns des autres, passant et repassant devant et derrière nous, et non avec tant d'honneur et de respect qu'ils devaient...... nous fûmes donc surpris de crainte de nous voir là enfermés, comme depuis me l'a avoué la reine ma mère, et qu'elle n'était oncques entrée en lieu où il y eût plus d'occasion de peur, et d'où elle fût sortie avec plus de plaisir. » Ce prince, continuant son récit, dit à Miron, que la reine effrayée mit fin à l'entretien secret sous le prétexte honnête de la santé du blessé, et non sans fâcher le roi « qui voulait bien ouïr le reste de ce qu'avait à lui dire l'Amiral. » Que retirés, elle le pressa de leur faire part de ce qui lui avait été dit, que « le roi le refusa par plusieurs fois, mais qu'enfin importuné et par trop pressé, il leur dit brusquement et avec déplaisir jurant par la mort..... » que « ce que lui disait l'Amiral était vrai, que les rois ne se reconnaissaient en France, qu'autant qu'ils ont de puissance de bien ou de mal faire à leurs sujets et serviteurs, que cette puissance et maniements d'affaires de tout l'Etat s'était finement écoulée entre nos mains, mais que cette superintendance et autorité lui pouvaient être un jour grandement préjudiciable et à tout son royaume, et qu'il la devait tenir pour suspecte et y prendre garde ; dont il l'avait bien voulu avertir comme un de ses meilleurs et plus fidèles sujets et serviteurs avant de mourir. Eh bien! mort..... (continua le roi), puisque vous l'avez voulu savoir ; c'est ce que me disait l'Amiral. » Le duc d'Anjou dit ensuite à Miron, que ce discours « les toucha grandement au cœur, » qu'ils dissimulèrent, et firent leurs efforts pour dissuader le roi ; que la reine « fut piquée et offensée au possible de ce langage de l'Amiral, craignant qu'il ne causât quelque changement et altération à leurs affaires et au maniement de l'Etat, » qu'ils furent si étonnés, qu'ils ne purent « rien résoudre pour cette heure-là, » que le lendemain il alla trouver la reine avec laquelle il délibéra de « faire par quelque moyen que ce fût dépêcher l'Amiral. » Que l'après-dîner ils furent ensemble trouver le roi à qui la reine fit entendre que le parti huguenot s'armait; que les capitaines étaient déjà allés dans les provinces pour faire des levées; que l'Amiral avait ordonné celle de dix mille reîtres en Allemagne, et d'autant de Suisses dans les cantons, qu'il n'était pas possible de résister à tant de forces, que pour comble de malheur les catholiques, lassés d'une guerre où le roi ne leur servait de rien, allaient s'armer contre les huguenots sans sa participation, qu'ainsi il « demeurerait seul enveloppé, en grand danger, sans puissance ni autorité; qu'un tel malheur pourrait être détourné par un coup d'épée, qu'il fallait seulement tuer l'Amiral et quelques chefs du parti. »

Cela fut appuyé, dit le duc d'Anjou, par moi et par les autres (1), n'oubliant rien qui y pût servir, « tellement que le roi entra en extrême colère et comme en fureur. Mais ne voulant au commencement aucunement consentir qu'on touchât à l'Amiral; » cependant il était « piqué et grandement touché de la crainte du danger..... et voulant savoir si par un autre moyen on pourrait y remédier, » il souhaita « que chacun en dît son opinion. » Tous furent de l'avis de la reine, « à l'exception du maréchal de Retz, qui trompa bien notre espérance, » dit le prince; disant « que s'il y avait homme qui dût haïr l'Amiral et son parti, c'était lui; qu'il a diffamé toute sa race par sales impressions qui avaient couru toute la

(1) Le maréchal de Tavannes, le duc de Nevers et le chancelier Birague.

France et aux nations voisines ; mais qu'il ne voulait pas, aux dépens de son roi et de son maître, se venger de ses ennemis par un conseil à lui si dommageable et à tout son royaume ; que nous serions à bon droit taxés de perfidie et de déloyauté. Ces raisons nous ôtèrent la parole de la bouche, dit le prince, voire (*même*) la volonté de l'exécution. Mais n'étant secondé d'aucun, et reprenant tous la parole, nous l'emportâmes et reconnûmes une soudaine mutation au roi qui nous imposant silence nous dit de fureur et de colère en jurant par la mort..... puisque nous trouvions bon qu'on tuât l'Amiral, il le voulait, mais aussi tous les huguenots de France, afin qu'il n'en demeurât pas un seul qui pût le lui reprocher, et que nous y donnassions ordre promptement, et sortant tout furieux, nous laissa dans son cabinet. » On y avisa le reste du jour et une partie de la nuit des moyens d'exécuter une telle entreprise. On s'assura du prévôt des marchands, des capitaines des quartiers et autres personnes qu'on savait être les plus factieuses. Le duc de Guise fut chargé de faire tuer l'Amiral. On reposa deux heures ; le roi, la reine et le duc d'Anjou allèrent au point du jour à une fenêtre, d'où entendant un coup de pistolet, ils tressaillirent d'effroi et d'horreur. Ils envoyèrent révoquer l'ordre donné au duc de Guise ; mais, il n'était plus temps. L'Amiral mort, on exécuta le massacre dans la ville. « Nous retournâmes à notre première délibération (dit le prince), et peu à peu nous laissâmes suivre le cours et le fil de l'entreprise et de l'exécution. »

Nous avons rapporté assez au long cet entretien du duc d'Anjou, parce qu'il fournira des lumières aux lecteurs judicieux et nous épargnera de longs raisonnements. Il est impossible d'y méconnaître la vérité, soit qu'on veuille l'induire de l'accord qui s'y trouve avec le récit de quelques contemporains, soit qu'on veuille faire attention à l'air de franchise qu'il porte avec lui.

Pour s'assurer de la vérité d'un fait historique, et savoir si l'on doit y ajouter foi, il faut examiner si la personne de qui on le tient a pu être trompée, si elle avait intérêt à nous tromper, si elle raconte des choses à son avantage. — Rien de tout cela ne se rencontre dans le duc d'Anjou.

Il avait la confiance entière de Catherine de Médicis, sa mère, et même toute sa tendresse; elle l'avait mis à la tête des catholiques, il commandait les armées contre les huguenots, il était au Conseil du roi; il a donc pu savoir toute la trame du massacre.

Il n'avait aucun intérêt à tromper Miron, parce qu'il ne pouvait tirer aucun profit d'une fausse confidence. L'aurait-il faite pour s'attacher davantage cet homme? C'était au contraire le moyen de lui inspirer de l'éloignement pour sa personne. Voulait-il se servir de lui pour désabuser les Polonais de l'idée où ils pouvaient être que la Saint-Barthélemy était une affaire préparée de longue main? Ce n'était pas à son médecin qu'il devait s'adresser. Plus étranger que lui à Cracovie, domestique du prince, Français de nation, il eût mal persuadé ce qu'il aurait publié; c'eût été plutôt à quelque grand du pays qu'il eût dû raconter ces choses. D'ailleurs, l'évêque de Valence ne lui avait rien laissé à dire ni à faire là-dessus; et il paraît qu'il avait assez bien persuadé les Polonais que le massacre était une affaire momentanée, une proscription, un châtiment violent, mais nécessaire, exercé sur des rebelles chargés du crime de conjuration; puisqu'il parvint, malgré l'horreur de l'événement, à réunir tous les suffrages en faveur du fils et du frère des véritables auteurs de cette cruelle expédition.

Les aveux du duc d'Anjou à Miron ne renferment rien qui soit à l'avantage de ce prince; au contraire, il s'y déclare le complice ou plutôt le premier auteur de la mort de l'amiral. S'il se fût moins effrayé du silence de son frère, de sa promenade *à grands pas*, de ses *fâcheuses œillades*, et de sa main mise *parfois sur sa dague*, il ne serait pas allé raconter toutes ces choses à sa mère; ils n'auraient pas *joint ensemble tous les rapports, avis et suspicions, le temps et toutes les circonstances passées*. L'ennemie mortelle de l'amiral n'eût pas été appelée, on n'aurait pas mandé Maurevert, Coligni n'eût pas été blessé, il n'aurait pas joué l'homme mourant pour donner un air de vérité à ce qu'il dit au roi contre sa mère et son frère; ceux-ci n'en auraient pas conçu le dessein *de le dépêcher*, on n'aurait pas monté la tête à l'infortuné Charles IX, il n'aurait pas proscrit tous ses sujets huguenots dans un moment de fureur et de colère, et l'amiral serait mort à la tête des armées en Flandre ou dans son lit. Il est vrai que ce chef des rebelles eût pu détruire le trône et l'autel comme il y visait; mais ce n'était pas l'objet des craintes du moment, on voulait l'empêcher de s'attirer toute la confiance du roi, et sans ce motif nous n'aurions pas à déplorer les moyens que l'on prit pour détourner l'orage que la malice de ce sujet rassemblait sur la tête de la mère et du fils, et le massacre de quelques factieux ne se serait pas étendu, par la fureur du peuple, sur beaucoup de personnes plus malheureuses que coupables.

Ainsi, en réunissant tous les aveux du duc d'Anjou, on n'y trouve rien qui ne soit à son plus grand désavantage : ce n'était donc pas pour se justifier, mais pour se soulager, qu'il racontait ces choses à Miron, et dès lors il faut les regarder comme autant de vérités dans lesquelles il peut se trouver quelques circonstances omises qu'on peut suppléer sans altérer le corps des preuves qui résultent de ce récit.

Comme un point d'histoire de la nature de celui-ci ne saurait être trop approfondi par la critique, nous ne nous arrêterons pas aux seuls aveux du duc d'Anjou, quoiqu'ils réunissent tous les caractères de la véracité, et nous les étayerons de l'autorité de Brantôme, de La Popelinière et de Mathieu.

Le premier dit, en parlant des discours de l'amiral contre la reine : « Voilà la cause de sa mort et du massacre des siens, ainsi que je l'ai ouï dire à aucuns (*quelques-uns*) qui le savent bien, encore qu'il y en ait plusieurs qu'on ne leur saurait ôter l'opinion de la tête que cette fusée eût été filée de longue main et cette trame couvée (1). »

Le second rapporte toutes les raisons, soit des catholiques, soit des protestants, pour et contre le dessein prémédité, et on le voit clairement pencher pour l'opinion de ceux qui ont cru que la résolution était une suite de la blessure de l'amiral (2).

Le troisième tenait d'Henri IV, prince plein de bontés pour lui, que Villeroy, secrétaire d'État et confident de Catherine de Médicis, savait de cette reine, et avait dit à plusieurs personnes, que la Saint-Barthélemy n'était pas une affaire préméditée (3).

---

(1) *Vies des Dames illustres :* Catherine de Médicis. T. II des Œuvres de Brantôme. (Panthéon litt., p. 123 et 124.)
(2) *L. c. sup.*, p. 65 et 72.
(3) Histoire de France sous Henri IV, livre VI.

Nous avons dit que les protestants avaient grand intérêt à faire remonter fort haut la résolution de les détruire par un massacre; et l'entrevue de Bayonne, concourant par sa date avec l'entreprise de Meaux, était une époque favorable à leurs historiens (1) : toute la catholicité devenait par là complice des meurtres, et les huguenots excusables de la nouvelle rébellion. Mais pourquoi ceux qui n'ont pas le même intérêt, embrassent-ils si étroitement le même système, surtout ces hommes qui écrivant sans cesse en faveur de l'humanité, ne s'aperçoivent pas que c'est la rendre odieuse à l'homme même? Supposer qu'une moitié du monde a conspiré contre l'autre, et qu'elle lui a creusé des abîmes pendant sept ans, n'est-ce pas dégrader l'espèce humaine, et faut-il, pour plaindre des malheureux, nous indisposer contre nous-mêmes? Nous aimons bien mieux croire que tant d'horreurs n'auraient pas pu se tenir cachées si longtemps dans le cœur de ceux qui les avaient résolues, sans que quelqu'un les eût révélées, nous ne disons pas par indiscrétion ou par conscience, mais par compassion, et nous trouvons dans cette façon de penser, plus conforme à la religion et à la nature, les moyens d'épargner de plus grands crimes à ceux qui n'en ont que trop à se reprocher.

En croyant que le massacre de la Saint-Barthélemy ne fut résolu que quelques heures avant d'être exécuté, — le poison, la trahison, les morts prématurées disparaissent; le maréchal de La Vieilleville n'a plus été empoisonné, parce qu'il était contraire à cette résolution; Li-

(1) Sur les conférences de Bayonne, voir le P. Daniel : *Hist. de France*, règne de Charles IX, t. X (édit. in-4º). Observation nº 1, p. 557 à 559.

gneroles n'a pas été assassiné, parce qu'il en savait le secret; de Tende n'a pas péri par un breuvage, pour s'être refusé à son exécution, et l'abcès au côté dont mourut la reine de Navarre, mère de Henri IV, n'est plus changé en gants empoisonnés par un Milanais.

Moins on met d'intervalle entre la résolution et l'entreprise, et plus on met en garde l'humanité contre elle-même, et la royauté contre les mauvais conseils ou les impulsions violentes de la passion; on inspire quelque sorte de compassion pour ces esclaves de leur entourage; et si on n'excuse pas Charles IX, on fait voir qu'il fut, de tous les complices, le plus malheureux et le moins coupable.

La vérité trouve aussi ses avantages à ce système, et si toutes les contradictions de l'histoire ne disparaissent pas à l'approche de la clarté qu'il y répand, il faut convenir qu'il y en a plusieurs qui s'y concilient.

Alors le mariage du roi de Navarre avec Marguerite de Valois, et les fêtes qui l'accompagnèrent, n'étaient pas un piége tendu aux princes et à la noblesse calvinistes. Alors le régiment des gardes qu'on avait fait entrer dans Paris n'y avait été appelé que pour empêcher les entreprises respectives ou le tumulte. Alors Maurevert, ancien domestique du duc de Guise, a pu être armé par d'autres mains que celles de son maître. Alors ce prince a pu se retirer dans son hôtel pour y chercher peut-être une sûreté dans le premier moment de l'assassinat, sans en être l'auteur. Alors les portes de Paris, fermées (à l'exception de deux) après le coup d'arquebuse, avaient pour seul et véritable objet l'intention et le moyen d'arrêter l'assassin. Alors les lettres écrites par les secrétaires d'État aux gouverneurs des provinces, pour leur apprendre la blessure de l'amiral, et les assurer que le roi se promettait d'en faire *bonne, briève et rigoureuse justice*, n'étaient pas une feinte et un jeu, comme le prétend d'Aubigné (1). Alors Charles IX a pu dire à Coligni, sans jouer la comédie : « Mon père, la blessure est pour vous, et la douleur est pour moi. » Alors ce roi, qui ignorait d'où partait le coup d'arquebuse, pouvait soupçonner le duc de Guise, et, n'ayant pas encore les papiers de l'amiral, rejeter l'excès du massacre sur l'inimitié des deux maisons. Alors les cinquante hommes, commandés par le colonel du régiment des gardes et envoyés par Charles IX à l'amiral (2), étaient destinés à sa sûreté et non à son supplice. Alors ce n'est plus pour être les plus forts, comme le prétend de Thou, qu'on mit peu de Suisses du roi de Navarre auprès de l'amiral; et, en effet, il est absurde qu'il en ait fait la remarque, quand il ne dépendait que du parti huguenot de remplir la maison de Coligni de gardes affidés. Alors Charles IX pouvait dire avec vérité à sa sœur Marguerite, que *si on ne lui eût fait entendre qu'il y allait de sa vie et de ses Etats, il ne l'eût jamais fait*. Alors Tavannes a pu écrire, avec la même vérité, que la fureur de la populace rendit général le massacre de Paris, *au grand regret des conseillers, n'ayant été résolu que la mort des chefs et factieux*. Alors l'entrevue de Bayonne, le voyage du duc de Savoie en France, les audiences du nonce, et, si l'on veut, les conseils du pape, regardaient tout au plus la sûreté des catholiques, et non le massacre des huguenots. Alors enfin, on a pu rendre grâces à Dieu, dans Rome, de la mort de ces hommes que Charles IX n'avait

(1) Tome II, liv. 1 de son *Hist. universelle, depuis 1550 jusqu'en 1601*.
(2) Cornaton les demanda au roi de la part de Coligni.

proscrits que pour prévenir le funeste effet d'une conspiration prête à éclater, et les reproches pleins d'injustice qu'on a faits à la religion catholique et à ses ministres retombent sur ceux qui voudraient l'en accabler.

Nous n'avons que deux lettres dont on puisse induire qu'il y eut des ordres envoyés dans les provinces pour faire massacrer les huguenots ; l'une est celle du vicomte d'Orthez, gouverneur de Bayonne, écrite à Charles IX ; l'autre est celle de Catherine de Médicis à Strozzi qui rôdait autour de la Rochelle. La première n'est rapportée que par d'Aubigné, auteur protestant, peu véridique (1), connu, comme dit Sully, par sa langue médisante ; si acharné contre les rois, que le parlement de Paris fit brûler son *Histoire*. On peut donc s'inscrire en faux contre un acte dont aucun contemporain n'a parlé, qui a échappé aux recherches de de Thou, que cet historien n'a pas osé adopter, malgré son penchant pour les

---

(1) Cette lettre n'est pas dans de Thou, quoiqu'un grand nombre d'écrivains prétendent à tort l'y avoir rencontrée, mais seulement dans le 2ᵉ vol. de d'Aubigné, intitulé les *Hist. du sieur d'Aubigné*. Edition de 1618, in-fol., p. 28, chap. v : *Suite de la Saint-Barthélemy*. Voici cette pièce :

« J'acheverai par Baionne, où estant arrivé le courrier qui venoit de faire mettre en pièces les hommes, femmes et enfants de Dax, qui avoient cherché leur seureté en la prison, le vicomte de Orte, gouverneur de la frontière, respondit aux lettres du roy en ces termes :

« Sire, j'ai communiqué le commandement de Vostre Majesté à ses fidelles habitans et gens de guerre de la garnison ; je n'y ai trouvé que bons citoiens et braves soldats, mais pas un bourreau ; c'est pourquoi eux et moi supplions très-humblement Vostre ditte Majesté vouloir employer en choses possibles, quelques hasardeuses qu'elles soient, nos bras et nos vies, comme estans autant qu'elles dureront, Sire, vostres, etc.... »

Cette lettre ne répondait, on le voit, qu'à une lettre de Paris postérieure au massacre. Elle est sans signature ni date dans l'ouvrage de d'Aubigné, — ouvrage qui fut condamné à être brûlé par arrêt du Parlement.

huguenots, et ses mauvaises intentions à l'égard de Charles IX; et il est permis de présumer que s'il eût pu faire fond sur une telle pièce, on la trouverait au moins dans l'édition de Genève, de 1620. Mais, supposons que cette lettre ait existé, rien ne prouve que ce soit la réponse à un ordre écrit ou signé par le roi; tout au contraire, puisqu'il était question, dans cet ordre prétendu, de faire exécuter des gens qui avaient cherché un asile dans les prisons, et échappé même à la colère du prince par le laps du temps postérieur à la Saint-Barthélemy. Ainsi, ce commandement, communiqué aux habitants et gens de guerre de la garnison, a pu tout au plus être verbal et de la nature de ceux qui furent portés par la Mole au comte de Tende, gouverneur de Provence; par le courrier d'un procureur du roi, à Mandelot, gouverneur de Lyon; par Mareuil, à Bourges; par un domestique de d'Entragues à ce gouverneur d'Orléans; par Montpezat à celui de Bordeaux.

Or, tous ces prétendus ordres partaient du cœur de ceux qui les portaient, et non de la volonté du prince, qui les ignorait. Ceci demande beaucoup de clarté, et par conséquent des détails.

Catherine de Médicis et ses conseillers n'ayant *résolu que la mort des chefs et des plus factieux*, y employèrent des gens qui, ayant des haines particulières à venger, s'en acquittèrent trop bien, *au grand regret des conseillers*; et voilà comme *il ne fait pas bon d'acharner un peuple*, dit Brantôme (1), *car il est assez prest plus qu'on ne veut*. Les meurtres étant donc poussés beaucoup plus loin qu'on n'eût voulu : « Le roi, vers le soir du diman-

(1) *Ibid., ut sup.*

che, fit faire défense à son de trompe que ceux de la garde et des officiers de la ville ne prissent les armes ni prisonnier sur la vie, ains (*mais*) que tous fussent mis ez (*entre les*) mains de (*la*) justice, et qu'ils se retirassent en leurs maisons closes, ce qui devait appaiser la fureur du peuple, et donner loisir à plusieurs de se retirer hors de là (1). » Mais cette précaution, à peine bonne pour Paris, fut inutile pour les provinces. « Ces ordres, dit un auteur italien, n'arrivèrent pas à temps en beaucoup d'endroits, parce que le bruit qui se répandit par tout le royaume de ce qui s'était passé à Paris, excita les catholiques de beaucoup de villes à agir de même (2). » Cependant, le roi qui l'avait prévu, fit partir des courriers, porteurs de lettres datées du 24, adressées aux gouverneurs, pour les avertir de ce qui s'était passé à Paris, le rejetant sur l'inimitié des maisons de Guise et de Châtillon ; exhortant les commandants à prendre des mesures pour prévenir de pareils accidents dans leurs départements.

Charles IX craignant d'abord, qu'à la première nouvelle de la blessure de l'amiral, les huguenots ne vengeassent sur les catholiques le tort fait à la personne de leur chef, avait eu soin de faire écrire aux mêmes gouverneurs qu'il se proposait d'en tirer *bonne, briève et rigoureuse justice*. Ainsi, la crainte de voir égorger les catholiques là où ils ne seraient pas les plus forts, ou

(1) La Popelinière, livre XXIX, p. 67.
(2) Questi ordini non giunsero a tempo in molti luogi per che la fama que vola per tutto il reame di quanto era avenutto a Parigi invita cattolici di molte citta a fare il medesimo. » (Istoria di Francia di Homero Tortora, etc., nella quale si contengono le cose auvenute sotto Francesco II, Carlo IX, Errico III et Errico IV. In Venetia, 1619, in-4°. 3 volumes.)

les calvinistes là où ils se trouveraient les plus faibles, l'engagea à écrire une lettre circulaire le dimanche au soir, jour du massacre, pour mettre les deux partis en sûreté et sauver les catholiques de la rage des huguenots, ou ceux-ci, de la licence des autres.

Le Martyrographe des protestants (1) nous fournit la preuve de cette conjecture : « A Orléans arriva mandement nouveau (c'est-à-dire autre que celui par lequel on avait appris la blessure de l'amiral), à ceux de la justice, maires et échevins de la ville, par lequel leur était enjoint de prendre les armes, et de faire en sorte qu'ils demeurassent les plus forts dedans la ville. » Pareil ordre, expédié le dimanche, arriva le mercredi à Lyon : il avertissait les habitants de prendre des mesures pour être les plus forts, et on peut juger, par la conduite du gouverneur de cette ville, que le seul objet de la dépêche était le même que celui du mandement adressé au gouverneur d'Orléans. Le martyrographe dit, qu'après avoir fermé les portes de Lyon, et posé des sentinelles dans les principaux endroits, on sema le bruit que c'était pour la propre sûreté des huguenots; et, en effet, quoi qu'en dise cet auteur, il prouve lui-même que le gouvernement n'avait reçu aucun ordre contraire, et qu'il ne leur serait rien arrivé, par les sages précautions qu'il avait prises, — sans la haine d'un procureur du roi.

Voici le fait en quelques mots.

Les catholiques ayant à se plaindre des huguenots, sans doute depuis le dernier édit de pacification, avaient envoyé des députés (2) à la cour; ils furent témoins du

(1) Page 720, fol., verso.
(2) Ces députés étaient de Rubis, procureur du roi, Scarron, échevin, de Masso, receveur.

massacre et crurent que l'heure était venue d'en faire autant partout. Ils demandèrent à la reine la permission d'expédier un courrier à Lyon ; cette princesse leur répondit qu'il fallait auparavant que ceux du roi fussent expédiés ; et, en effet, celui des députés n'arriva que le vendredi, deux jours après que Mandelot avait reçu le sien. Le procureur du roi, l'un des députés, écrivait que Catherine de Médicis leur avait dit : « Vous voyez ce qui est arrivé, » d'où il induisait que son intention était qu'on en fît autant à Lyon, et cette lettre devint un ordre ou un prétexte pour commettre beaucoup de vols et de meurtres, que Mandelot arrêta dès qu'il le put. Mais, il est évident que ce procureur du roi avait dans son cœur ce qu'il croyait voir dans les paroles de Catherine. En effet, si l'intention de cette reine était qu'on fît à Lyon ce qu'on avait fait à Paris, elle en trouvait un beau moyen dans la bonne volonté de ces députés ; il n'y avait qu'à les laisser agir. Pourquoi y mettre des obstacles, en leur refusant la permission de faire partir un courrier? Pourquoi répondre qu'il fallait que ceux de son fils fussent *dépêchés les premiers*? Pourquoi en expédier un au gouverneur Mandelot, le dimanche, avec des ordres bien contraires à ce cruel projet, et ne laisser partir celui de Rubis que deux jours après (1), comme si elle eût voulu donner le temps au gouverneur de tout disposer pour la sûreté des calvinistes?

Les mêmes Actes des prétendus martyrs protestants nous fournissent d'autres moyens d'argumenter contre les suppositions des ordres, soit antérieurs, soit subséquents à la Saint-Barthélemy. On y trouve (2) que les

---

(1) Le mardi.
(2) Fol. recto 121.

meurtriers « d'Orléans résolurent de mettre la main à la besogne, sans que Lapierre, domestique de M. d'Entragues, gouverneur, eût porté lettres ni mémoires de créance. » On y voit (1) que ceux de Bourges « envoyèrent Marueil en poste à la cour, qu'il en revint sans ordre. » On y lit (2) que « le roi avait fait entendre par plusieurs lettres » écrites à Bordeaux, « qu'il n'entendait pas que cette exécution passât outre, et s'étendît plus avant que Paris. » On peut encore tirer une preuve très-forte contre la supposition des ordres, du seul silence de ces mêmes Actes si intéressés à en parler. Or, il n'en est question ni pour Meaux, ni pour La Charité, ni pour Romans, Saumur et Angers, et si le Martyrographe a avancé que le gouverneur de Rouen avait reçu des ordres *d'exterminer tous ceux de la religion*, cette annotation est manifestement contredite par la seule inaction de M. de Carouge, et par la malheureuse date des meurtres, qui commencèrent dans cette ville près d'un mois après ceux de Paris (3).

Tous ces extraits d'un registre, que les calvinistes ne sauraient récuser, puisque c'est leurs *Acta Sanctorum*, ni les critiques le rejeter, attendu que c'est l'écrit le plus contemporain, forment un corps de preuves négatives contre les prétendus ordres du roi, et ne laissent nullement douter que la lettre du vicomte d'Orte est faite à plaisir, à peu près comme celle de Charles IX au comte de Tende (4).

(1) Fol. recto 724.
(2) Fol. recto 730.
(3) Le 17 septembre.
(4) Voyez les Mémoires de Michel de Castelnau, dans les additions qu'y a faites Jean le Laboureur.

Le savant Peiresc, curieux de collections, et riche en pièces controuvées ou suspectes, nous a conservé la substance de celle-ci, dont la fausseté paraît à la seule inspection : c'était un ordre de faire main-basse sur les huguenots, au bas duquel il prétend que Charles IX avait mis une apostille toute contraire. Il ne faut pas s'épuiser en raisonnements pour montrer le vice de cette pièce. Eh! pourquoi en prendre le soin? Toute absurde qu'elle est, elle est favorable à notre système, puisque Charles IX en devient moins coupable, et que le plus odieux du massacre retombe nécessairement sur la reine et son conseil.

Mais, revenons à la lettre du vicomte d'Orthez, que nous regardons comme une fable de d'Aubigné, et, s'il fallait encore en combattre la chimère, nous ne voudrions nous servir que d'une simple conjecture. Montluc, gouverneur de Guyenne, était le plus proche voisin de d'Orthez, commandant de Bayonne ; il était plus avant que lui dans la confidence de Catherine de Médicis, et aussi attaché que personne à la cour et au parti catholique. Or, si l'un avait reçu l'ordre de faire massacrer les huguenots d'Ax, est-il croyable que l'autre n'en eût reçu aucun pour faire le même traitement à ceux de plusieurs villes rebelles de la Guyenne? Nous ne disons pas que Montluc eût exécuté ces ordres, mais sa franchise ne les aurait pas dissimulés, et nous en trouverions quelques vestiges dans ses *Commentaires*, où il parle assez librement de cette malheureuse affaire, pour avoir pu y placer un commandement du roi ou de la reine, et un refus d'y obéir qui l'honorait. Il ne faut pas croire qu'il ait voulu biaiser là-dessus ; ces sortes de réticences n'étaient ni dans son caractère, ni dans sa manière de penser ; on le voit, au contraire, approuver en quelque façon la résolution extrême de la cour, lorsque après avoir blâmé l'amiral « qui fut si mal avisé de s'aller enfourner, pour montrer qu'il gouvernait tout, » il ajoute : « il le paya bien cher, car il lui coûta la vie et à plusieurs autres; aussi il avait mis le royaume en grand trouble (1) ». Et s'il eût eu des ordres de faire massacrer les huguenots, aurait-il manqué d'en faire mention, pour sa propre gloire, quand il dit : « Tout le monde fut fort étonné d'entendre ce qui était arrivé à Paris, et les huguenots encore plus, qui ne trouvaient assez de terre pour fuir, gagnant la pluspart le pays de Béarn... Je ne leur fis point de mal de mon côté, mais partout on les accoutrait fort mal (2). » Nous ajouterons ici une petite réflexion critique : Si les gouverneurs des provinces ont eu des ordres, Montluc a dû en recevoir ; s'ils y ont résisté, il a mieux fait son devoir qu'eux. S'ils ont été loués pour cette résistance, pourquoi ne voyons-nous pas le nom de Montluc parmi les leurs? La raison en est simple, c'est parce que nos historiens sont les copistes serviles de de Thou, et que ce grand apologiste des actes humains, quand ils tournaient à l'avantage des calvinistes, en voulait à Montluc pour la représaille du Mont-de-Marsan, lorsqu'il n'aurait dû en vouloir qu'à la reine Jeanne d'Albret et à Montgommery; mais, le brave Montluc en est assez dédommagé par tout le bien que dit de lui un historien calviniste (3).

La lettre de Catherine de Médicis à Strozzi est bien moins vraie que celle de d'Orthez à Charles IX : celle-ci pouvait être une réponse à un commandement verbal,

(1) Page 617, édit. in-12.
(2) *Ibidem.*
(3) La Popelinière, livre xxix, p. 67.

porté par quelqu'un, comme La Mole, Marueil ou Perat; au lieu que l'autre n'a pas même pour elle la vraisemblance. Il ne faut pas oublier qu'on a voulu en tirer la preuve de la préméditation du massacre, établir qu'il était résolu depuis longtemps, et qu'il devait être exécuté le même jour dans tout le royaume.

Strozzi rôdait autour de La Rochelle pour tâcher de la surprendre; cette ville était une des quatre accordées aux calvinistes (1), et celle de toutes qui donnait le plus d'inquiétude à cause des secours étrangers qu'elle pouvait recevoir par mer; mais, plus elle était suspecte à la cour, plus elle suspectait ses intentions et ses démarches: ainsi les Rochellois se gardaient par eux-mêmes, de façon à ne laisser à Strozzi que des espérances fort incertaines de les surprendre. Dans cette situation des choses, que Catherine de Médicis n'ignorait pas, on veut qu'elle ait écrit à cet officier la lettre suivante : « Strozzi, je vous avertis que cejourd'hui, 24 août, l'amiral et tous les huguenots qui étaient ici ont été tués, partant avisez diligemment à vous rendre maître de La Rochelle, et faites aux huguenots qui vous tomberont entre les mains le même que nous avons fait à ceux-ci; gardez-vous bien d'y faire faute, autant que craignez de déplaire au Roi, Monsieur mon fils, et à moi.     Signé : CATHERINE. »

Beaucoup de raisons combattent la réalité de cette lettre; aucun historien français n'en a parlé; Brantôme même, qui était alors à Brouage avec Strozzi, l'a ignorée. Un seul écrivain suspect la rapporte sans preuve, et l'auteur des *Hommes illustres,* qui s'en sert, semble être honteux de l'avoir puisée dans cette source, puisqu'il

(1) Les autres étaient Nimes, Montauban et La Charité.

n'ose pas la citer. Il s'aperçoit sans doute qu'il a pris confiance dans une pièce que tous les écrivains qui l'avaient précédé, soit calvinistes ou catholiques, ont rejetée, ayant pu la tirer comme lui d'un ouvrage imprimé dès 1576 (1). Mais ces considérations sont les moindres motifs capables de faire regarder cette pièce comme apocryphe ; elle est bien plus suspecte aux critiques par l'époque de son envoi que par sa propre existence. En effet, il serait possible que Catherine de Médicis eût écrit cette lettre à Strozzi dans le moment qu'on massacrait les huguenots à Paris ; mais, il est inconcevable qu'elle l'ait écrite plusieurs mois auparavant, comme si elle voyait de si loin le succès d'une entreprise que mille circonstances pouvaient déranger. Pour écrire avec ce ton de confiance, et six mois d'avance, que le 24 du mois d'août l'amiral et tous les huguenots qui étaient à Paris avaient été tués, il fallait qu'elle fût assurée — que la reine Jeanne d'Albret consentirait au mariage de son fils (Henri de Navarre) avec Marguerite de Valois, — qu'elle viendrait aux noces malgré sa répugnance pour une ville dont les habitants aimaient les Guises et détestaient les huguenots, — que le pape Pie V, qui ne voulut jamais accorder la dispense, mourrait, — que Grégoire XIII se prêterait mieux que son prédécesseur aux bonnes vues de Charles IX, — que Coligni et tous les huguenots seraient assez fous pour prendre confiance dans les belles démonstrations d'amitié du roi, — que l'amiral mépriserait tous les avis qui lui venaient de La Rochelle et des autres parties du royaume, — qu'un assassin maladroit et trop pressé ne viendrait pas déranger toutes les mesures, en

(1) Cet ouvrage est intitulé : *Mémoires de l'État de la France sous Charles IX*, cités plus haut.

devançant de lui-même l'heure marquée pour mettre à mort ce chef de parti, — que le coup d'arquebuse, non prévu dans ce système par la reine, et tiré par Maurevert, n'aurait pas fait prendre les armes ou la fuite aux huguenots, — que les sages conseils du vidame de Chartres et ses funestes pressentiments seraient rejetés avec mépris par Teligni, et qu'il s'opposerait à ce qu'on transportât son beau-père au moins dans le faubourg Saint-Germain, d'où il aurait pu échapper au meurtre, — que la reine elle-même, en écrivant plusieurs mois avant le jour marqué pour le massacre, était sûre que sa lettre ne tomberait pas dans les mains des huguenots, soit par infidélité, imprudence, cas fortuit, ou même par la mort de Strozzi.

Eh! combien d'autres accidents eussent pu déranger l'exécution d'une entreprise dont on avait pu, sans doute, souhaiter le moment, mais non pas le préparer et le fixer à la minute, de façon que le succès en fût infaillible. Il est donc absurde de dire que Catherine de Médicis envoya à Strozzi, plusieurs mois avant celui d'août, un paquet contenant deux lettres, dont l'une, cachetée, ne devait être ouverte que le 24, jour du massacre. Et comme les faits sont aussi indivisibles en histoire que les aveux en justice, dès lors qu'on affirme que la lettre de la reine a été envoyée à Strozzi quelques mois avant la Saint-Barthélemy, et qu'elle contenait des choses dont l'événement ne pouvait être assuré, disposé ni prévu définitivement par aucune puissance humaine, il faut se déterminer à rejeter cet acte comme faux et controuvé.

Si, après ce qu'on vient de lire, il restait encore des personnes atttachées à l'opinion de ceux qui ont regardé la journée de la Saint-Barthélemy comme une trame ourdie de longue main, et comme une mine qui devait jouer partout au même instant, une réflexion très-simple achèvera de les désabuser.

Cette sanglante tragédie, résolue depuis longtemps, ainsi que quelques-uns le veulent, supposait de la part de Catherine de Médicis et de son conseil, des dispositions certaines et uniformes, qui auraient réussi au moins dans quelques villes. Or, il n'y en a pas une où l'action se soit passée le même jour qu'à Paris. Le massacre eut lieu à Meaux le lundi 25 août, à La Charité le 26, à Orléans le 27, à Saumur et Angers le 29, à Lyon le 30, à Troyes le 2 septembre, à Bourges le 11, à Rouen le 17, à Romans le 20, à Toulouse le 23, à Bordeaux le 3 octobre. A la vue de ces différentes dates, on ne saurait s'empêcher de convenir que ce n'était pas la peine de prendre des mesures *de si bonne heure* (1) et de risquer d'éventer la mine, ou d'en tourner l'effet contre soi-même, en la chargeant plusieurs mois avant qu'elle dût jouer. Eh! comment croire que les ordres ont été donnés partout le même jour, dès qu'ils n'ont été exécutés, en aucun lieu, dans le temps fixé pour cette catastrophe. Il n'y avait pas pour s'y opposer un comte de Tende à Orléans, un comte de Charny à Saumur, Angers et Troyes, un Saint-Herem à Bourges, un Tannegui-le-Veneur à Rouen, un Gardes à La Charité, un Mandelot à Toulouse, un d'Orthez à Bordeaux. Il faut donc s'aveugler pour ne pas voir dans ces différentes époques du massacre, la ruine du système d'une préméditation concertée, et dans l'acharnement des meurtriers, le seul effet de la licence effrénée, au lieu de l'exécution d'un ordre antérieur et général dont on ne

---

(1) *Hommes illustres*, t. XV, p. 149.

trouve aucune preuve. Qu'on jette les yeux, une seconde fois, sur les dates de ces tristes événements, qu'on fasse en même temps attention aux différentes distances qu'il y a, de la capitale, aux lieux où ils se sont passés, et l'on verra que, semblables aux flots d'un torrent qui déborde, ils se sont étendus successivement de proche en proche, et ont inondé de sang les pays où celui des catholiques criait le plus vengeance (1); sans qu'il fût besoin pour cela d'ordre supérieur ou d'impulsion étrangère.

La haine qui séparait les deux partis, le tort que les calvinistes avaient fait aux catholiques, les inimitiés particulières, la cupidité générale, une sorte de fureur que le démon des guerres civiles avait soufflé sur les Français, en changeant les mœurs de la nation la plus humaine, suffisaient pour produire ces funestes effets, et Charles IX devait moins s'occuper des moyens d'assurer un grand carnage, que de ceux de le prévenir. Aussi le vit-on écrire aux gouverneurs des provinces, dès que l'amiral fut blessé, qu'il ferait *bonne, briève et rigoureuse justice de cet acte pernicieux* (2), parce qu'il craignait que les huguenots ne se la fissent. Aussi, dès le jour même de la Saint-Barthélemy, prévint-il ses gouverneurs de ce qui s'était passé à Paris, le rejetant sur l'inimitié des deux maisons, et recommandant à ces officiers de donner ordre à la sûreté respective, parce qu'il avait sujet d'appréhender que ce malheur *ne s'étendît et passât plus avant que Paris;* soit par le mauvais effet de l'exemple qui aurait entraîné les catholiques, soit par l'impression du

---

(1) On doit remarquer, qu'à l'exception de Nîmes, presque toutes les villes où les huguenots avaient commis des meurtres sont celles où ils ont été les plus maltraités à la Saint-Barthélemy.
(2) D'Aubigné, t. II, livre I.

ressentiment qui pouvait les animer contre les huguenots, soit par le droit cruel des représailles qui eût pu faire fondre ceux-ci sur les autres. Les temps nous ont conservé si peu de ces monuments, que nous avons cru devoir placer ici une lettre de Charles IX à un gouverneur (1); on ne pourra guère la lire, sans se détacher du préjugé dans lequel tout le monde semble s'être fortifié, pour accuser ce roi et son conseil, d'avoir eu le dessein, d'avoir formé le plan de faire périr en un jour tous les huguenots.

« M. de Joyeuse, vous avez entendu ce que je vous écrivis avant-hier de la blessure de l'Amiral, et que j'étais après à faire tout ce qui m'était possible pour la vérification du fait et châtiment des coupables, à quoi il ne s'est rien oublié. Depuis, il est advenu que ceux de la maison de Guise, et les autres seigneurs et gentilshommes qui leur adhèrent, et n'ont pas petite part en cette ville, comme chacun sait, ayant su certainement que les amis dudit Amiral voulaient poursuivre sur eux la vengeance de cette blessure pour les soupçonner, à cette cause et occasion, se sont si fort émus cette nuit passée, qu'entre les uns et les autres, a été passée une grande et lamentable sédition, ayant été forcé le corps de garde, qui avait été ordonné à l'entour de la maison dudit Amiral, lui tué avec quelques gentilshommes : comme qu'il a été aussi massacré d'autres en plusieurs endroits de la ville. Ce qui a été mené avec une telle furie, qu'il n'a été possible d'y mettre le remède tel qu'on eût pu désirer, ayant eu assez à faire à employer mes gardes et autres forces pour me tenir le plus fort en ce château du.

---

(1) Cette lettre est extraite des *Registres du Présidial de Nîmes*.

Louvre, pour après faire donner ordre par toute la ville à l'appaisement de la sédition, qui est à cette heure amortie, grâces à Dieu : étant advenue par la querelle particulière qui est, de longtemps y a, entre ces deux maisons : de laquelle ayant toujours prévu qu'il succéderait quelque mauvais effet, j'avais fait ci-devant tout ce qui m'était possible pour l'appaiser, ainsi que chacun sait, n'y ayant en ceci rien de la rompure (*rupture*) de l'édit de pacification, lequel je veux être entretenu autant que jamais. Et d'autant qu'il est grandement à craindre que telle exécution ne soulève mes sujets les uns contre les autres, et ne se fassent de grands massacres par les villes de mon royaume, en quoi j'aurais un merveilleux regret, — je vous prie faire publier et entendre par tous les lieux et endroits de votre gouvernement, que chacun ait à demeurer en repos, et se contenir en sa maison, ne (*ni*) prendre les armes, ni s'offenser les uns contre les autres, sur peine de la vie; et faisant garder et soigneusement observer mon édit de pacification : à ces fins et pour faire punir les contrevenants, et courir sur ceux qui se voudraient émouvoir et contrevenir à ma volonté, vous pourrez tant de vos amis de mes ordonnances, qu'autres, qui avertissant les capitaines et gouverneurs des villes et châteaux de votre gouvernement, prendre garde à la conservation et sûreté de leurs places, de telle sorte qu'il n'en advienne faute, m'avertissant au plus tôt de l'ordre que vous y aurez donné, et comme toutes choses se passeront en l'étendue de votre gouvernement. Priant le Créateur vous avoir, M. de Joyeuse, en sa sainte et digne garde. Escript à Paris le 24 août 1572. Signé, Charles, et au-dessous, Fizier. »

On voit, par cette lettre, que le roi en avait écrit une

au même gouverneur, le 22 août, à l'occasion de la blessure de l'Amiral ; cette attention, qui fut commune pour tous les commandants des provinces, a peut-être induit en erreur les historiens contemporains. Trompés par la multitude de courriers dépêchés de tous côtés, la plupart ont cru qu'ils étaient porteurs de mandements pour exterminer les huguenots, quand ils ne couraient que pour empêcher qu'on ne massacrât les catholiques ; et voilà le fondement le plus apparent sur lequel a pu se former l'opinion commune des ordres de faire périr les huguenots ; mais, une conjecture n'est pas une preuve, surtout lorsqu'elle est détruite par les faits.

Si la reine n'a pas pu, sans une révélation, écrire à Strozzi, quelques mois avant le massacre : « Je vous avertis que cejourd'hui 24 août, l'Amiral et tous les huguenots qui étaient ici, ont été tués, » et que cette lettre ne soit pas une pièce fabriquée ; elle n'a été écrite que le jour même du massacre, et alors il n'y a plus d'arrangement antérieur ; elle est l'ouvrage du moment. Catherine de Médicis regardant les Rochellois comme les sujets les plus insolents à cause de leur force, les plus dangereux à cause de leur position ; il est possible qu'au moment où tout respirait le meurtre dans Paris, la fureur qui était partie du cabinet de la reine, y fût encore et excitât son conseil contre les Rochellois. Si le gouverneur d'Orléans envoya son domestique à la cour pour en connaître les intentions, il n'en avait donc pas encore reçu l'ordre de faire main-basse sur les huguenots ; si les habitants de Bourges envoyèrent Marueil, qui revint sans ordre, il est évident qu'on ne leur en avait jamais envoyé à cet égard. Si La Mole en porta un verbal au comte de Tende, et peut-être même fabriqué par ce méchant homme, il était postérieur à des lettres toutes contraires écrites directement par le roi à ce gouverneur, ce qui détruit l'idée d'un commandement antérieur. Si, à l'arrivée de Dauxerre, porteur d'ordre, et sur ses instances, Mandelot se lavant les mains des meurtres, lui dit : « Mon ami, ce que tu lies, soit lié ; » c'est une preuve que ce gouverneur n'en avait reçu jusques-là, que pour mettre les huguenots en sûreté, et non à mort.

Nous ajouterons contre l'opinion presque reçue, ou plutôt contre la supposition des ordres, que si Charles IX en eût donné, on ne se serait pas avisé de faire le semblant de les désavouer par des lettres, puisque ce roi n'avait pas rougi de convenir de ceux de Paris en plein parlement et dans les cours étrangères ; que si les meurtres commis dans les provinces étaient émanés de la volonté du monarque, on n'en aurait pas confié le soin à « quelques écoliers batteurs de pavé et autres garnements, » à Toulouse ; on n'en aurait pas recherché les auteurs à Lyon et à Rouen.

Concluons donc que la proscription ne regardait que l'Amiral et ceux qui pouvaient le venger, ou perpétuer les troubles ; « n'ayant été résolu que la mort des chefs ou factieux. » Que les horreurs ne devaient pas sortir de l'enceinte de Paris, « le roi ayant fait entendre par plusieurs lettres, qu'il n'entendait que cette exécution passât outre et s'étendît plus avant, » et que si, malgré ces précautions, les meurtres se répandirent de la capitale dans plusieurs villes, ce fut « parce que le bruit qui se répandit partout le royaume de ce qui s'était passé à Paris, excita les catholiques de beaucoup de villes à agir de même. »

4. *Enfin, il a péri beaucoup moins de monde qu'on ne croit, à la Saint-Barthélemy.*

Il n'est pas aisé de déterminer le nombre des personnes qui ont péri le jour de la Saint-Barthélemy, ou à la suite de cette catastrophe; mais, il est facile de s'apercevoir qu'aucun historien n'a dit vrai, puisqu'il n'y a pas deux récits sur ce fait qui se ressemblent. On doit même remarquer, qu'à mesure que ces auteurs ont écrit dans des temps plus éloignés de cet événement, ils en ont grossi les effets, comme s'il n'était pas assez terrible par lui-même. Ainsi, Péréfixe a écrit qu'il périt cent mille personnes; Sully, soixante-dix mille; de Thou, trente mille, ou même *un peu moins*; La Popelinière, plus de vingt mille; le Martyrologe des calvinistes, quinze mille; Papyre Masson, près de dix mille.

De ces différentes opinions, la moindre nous paraît la plus vraisemblable, parce qu'elle part d'un auteur qui ne cherchait pas à pallier l'action; il eût voulu, au contraire, qu'elle se fût étendue sur toutes les provinces. Nous ne rapportons pas ses paroles, elles répugnent trop à nos mœurs; mais, nous nous en servons, pour juger de la façon de penser de celui qui les a écrites, et en conclure que si cet auteur contemporain avait été persuadé qu'il eût péri plus de dix mille personnes, il ne l'aurait pas dissimulé; et c'est ce qui nous détermine, en partie, à préférer son témoignage à celui des autres historiens, qui avaient tous un vif intérêt à grossir le mal. Papire Masson eût voulu qu'il eût été plus grand; il ne craignait donc pas de le faire passer à la postérité tel qu'il était.

Le Martyrographe des protestants, La Popelinière, auteur calviniste; de Thou, l'apologiste des huguenots; Sully, attaché à leurs erreurs; Péréfixe, précepteur d'un roi auquel il s'efforçait d'inspirer des sentiments humains, voulaient faire détester les acteurs de cette tragédie ; ils devaient donc en exagérer les effets, et c'est une raison pour faire suspecter leur récit.

A cette conjecture, nous joindrons des preuves littérales qui, si elles ne sont pas décisives, pourront au moins faire douter même de ce qu'a écrit là-dessus celui qui avait le plus de moyens d'être bien instruit, le plus grand intérêt de ne rien omettre, et la plus violente propension à exagérer. Nous voulons parler du martyrographe des calvinistes, en qui nous observons plusieurs contradictions. S'il recherche, en général, le nombre des personnes qui périrent à la Saint-Barthélemy, il en suppose *trente mille ;* s'il entre dans le plus grand détail, il n'en trouve que *quinze mille cent trente-huit ;* s'il les désigne, il n'en nomme que *sept cent quatre-vingt-six.*

Conclure de ce petit nombre de dénommés, qu'il n'a péri en tout que *huit cents personnes*, serait une conséquence harsardée : dire qu'il en a péri beaucoup moins de quinze mille cent trente-huit (puisque tous les soins du martyrographe n'ont pu aboutir qu'à recouvrer les noms de sept cent quatre-vingt-six martyrs), c'est une conjecture qui équivaut à une démonstration. En effet, quel était l'objet de ce compilateur d'extraits mortuaires ? — C'était de conserver la mémoire de ceux qui avaient péri pour leur religion ; le seul titre de son volume *in-folio* annonce cette intention. Il faut donc supposer que l'auteur a recherché et conservé avec soin ces noms précieux à la secte, et les moyens ne durent pas lui manquer : le zèle des uns, la vanité des autres, l'intérêt particulier et commun devaient faire arriver jusqu'à lui des pièces justificatives sans nombre, surtout dans les premiers moments de l'action, temps auquel l'impression était plus vive et les idées plus fraîches; et c'est alors qu'il a écrit. Cependant il n'a pu conserver que *sept cent quatre-vingt-six* noms, parmi lesquels on le voit en recueillir de si petite conséquence, tels que celui de *maître Poêlon, chaudronnier à Bourges*, qu'il semble permis d'en induire qu'on n'oubliait rien, qu'on ramassait tout pour grossir le nombre des martyrs et le volume du martyrologe.

Les moindres choses sont intéressantes dans une discussion critique, soit pour fortifier les conjectures, soit pour en faire naître d'autres dans l'esprit du lecteur, d'après lesquelles, si on ne peut arriver à la vérité, on en approche. C'est par ces considérations, que nous avons cru devoir mettre ici le tableau des *martyrs* de la secte; nous y joindrons quelques réflexions.

### Nombre des Calvinistes qui ont péri à la Saint-Barthélemy.

(*Extrait du Martyrologe des calvinistes, imprimé en* 1582.)

| NOMS des villes où ils ont été tués. | NOMBRE de ceux qui ne sont que désignés. | NOMBRE de ceux qui sont nommés. |
|---|---|---|
| A Paris, en bloc.... | 1000, *en détail* 468 | 152 |
| A Meaux......... | 225 | 30 |
| A Troyes......... | 37 | 37 |
| A Orléans........ | 1850 | 156 |
| A Bourges........ | 23 | 23 |
| A La Charité...... | 20 | 10 |
| A Lyon.......... | 1800 | 144 |
| A Saumur et Angers.. | 26 | 8 |
| A Romans........ | 7 | 7 |
| A Rouen......... | 600 | 212 |
| A Toulouse....... | 306 | 000 |
| A Bordeaux....... | 274 | 7 |
| Total......... | 15,138 | 786 |

Si après avoir jeté les yeux sur ce tableau de proscription, on lit l'ouvrage d'où il est extrait, on y apercevra des contradictions qui vont jusqu'à l'absurdité.

L'auteur suppose en gros *dix mille* de ces martyrs à Paris ; puis, entrant dans le détail, il n'en compte que *quatre cent soixante-huit*, encore faut-il que pour trouver ce nombre, il dise qu'il en périt *vingt-cinq* ou *trente* dans le quartier de la Croix du Trahoir, *trente* dans la rue Bétizy, *seize* aux prisons, *vingt* dans deux maisons entières, tous ceux qui étaient logés sur le pont Notre-Dame, et ainsi du reste ; et de tous ces morts, il n'en nomme que *cent cinquante-deux :* il faudrait donc croire qu'il y a erreur d'un zéro dans son total, et réduire le nombre des *morts dans Paris* à mille. C'est l'opinion de La Popelinière ; elle est d'autant plus probable, qu'on peut l'appuyer d'un compte de l'Hôtel-de-Ville de Paris, par lequel on voit que les prévôts des marchands et échevins avaient fait enterrer les cadavres aux environs de Saint-Cloud, Auteuil et Chaillot, au nombre de *onze cents!* (1).

Il est constant, qu'à l'exception de l'Amiral, qui fut exposé aux fourches patibulaires de Montfaucon, et d'Oudin Petit, libraire, qu'on enterra dans sa cave, tous les cadavres furent jetés dans la Seine. « Les charrettes chargées de corps morts de damoiselles, femmes, filles, hommes et enfants (dit le martyrographe) (2), étaient

---

(1) Extrait d'un livre des comptes de l'Hôtel de Ville de Paris. — « Aux fossoyeurs des Saints-Innocents, vingt livres à eux ordonnées par les prévôt des marchands et échevins, par leur mandement du 13 septembre 1572, pour avoir enterré depuis huit jours onze cens corps morts ez environs de Saint-Cloud, Auteuil et Challuau. » — Il y avait eu pareil mandement du 9 septembre, pour quinze livres données à compte aux mêmes fossoyeurs.

(2) Page 713, fol. verso.

menées et déchargées à la rivière. » Les cadavres s'arrêtèrent partie à une petite île qui était alors vis-à-vis du Louvre, partie à celle dite l'île des Cygnes : il fallut donc pourvoir à leur enterrement, de peur qu'ils n'infectassent l'air et l'eau, et on y commit huit fossoyeurs pendant huit jours, qui, autant qu'on peut s'en rapporter à ces hommes, enterrèrent *onze cents* cadavres.

S'il était bien essentiel de débattre ce compte, on trouverait de fortes présomptions contre sa fidélité. Il n'est presque pas possible que huit fossoyeurs aient pu enterrer dans huit jours onze cents cadavres. Il fallait les tirer de l'eau, ou du moins du bas de la rivière ; il fallait creuser des fosses un peu profondes, pour éviter la corruption ; le terrain où elles furent faites est très-ferme, souvent pierreux ; comment chacun de ces huit hommes aurait-il donc pu enterrer pour sa part *cent trente-sept* corps morts, en huit jours ? chose difficile à faire et à croire. On doit même présumer que ces hommes, peu délicats par état et par nature, ne se sont pas fait scrupule de grossir le nombre des enterrés, pour grossir leur salaire, et vraisemblablement ils n'avaient personne pour les contrôler. Ainsi, c'est tout au plus que nous supposons *mille* personnes massacrées dans Paris, conformément à ce que La Popelinière a écrit.

D'autres raisons nous persuadent qu'il y a erreur dans le nombre des morts d'Orléans ; celui qui les a recueillis n'en désigne que 156, ne trouvant pas sans doute que ce fût assez, ni qu'il lui fût aisé d'en établir davantage. Il dit que les meurtriers se sont vantés d'en avoir fait mourir jusqu'au nombre de 1800 ; voilà une preuve peu juridique, elle nous rappelle la tournure de de Thou, qui ne pouvant pas avec pudeur faire monter le nombre des morts à Paris, audelà du double de ce que La Popelinière avait écrit, trente ans avant lui, et voulant induire la postérité à suppléer, par l'effet de l'imagination, ce qu'il retranche à regret de sa narration, nous rapporte l'anecdote d'un certain *Crucé* qu'il dit avoir *vu bien des fois se vanter, en montrant insolemment son bras nud, que ce bras avait égorgé ce jour-là plus de quatre cents personnes*, et pour rendre la chose plus croyable, cet historien a soin de donner à ce fanfaron sauvage, *une physionomie vraiment patibulaire*. Mais, comment n'a-t-il pas fait réflexion que, malgré ce bras nud et cette figure affreuse, ce Crucé n'a pas pu en tuer *quatre cents* pour sa part, quand, de l'aveu de de Thou, il n'en a péri que 2,000; il n'aurait rien laissé à faire aux autres. La vérité se rencontre rarement là où la vraisemblance ne saurait se trouver; telle est la faute que le Martyrographe fait, quand il exagère le nombre des personnes massacrées à Lyon. Il dit d'abord, qu'on en tua environ 350, puisqu'il en périt de 15 à 1800, et sur le refus des bourreaux et soldats, il n'emploie que 6 personnes à ce grand massacre. Telle est encore son inconséquence, à l'occasion des personnes qui périrent à Toulouse : il en fait tuer 306, dont il n'en nomme pas une seule, et ces meurtres, ordonnés par la cour, sont commis par *sept ou huit écoliers batteurs de pavé et autres garnements* (1).

On peut, d'après ce qu'on vient de lire, se former une idée du nombre de ceux qui ont péri à la Saint-Barthélemy, et le réduire beaucoup au-dessous de ce que les historiens les plus modérés ont écrit sur cette matière.

(1) Expressions du *Martyrologe des Calvinistes*, p. 730, fol. verso.

Nous laissons ce soin au lecteur. Chacun formera son jugement selon qu'il aura été plus ou moins affecté de ce que nous avons mis sous ses yeux. Mais, si l'on veut une règle qui puisse servir à faire un compte à peu près, qu'on se souvienne que le martyrographe n'a pas pu, dans le détail, porter au delà de 468 le nombre des morts à Paris, au lieu de dix mille qu'il a hasardé en bloc; qu'il n'en désigne que 156 à Orléans, au lieu de 1850; qu'il n'en a supposé d'abord que 350 à Lyon, au lieu de 15 à 1800; qu'il en compte 600 à Rouen, quoiqu'il n'en nomme que 212; qu'il en suppose 306 à Toulouse, quoiqu'il n'en nomme pas un seul, et 274 à Bordeaux, dont il n'en nomme que 7. Alors, retranchant de ce catalogue, 9,000 pour Paris, 1694 pour Orléans, 1450 pour Lyon et 250 à Rouen (qui en aura encore près du double de ceux qu'il a nommés); plus de 200 pour Toulouse, et 200 au moins à Bordeaux, dont le massacre n'a commencé que longtemps après que tout fut apaisé dans le royaume; *il ne restera pas deux mille personnes*, et c'est tout au plus ce qui a péri dans ces jours de deuil.

Qu'on examine, qu'on suppute, qu'on exagère tant qu'on voudra s'il n'a péri que *mille* personnes à Paris, comme l'a écrit La Popelinière, historien calviniste et le plus contemporain de l'événement, il est bien difficile de se persuader que les autres villes en aient vu massacrer, en tout, un pareil nombre. A plus forte raison, si le massacre de la capitale fut moindre, comme nous l'avons prouvé par le témoignage de celui qui avait le plus d'intérêt et de moyens d'en savoir jusqu'aux plus petites circonstances.

Eh! quel fonds peut-on faire sur tout ce qui a été écrit là-dessus, quand on voit des contradictions manifestes dans les historiens, sur les faits les plus simples?

Que croirons-nous de la carabine de Charles IX, dont Brantôme est le seul qui ait parlé? D'Aubigné en a dit un mot, mais avec tant de discrétion, contre son ordinaire, qu'il semble craindre de rapporter cette fable. De Thou n'en a pas parlé, et certainement ce n'est pas pour ménager Charles IX, qu'il appelle un *enragé*. Brantôme même a soin de dire, que la carabine ne pouvait pas porter si loin. Mais, nous demandons où Brantôme a pu prendre ce fait? Il était alors à plus de cent lieues de Paris. « Alors j'étais, dit-il, à notre embarquement de Brouage (1). » Ce n'est donc qu'un ouï-dire, que personne n'a osé répéter dans le temps; que le duc d'Anjou n'aurait pas omis dans son récit à Miron, puisqu'il parle de cette même fenêtre, d'où l'on prétend que Charles IX tirait sur ses sujets. « Le roi, la reine ma mère et moi, dit le duc d'Anjou, allâmes au portail du Louvre joignant le jeu de paulme, en une chambre qui regarde sur la place de la basse-cour, pour voir le commencement de l'exécution. »

Si Charles IX eût tiré sur ses sujets, c'était bien une circonstance à ne pas omettre, c'était même la seule qui pût faire tomber presque tout l'odieux du massacre sur ce roi, et il est vraisemblable que le duc d'Anjou n'en aurait pas laissé échapper l'occasion. C'est donc une allégation d'autant plus dépourvue d'apparence, que la rivière était moins couverte de fuyards, que de Suisses qui passaient l'eau pour aller achever le massacre dans le faubourg Saint-Germain : Charles IX aurait donc tiré sur ses troupes, et non sur ses sujets.

Eh! comment accorder cette inhumanité réfléchie,

---

(1) *L. c. sup.*

avec ce mouvement d'horreur qui le saisit, ainsi que sa mère et son frère, au premier coup de pistolet qu'ils entendirent. Laissons parler le duc d'Anjou lui-même : « Nous entendîmes à l'instant tirer un coup de pistolet, et je ne saurais dire en quel endroit, ni s'il offensa quelqu'un; bien sais-je que le son seulement nous blessa tous trois si avant dans l'esprit, qu'il offensa nos sens et notre jugement. » Cet aveu, dénué d'artifice, fera sans doute plus d'impression sur les esprits, que l'assertion de Voltaire, qui, pour avoir l'air de tout savoir et ajouter une espèce de témoin oculaire à un ouï-dire de Brantôme, a prétendu qu'un maréchal de France lui avait dit tenir le fait de la carabine, du page même qui la chargeait.

Mais, c'est assez parler de cette triste et à jamais regrettable journée de la Saint-Barthélemy.

> Excidat illa dies ævo, nec postera credant
> Sæcula, nos certè taceamus.

dirons-nous avec le premier président de Thou, qui ne cessait de répéter ces vers de Stace, que Voltaire (1) a mis sans fondement dans la bouche du chancelier de l'Hôpital : c'est une restitution de plus à faire.

. . . . . . . . . .
. . . . . . . . . .

En 184.. le congrès scientifique d'Angers proposa, dans la vingt-troisième question de son programme, ce sujet : *Quelle fut la part de la politique dans la Saint-Barthélemy?* M. de Falloux y répondit, en établissant par des textes, que ce déplorable événement appartient exclusi-

---

(1) Essai sur les mœurs, t. IV, p. 75. (Tome XVIII des Œuvres de Voltaire, édit. Beuchot, 1829.)

vement à la politique, et que l'imprévu y joua un bien plus grand rôle qu'on ne le suppose généralement. Le mémoire de M. de Falloux a paru *in extenso* dans le *Correspondant*, en 1843 (1).

Au XVIIIe siècle, l'historien anglais et anglican, Hume, avait démontré, dans divers passages, que la Saint-Barthélemy n'avait nullement été préméditée. A notre époque, M. Capefigue a écrit, dans le même sens, ces lignes que nous devons rapporter : « Le projet de se délivrer des huguenots par un massacre pouvait bien confusément se présenter à la pensée ; mais, s'il avait été arrêté, si la paix n'avait été conclue que dans cet objet, il est impossible que le pape et le roi d'Espagne, ces deux puissances de l'unité catholique, n'en fussent pas prévenus, ou qu'ils n'eussent pas l'instinct du but secret de la paix (2). » Et plus loin, M. Capefigue ajoute : « Si l'on avait résolu de longue main, et par un conseil réfléchi, le massacre des huguenots, il en eût été question dans la correspondance secrète de Charles IX et de Philippe II, lequel poussait, conjointement avec le duc d'Albe, au triomphe complet du parti catholique. Quand on lira les dépêches, les instructions du roi d'Espagne et son joyeux étonnement sur la Saint-Barthélemy, il sera impossible de ne pas rester convaincu qu'il n'y avait dans cet événement rien de préparé ; *qu'une force de choses spontanée, invincible, l'opinion du peuple, obligea Charles IX à sanctionner plutôt qu'à méditer ces sanglantes journées. Dans les récits de cette catastrophe, on n'a pas assez distingué l'approbation donnée à un fait accompli et la volonté*

---

(1) *La Saint-Barthélemy et le* XVIIIe *Siècle* (p. 145-170)
(2) *La Réforme et la Ligue* (1844), p. 311.

*qui le prépare* (1). » Enfin, nous citerons encore ces paroles dignes d'être méditées : « Mais, quand on a écrit l'histoire de cette époque, on a parlé d'ordres secrets, de nobles réponses de quelques gouverneurs, et particulièrement du vicomte d'Orthès. Il y eut sans doute des gouverneurs qui empêchèrent les émotions populaires, qui sauvèrent les victimes de la réaction ; ils firent alors ce que les âmes fermes et élevées font toujours en révolution; ils s'opposèrent aux excès des masses. Mais, *en tout ceci il n'y eut rien d'écrit, rien de répondu, parce qu'il n'y eut rien de commandé* (2). » Rien de commandé, pour le massacre, mais pour le salut des calvinistes, M. Capefigue n'a pu l'ignorer. Seulement, à ces assertions formelles, il a négligé de joindre ses preuves : on a lu les nôtres, et elles sont concluantes.

Deux ans après la publication de son lumineux mémoire, M. de Falloux produisit dans le même recueil périodique, de nouvelles observations sur la Saint-Barthélemy (3). Déjà, en 1844, dans sa remarquable *Histoire du pape saint Pie V* (4), cet écrivain érudit et impartial avait prouvé que toute lettre ou pièce quelconque appuyant la préméditation de la Saint-Barthélemy était controuvée, et le plus fréquemment produite dans le cours du xviiie siècle. Nous ne pouvons qu'indiquer ces sources excellentes : ceux de nos lecteurs, que les preuves accumulées dans notre travail n'auraient pas complétement satisfaits, pourront recourir aux articles du

(1) *Ibid.*, p. 361.
(2) Page 394.
(3) Voyez le *Correspondant* de 1845, p. 247 à 265.
(4) 1844, t. I, p. 188 à 250, chap. ix et x, et pièces justificatives du même volume, no 2, p. 337 à 371. (Cette note a été publiée dans *le Correspondant* de 1843, p. 145-170.)

*Correspondant* et au livre précité de M. de Falloux.

Enfin, en 1845, l'honorable M. de Carné, dans un beau travail publié par la *Revue des Deux-Mondes*, écrivait ces lignes, qui lavent du reproche de préméditation et de guet-apens, Catherine de Médicis et Charles IX : « On a souvent accusé la reine-mère d'avoir préparé par deux années de machinations le crime de la Saint-Barthélemy; on a prétendu associer un roi de vingt-trois ans à l'horrible préméditation de ce massacre : c'est avoir réussi à calomnier même Catherine. Le mariage du jeune roi de Navarre avec Marguerite de Valois, ne fut point un guet-apens préparé pour attirer à la cour, par l'éclat d'une telle solennité, la noblesse huguenote. L'amitié de Charles pour son beau-frère, sa bienveillance pour Coligny, étaient sincères, et le ciel n'a pas permis que la couronne de France reposât jamais sur la tête d'un monstre qui aurait reculé à ce point la limite du crime (1)... »

Après ces éloquentes paroles, il ne nous reste plus qu'à clore ces recherches, où nous avons constamment suivi le rôle de rapporteur le plus désintéressé et où nous avons toujours marché le flambeau de la plus sévère critique à la main.

(1) 1845, p. 656. *Monographies politiques.* — *Henri IV.*

## L'HOMME AU MASQUE DE FER.

Ce fut seulement vers le milieu du xviiie siècle, que se produisit, pour la première fois, dans le public, l'histoire mystérieuse et terrible du *Masque de fer*.

En 1745, parut à Amsterdam, un volume in-12 intitulé : *Mémoires secrets pour servir à l'histoire de Perse*, sans nom d'auteur, comme tous les livres qui s'imprimaient clandestinement en Hollande ou ailleurs. C'était une histoire galante et politique de la cour de France, sous des noms imaginaires, depuis la mort de Louis XIV. Ce livre eut une telle vogue, en Hollande et surtout en France, qu'on le réimprima la même année, et en 1746 avec des augmentations et même avec une *clef*. Cet ouvrage ne renfermait guère d'ailleurs que des faits déjà connus et narrés ailleurs avec moins d'obscurité. Une anecdote vraiment extraordinaire, qu'on trouve dans ces mémoires, semble avoir été la seule cause du bruit qu'ils firent à leur apparition.

« N'ayant d'autre dessein, disait l'auteur, que de raconter des *choses ignorées ou qui n'ont point été écrites, ou qu'il est impossible de taire*, nous allons passer à un fait *peu connu* qui concerne le prince *Giafer* (le comte de Vermandois, fils de Louis XIV et de M^lle de La Vallière), qu'*Ali-Homajou* (le duc d'Orléans, régent) alla visiter dans la forteresse d'*Ispahan* (la Bastille), où il était prisonnier depuis plusieurs années. » Voici maintenant la relation de l'auteur *persan : Cha-Abas* (Louis XIV) avait un fils légitime, *Sephi-Mirza* (Louis, dauphin de France), et un fils naturel, *Giafer :* ces deux princes, différents de caractère comme de naissance, étaient toujours en querelle et en rivalité. Un jour *Giafer* s'oublia au point de donner un soufflet à *Sephi-Mirza. Cha-Abas*, informé de l'outrage qu'avait reçu l'héritier de sa couronne, assemble ses conseillers et leur expose la conduite du coupable qui doit être puni de mort, selon les lois du pays ; mais un des ministres imagine d'envoyer *Giafer* à l'armée, qui était alors sur les frontières, du côté du *Feldran* (la Flandre), de le faire passer pour mort, peu de jours après son arrivée, et de le transférer de nuit avec le plus grand secret dans la citadelle de l'île d'*Ormus* (les îles Sainte-Marguerite), pendant qu'on célébrerait ses obsèques aux yeux de toute l'armée, et de le retenir dans une prison perpétuelle. Cet avis prévalut et fut exécuté, de sorte que le prince, dont l'armée pleurait la perte prématurée, conduit par des chemins détournés à l'île d'*Ormus*, était remis entre les mains du commandant de cette île. Le seul domestique, possesseur de *ce secret d'État*, avait été massacré en route par les gens de l'escorte qui lui défigurèrent le visage à coups de poignard, afin d'empêcher qu'il fût reconnu. « Le commandant de la citadelle d'Ormus traitait son prisonnier avec le plus profond respect ; il le servait lui-même et prenait les plats à la porte de l'appartement des mains des cuisiniers dont aucun n'a jamais vu le visage de *Giafer*. Ce prince s'avisa un jour de graver son nom sur le dos d'une assiette avec la pointe d'un couteau. Un esclave entre les mains de qui tomba cette assiette, crut faire sa cour en la portant au commandant, et se flatta d'en être récompensé ; mais ce malheureux fut trompé, et on s'en défit sur-le-champ, afin d'ensevelir avec cet homme un secret d'une si grande importance. *Giafer* resta plusieurs années dans la citadelle d'*Ormus*. On ne la lui fit quitter, pour le transférer dans celle d'*Ispahan*, que lorsque *Cha-Abas*, en reconnaissance de la fidélité du commandant, lui donna le gouvernement de celle d'*Ispahan* qui vint à vaquer. On prenait la précaution, tant à *Ormus* qu'à *Ispahan*, de faire mettre *un masque* au prince, lorsque pour cause de maladie, ou pour quelque autre sujet, on était obligé de l'exposer à la vue. Plusieurs personnes dignes de foi ont affirmé avoir vu plus d'une fois ce prisonnier masqué et ont rapporté qu'il tutoyait le gouverneur, qui au contraire lui rendait des respects infinis. »

« *Ali-Homajou* mourut peu de temps après la visite qu'il fit à *Giafer*, » conclut l'auteur. *Giafer* aurait donc été encore vivant vers 1723, année de la mort du duc d'Orléans.

Tel fut le fondement de la plupart des versions qui circulèrent depuis sur l'aventure du prisonnier masqué. Ce sujet devint aussitôt l'aliment de controverses historiques tellement nombreuses qu'il nous est impossible de les suivre, non-seulement de point en point, mais encore de donner l'analyse de la plupart d'entre elles, qui ne s'appuient du reste que sur le témoignage, peu respectable, des *Mémoires de la cour de Perse*, dont l'auteur, comme il est facile de le prouver, n'est autre que Voltaire. On sait que tous les moyens lui semblaient bons pour accréditer ses systèmes, et que plus d'une fois il recourut au mensonge et s'affubla d'un déguisement quelconque, avec la certitude d'être reconnu à son style et à son esprit : ainsi tour à tour il s'intitulait Aaron Mathathaï, Jacques Aimon, Akakia, Akib, Alethès, Alethof, Aletopolis, Alexis, Arty, et créait cent autres pseudonymes plus ou moins transparents ; ou bien, gardant l'anonyme dans ses ouvrages les plus importants comme dans ses plus minces opuscules, il employait sans cesse les presses clandestines de Hollande. Jaloux du succès des *Lettres persanes* de Montesquieu, Voltaire écrivit les *Mémoires de la cour de Perse*, et il y déposa l'anecdote du *Masque de fer*, dont il voulait orner bientôt son *Siècle de Louis XIV*, auquel il travaillait déjà.

Ce qu'il y a de vrai dans cette histoire du comte de Vermandois, c'est qu'arrivé au camp devant Courtray, au commencement du mois de novembre 1683, il se trouva mal le 12 au soir et mourut le 19 d'une fièvre maligne. (Les *Mémoires de Perse* en font la peste, *afin d'effrayer et d'écarter tous ceux qui auraient envie de le voir*.) M<sup>lle</sup> de Montpensier, qui raconte ainsi la mort du comte de Vermandois, était contemporaine des faits et mérite une confiance que n'ont jamais pu conquérir les *Mémoires de la cour de Perse*.

Du reste, en 1745, le baron de Crunyngen (1) prouva victorieusement que l'aventure du prisonnier masqué devait être mise au rang *des bruits populaires et des anecdotes romanesques et absurdes dans lesquelles la vrai-*

(1) Voyez sa lettre insérée dans la *Bibliothèque raisonnée des ouvrages des Savants de l'Europe*, numéro du mois de juin 1745.

*semblance n'est pas même observée.* Ce mensonge trouva un adversaire encore plus redoutable dans le savant bibliographe Prosper Marchand, qui (1) convainquit d'erreur et même d'ignorance l'auteur de la *Clef des Mémoires de Perse*.

Sept ans après que l'homme au masque de fer eut été signalé à la curiosité des anecdotiers, Voltaire fit paraître le *Siècle de Louis XIV* en deux volumes in-12 : on chercha en vain dans cette édition quelques détails sur le prisonnier mystérieux qui faisait alors le sujet de tous les entretiens. Ce ne fut que dans les éditions augmentées de 1753 que Voltaire se décida enfin à parler de ce personnage plus explicitement qu'on n'avait fait jusqu'alors ; il assigna une date au commencement de cette captivité : *quelques mois après la mort du cardinal Mazarin;* il donna le portrait de la victime ; il n'oublia pas de décrire *le masque dont la mentonnière avait des ressorts d'acier, qui laissaient au prisonnier la liberté de manger avec ce masque sur son visage;* enfin il fixa l'époque de la mort de cet inconnu, *enterré en* 1703, *la nuit, à la paroisse Saint-Paul*. Voltaire ajoutait cette réflexion remarquable : « Quand on envoya cet inconnu dans l'île Sainte-Marguerite, il ne disparut dans l'Europe aucun personnage considérable. »

Le succès du petit roman inventé par Voltaire contribua surtout à la vogue du *Siècle de Louis XIV*, et l'engouement était tel à cet égard, qu'à peine écoutat-on les justes réclamations de La Baumelle, qui, dans ses *Notes* critiques, prouva que l'histoire du Masque de fer était tirée d'un misérable pamphlet intitulé les *Mé-*

(1) Voyez sa lettre insérée dans la *Bibliothèque française*, à la date du 30 décembre 1745.

*moires de Perse.* Ce fut aussi l'opinion de Prosper Marchand : il regarda la relation de Voltaire comme un emprunt fait aux *Mémoires de Perse*, mais *revu, augmenté et retranché.*

La critique avait alors commencé à retourner en tous sens le champ fertile des conjectures historiques. On écarta bientôt la première interprétation qui avait tenté de reconnaître le comte de Vermandois pour le *Masque de fer*, et divers écrivains de Hollande se réunirent pour accréditer un paradoxe basé, tant bien que mal, sur l'histoire : ils avancèrent que le prisonnier masqué était certainement un jeune seigneur étranger, gentilhomme de la chambre d'Anne d'Autriche, et *véritable frère* de Louis XIV. La source de cette singulière et scandaleuse anecdote fut un petit livre assez rare, imprimé à Cologne, chez Pierre Marteau, en 1696, in-12, sous ce titre : *les Amours d'Anne d'Autriche, épouse de Louis XIII, avec M. le cardinal de Richelieu;* mais, il est facile de se convaincre, à la lecture de ce pamphlet, que le manuscrit original portait seulement les initiales C. d. R., qu'un imprimeur ignorant ou de mauvaise foi a traduites par *cardinal de Richelieu*, quoique ce ministre jouât dans l'ouvrage un rôle bien distinct de celui de père. Le C. de R. signifie le *comte de Rivière*, et ce comte est le *Giafer* des *Mémoires de Perse*. Mais, c'est trop longtemps remuer ce bourbier : laissons là cette imagination d'une cervelle en délire, qui n'a pas craint de s'attaquer à la femme la plus pure dont l'histoire ait jamais conservé le nom.

Une autorité plus importante que celle d'un pamphlet *orangiste* avait accrédité en France l'opinion, très-invraisemblable, qui représentait le duc de Beaufort comme l'homme au Masque de fer. Lagrange-Chancel, qui devait à ses *Philippiques* l'avantage d'avoir puisé quelques documents traditionnels aux lieux mêmes où le prisonnier avait habité vingt ans avant lui, écrivit une lettre publiée dans *l'Année littéraire* en 1758, pour réfuter certains points de la narration du *Siècle de Louis XIV*. Il disait que M. de Lamotte-Guérin, gouverneur des îles Sainte-Marguerite, du temps qu'il y était détenu (en 1718), lui avait assuré que ce prisonnier était le duc de Beaufort, amiral de France, qu'on croyait mort au siége de Candie, et qui fut traité de la sorte afin que cet *amiral* n'entravât pas les opérations de Colbert, chargé du département de la marine.

Lagrange-Chancel étant mort l'année même de la publication de sa lettre, Voltaire ne rentra dans la lice qu'après que Saint-Foix et le père Griffet y furent descendus; mais, ce ne fut pas pour se mesurer avec eux.

En 1768, le paradoxe s'empara de nouveau du Masque de fer, et Saint-Foix, par une lettre insérée dans *l'Année littéraire*, essaya de faire valoir une hypothèse qui avait du moins le mérite de la singularité, et qui réussit à ce titre auprès des amis du merveilleux : Saint-Foix imagina que le prisonnier masqué était le duc de Monmouth, fils de Charles II, décapité à Londres le 15 juillet 1685. Un M. de Palteau, de la famille de Saint-Mars, publia bientôt après, dans *l'Année littéraire*, quelques traditions de famille qu'il avait déjà transmises à Voltaire, sans que celui-ci jugeât le moment venu d'en faire usage. Il résultait de ces notes, que l'homme au Masque était connu sous le nom de *Latour* dans ses différentes prisons; que quand il mourut, en 1704 (1703), on mit dans le cercueil des *drogues pour consumer le corps*; que cet homme, *blanc de visage et bien fait de corps*, quoiqu'il eût *la jambe un peu trop fournie par le bas,* semblait être dans la force de l'âge, malgré sa chevelure blanche, etc., etc.

Saint-Foix revint encore à la charge pour achever de détruire les présomptions qui pouvaient exister en faveur du duc de Beaufort : ce système de Lagrange-Chancel ne reposait que sur un ouï-dire. Le système présenté par Saint-Foix semblait prévaloir, lorsque le père Griffet, savant éditeur de l'*Histoire de France* du père Daniel, et auteur lui-même d'une bonne *Histoire de Louis XIII*, publia son *Traité des différentes sortes de preuves qui servent à établir la vérité dans l'histoire* (in-12, Liége, 1769). Ce jésuite, qui avait exercé à la Bastille le ministère de confesseur durant neuf ans, était plus que personne en état de lever le voile épais étendu sur le prisonnier masqué. Le père Griffet surpassa encore ce qu'on attendait de son esprit juste et impartial, en citant, pour la première fois, le journal manuscrit de M. Dujunca, lieutenant du roi à la Bastille en 1698, et les registres mortuaires de la paroisse de Saint-Paul.

Suivant ce journal, dont l'authenticité ne fut point révoquée en doute, le prisonnier masqué arriva, de Pignerol à la Bastille, le jeudi, 18 septembre 1698, à trois heures après midi. La mort de cet homme était mentionnée dans le journal, à la date du lundi 19 novembre 1703. « Il fut enterré le mardi, 2 novembre, à quatre heures du soir après midi, dans le cimetière de Saint-Paul : son enterrement coûta 40 livres. » Voici donc enfin des dates précises.

L'extrait des registres de sépulture confirmait l'exactitude du journal de M. Dujunca : « L'an 1703, le 19 novembre, *Marchialy*, âgé de *quarante-cinq ans, ou environ*, est décédé dans la Bastille ; duquel le corps a été inhumé dans le cimetière de Saint-Paul, sa paroisse, le 20 dudit mars..... » Cet extrait fut collationné sur le registre original, où le nom de *Marchialy* était écrit avec beaucoup de netteté.

De plus, le père Griffet crut devoir relater quelques faits qu'il tenait d'un des derniers gouverneurs de la Bastille, Jourdan Delaunay, mort en 1749. Dès que le prisonnier fut mort, on avait brûlé *généralement tout ce qui était à son usage*, comme linge, habits, matelas, couvertures; on avait regratté et reblanchi les murailles de sa chambre, changé les carreaux, et fait disparaître les traces de son séjour, de peur qu'il n'eût caché *quelque billet ou quelque marque*. Après avoir rapporté ces nouvelles pièces d'un procès qu'on avait débattu en l'air jusque-là, le père Griffet examina et réfuta tour à tour les *Mémoires de Perse* et les lettres de Lagrange-Chancel, de M. de Palteau et de Saint-Foix. Puis il rapprocha les différentes *traditions*, pour en faire ressortir les contradictions et les invraisemblances : il en tira seulement deux faits, incontestables à ses yeux, savoir, que le prisonnier avait les cheveux blancs et que son masque était de velours noir. Quant aux trois opinions émises au sujet de ce personnage, il ne voulut reconnaître ni le duc de Beaufort, ni le duc de Montmouth dans ce prisonnier d'État, et il préféra pencher du côté de la version des *Mémoires de Perse*, parce que le comte de Vermandois lui semblait entrer plus naturellement dans cette mystérieuse captivité, dont il fixa le commencement à l'année 1683 plutôt qu'à l'année 1661, comme avait fait Voltaire, plutôt qu'à l'année 1669, comme le prétendait Lagrange-

Chancel, plutôt qu'à l'année 1685, comme l'exigeait le système de Saint-Foix.

Mais le père Griffet ne donnait aucune raison qui l'autorisât à choisir la date de 1683 avec l'opinion qu'on y rattachait : il répéta les motifs que Saint-Foix avait développés avec une solide logique contre la supposition de Lagrange-Chancel, et il ajouta que le duc de Beaufort, non-seulement n'était pas capable d'entraver les projets du roi et de Colbert, mais encore bornait ses fonctions à celles de *grand-maître, chef et surintendant de la navigation et commerce de France,* la charge d'amiral ayant été supprimée par le cardinal de Richelieu. Il traita d'*absurde* la supposition de Saint-Foix, parce qu'un faux duc de Montmouth n'eût pas réussi à tromper les officiers de justice et les soldats qui le conduisirent au supplice ; et que d'ailleurs le véritable duc aurait-il été soustrait à l'échafaud, ne pouvait demeurer ignoré à la Bastille après la révolution d'Angleterre.

Quant à la supposition qui faisait du comte de Vermandois le prisonnier mystérieux, le père Griffet ne l'adoptait qu'à cause du rapport de la date de sa captivité *à la Bastille,* tout en déclarant vouloir attendre, *pour former une décision,* qu'on eût la date certaine de l'arrivée de ce personnage à la citadelle de Pignerol ; car, jusque-là, on ignorerait la vérité : *il y a grande apparence qu'on ne la saura jamais,* disait-il à l'exemple du lieutenant de police d'Argenson. Mais ce qui infirme l'opinion du père Griffet relative au comte de Vermandois, c'est une lettre de la présidente d'Osembray (1), qui parle des *regrets infinis* que laissa en mourant ce fils de Louis XIV et de M$^{lle}$ de

---

(1) Dans le recueil de Bussy-Rabutin.

La Vallière, qui avait *donné des marques d'un prince extraordinaire;* — c'est l'épitaphe gravée à la louange du défunt dans le chœur de l'église cathédrale d'Arras; — c'est surtout le témoignage des *Mémoires* de Mlle de Montpensier. Saint-Foix, en répondant aussitôt au père Griffet, s'attacha surtout à démontrer que le Masque de fer ne pouvait être le comte de Vermandois. Pour répondre à un nouvel écrit du père Griffet, il fit venir (1770) d'Arras l'extrait des registres du chapitre de la cathédrale, constatant que Louis XIV avait désiré que son fils fût inhumé dans le même caveau qu'Élisabeth, comtesse de Vermandois, et femme de Philippe d'Alsace, comte de France, morte en 1182; qu'une somme de 10,000 livres avait été donnée au chapitre pour la fondation d'un obit à perpétuité en mémoire du comte de Vermandois; et que pour cet anniversaire, trois ans après l'enterrement, le roi avait fait don au chapitre d'un *ornement complet de velours noir et de moire d'argent, avec un dais aux armes du comte de Vermandois, brodées en or.* Comment concilier ces honneurs funèbres avec la prison perpétuelle du fils de Louis XIV? — La mort du père Griffet, arrivée l'année suivante (1771), mit un terme à cette longue et curieuse discussion.

Louis XV fut souvent pressé par ses courtisans sur le sujet du Masque de fer, qu'il abordait sans répugnance et qu'il entendait en souriant approfondir devant lui. A l'occasion des deux systèmes débattus par Saint-Foix et le père Griffet, Louis XV hocha la tête et dit : « Laissez-les disputer; personne n'a dit encore la vérité sur le *Masque de fer.* » Une autre fois, le premier valet de chambre du roi, Laborde, essayant de mettre à profit un moment d'abandon et de familiarité de son maître, pour s'approprier sans péril ce secret qui avait causé, disait-on, la mort de plusieurs personnes, Louis XV l'arrêta dans ses conjectures par ces mots : « Vous voudriez que je vous dise quelque chose au sujet du *Masque de fer*? Ce que vous saurez de plus que les autres, c'est que *la prison de cet infortuné n'a fait tort à personne qu'à lui.* »

Parole remarquable, surtout pleine de vérité, comme le lecteur ne tardera pas à s'en convaincre.

On était arrivé à la veille de la révolution française, sans que la discussion relative au Masque de fer eût rien perdu de sa vivacité et de son actualité. Le comte de Vermandois, un frère adultérin de Louis XIV, le duc de Beaufort et Montmouth étaient les seuls prétendants un peu sérieux au titre du *Masque de fer*, qu'on eût produits et discutés jusqu'alors. Lorsque, le 14 juillet 1789, la Bastille s'écroula, le premier prisonnier dont on demanda le nom aux cachots de l'antique forteresse, ce fut *l'homme au Masque de fer*.

Après de longues recherches dans les murs de la vieille citadelle, dans ses registres surtout, on trouva, dit un recueil de l'époque (1), « une carte qu'un homme curieux de voir la Bastille prit au hasard avec plusieurs papiers ; cette carte contient, ajoute le rédacteur, le numéro 64,389,000 et la note suivante : *Foucquet* (2), *arrivant des îles Sainte-Marguerite, avec un masque de fer* ; ensuite trois X.X.X., et au-dessous, *Kersadion.* » Le journaliste attestait avoir vu la carte ; elle fut reproduite

---

(1) Voyez la dernière feuille des *Loisirs d'un patriote français* (recueil périodique), à la date du 13 août 1789.
(2) C'est bien l'orthographe du temps où vécut le surintendant ; mais, depuis, on s'est contenté d'écrire ainsi ce nom : *Fouquet.*

avec ses réflexions, sous ce titre : *Grande découverte! l'homme au Masque de fer dévoilé* (in-8° de sept pages d'impression). Cette plaquette fut vendue dans les rues, et cette opinion nouvelle, qui faisait du fameux surintendant Fouquet l'homme au Masque de fer, produisit certaine impression, quoique jetée sans preuves, sans nom d'auteur, sans aucune sorte de garantie historique : on se rappela alors une phrase du *Supplément au Siècle de Louis XIV*, d'après laquelle le ministre Chamillart aurait dit que le *Masque de fer* « était un homme qui avait tous les secrets de Fouquet. » Des gens fort judicieux allèrent jusqu'à croire que Chamillart, que Saint-Simon nous dépeint d'un caractère *vrai, droit, aimant l'État et le Roi comme sa maîtresse, opiniâtre à l'excès*, avait dit la vérité sans pourtant manquer à son serment ni trahir un secret qui eût pu compromettre l'honneur de son maître ; selon une idée que d'autres ont eue avant nous, Chamillart voulait désigner Fouquet et ne le pas nommer : en effet, qui était mieux instruit des secrets de Fouquet que Fouquet lui-même.

Le numéro inintelligible de 64,389,000, inscrit sur la carte précitée, renfermait peut-être un sens qu'on pouvait traduire par des lettres, car l'emploi des chiffres était très-usité alors dans les affaires d'État. Les trois X. peuvent aussi s'interpréter de diverses manières également plausibles : est-ce la désignation d'un registre, d'une série, d'une armoire? Quant au nom propre de *Kersadion*, qui est un nom breton et qu'on doit lire de préférence *Kersadiou* ou *Kersaliou*, c'est peut-être celui qu'on avait imposé à Fouquet, selon la règle des prisons d'État, où de fréquents changements de noms déroutaient les démarches actives des intéressés. Ainsi, M. de

Palteau prétend que l'homme au Masque était connu sous le nom de *Latour* à la Bastille, et nous le voyons désigné par le nom de *Marchialy* sur les registres de la paroisse Saint-Paul.

Depuis 1789 jusqu'à 1830, la discussion relative au *Masque de fer* a enfanté un grand nombre de systèmes et une foule d'écrits. Sept prétendants ont paru tour à tour sur la scène; ce sont : Arwedicks, patriarche schismatique; Matthioli, secrétaire du duc de Mantoue, enlevé par ordre de Louis XIV, qui, dit-on, redoutait son influence politique; puis Henri Cromwell, second fils du Protecteur; le duc de Montmouth; un fils naturel, d'autres disent un fils légitime d'Anne d'Autriche; le comte de Vermandois; enfin le duc de Beaufort.

Résumons rapidement ce qu'il y a à dire touchant ces divers prétendants à la renommée du *Masque de fer*.

I. Arwedicks, « ennemi mortel de notre religion [dit le chevalier de Taulès] (1), et auteur de la cruelle persécution que les Arméniens catholiques avaient soufferte, » fut enfin exilé et enlevé, à la sollicitation des jésuites, par une barque française, pour être conduit en France et « mis dans une prison d'où il ne pourrait jamais sortir. » L'entreprise réussit; Arwedicks fut mené à l'île Sainte-Marguerite, « et de là à la Bastille, *où il mourut.* » C'est M. de Taulès qui le dit. Sa brochure parut en 1825; mais quoique l'auteur se flattât d'attirer l'attention en accusant les jésuites sur la couverture de sa publication, elle fut confondue avec ce déluge d'écrits qui publiaient la résurrection de l'ordre entier en France, à la grande

---

(1) *L'Homme au Masque de fer*, mémoire historique où l'on réfute les différentes opinions relatives à ce personnage mystérieux, et où l'on démontre que ce prisonnier fut une des victimes des Jésuites. (1825, in-8°.)

terreur des abonnés du *Constitutionnel* d'alors. M. de Taulès dit que le patriarche fut réclamé jusqu'en 1713 par le gouvernement turc; mais il n'indique pas la date de son enlèvement. Or, Arwedicks fut enlevé « pendant l'ambassade de M. Feriol à Constantinople (1), » et M. Feriol succéda dans cette ambassade à M. de Châteauneuf, en 1699; or, Saint-Mars arriva en 1698 à la Bastille avec son prisonnier masqué. En outre, on sait maintenant qu'Arwedicks se convertit au catholicisme, recouvra sa liberté et mourut libre à Paris, comme le prouve son extrait mortuaire conservé aux archives des Affaires étrangères.

II. L'enlèvement du secrétaire du duc de Mantoue est maintenant aussi bien prouvé que celui d'Arwedicks; mais quoique Matthioli, arrêté en 1679, ait été conduit à Pignerol, on ne peut lui faire l'honneur de le confondre avec le *Masque de fer*. Catinat dit de lui, dans une lettre à Louvois : « Personne ne sait le nom de ce fripon; » Louvois écrit à Saint-Mars : « J'admire votre patience, et que vous attendiez un ordre pour traiter un fripon comme il le mérite, quand il vous manque de respect, etc., etc. » Il y a loin de ce style aux respects qu'on prodiguait au célèbre prisonnier, et que tous les auteurs ont été unanimes à constater. Matthioli, du reste, mourut en 1681.

III. Quant à Henri Cromwell, il est étrange que ce second fils du Protecteur soit rentré dans une obscurité si complète en 1659, qu'on ne sait ni où il a vécu, ni où il mourut. Pourquoi serait-il devenu prisonnier d'État en France, où son frère avait le privilége de séjourner sans

(1) Mémoire manuscrit de M. de Bonac, ambassadeur de France à Constantinople, en 1724, aux archives des Affaires étrangères.

être inquiété? Le probable ne supplée pas ici à l'absence de toute espèce de preuves.

IV. Sans mettre en question le plus ou moins de vraisemblance qu'il y avait à une prétendue substitution de personnes au supplice de Montmouth, il suffit d'opposer à la date du 15 juillet 1685, jour de l'exécution de ce prince, cette phrase d'une lettre de Barbezieux à Saint-Mars, écrite le 13 août 1691 : « Lorsque vous aurez quelque chose à me mander du prisonnier qui est sous votre garde *depuis vingt ans.* »

V. Pour ce qui est d'un fils naturel ou légitime d'Anne d'Autriche, il suffit de quelques mots pour démontrer l'absurdité de cette supposition. Barbezieux écrivait à Saint-Mars, le 17 novembre 1697 : « Sans vous expliquer à qui que ce soit de ce qu'*a fait* votre ancien prisonnier. » Le ministre ne se fût pas servi de cette locution précise, dans le cas où l'inconnu n'aurait eu que sa naissance à expier. « Au reste, dit un critique distingué (1), ce système n'a jamais produit un seul document authentique, et ne repose que sur des présomptions romanesques. » Nous avons dit, un fils *naturel* ou un fils *légitime :* relativement à ce dernier, Soulavie publia, en 1790, le bruit que voici : Deux pâtres seraient venus, pendant la grossesse d'Anne d'Autriche, annoncer à Louis XIII que la reine son épouse mettrait au monde deux jumeaux qui causeraient de grandes guerres par leur rivalité : Louis XIII, sacrifiant ses devoirs de père au bonheur de son peuple, aurait pris sur-le-champ la résolution de cacher à jamais la naissance du second de ses fils. On devine le reste.

(1) Paul Lacroix, auteur d'un excellent travail sur l'*Homme au Masque de fer*.

On sait aujourd'hui que rien ne coûtait à Soulavie en fait de mensonges, « grâce au sentiment patriotique dont il était animé, » dit Chamfort, le panégyriste de ce misérable éditeur de ce tissu d'impostures qui s'appelle les *Mémoires du Maréchal de Richelieu*. Mais, tirons un voile sur ces infamies.

VI. La fameuse lettre de Barbezieux qui met en échec tous les systèmes, ne laisse pas même discuter l'identité du comte de Vermandois, mort en 1683, — avec l'inconnu, prisonnier *depuis vingt ans* en 1691.

VII. Le système relatif au duc de Beaufort est plus raisonnable que tous les précédents, pour expliquer les motifs de sa réclusion à la Bastille : mais, on sait maintenant que, lorsqu'en 1669, Louis XIV le chargea de secourir Candie assiégée par les Turcs, Beaufort fut tué dans une sortie, le 26 juin, sept jours après son arrivée. Beaufort n'a donc pu être l'*Homme au Masque de fer*.

Il est prouvé pour nous, que le fameux prisonnier au Masque n'était autre que le célèbre surintendant Fouquet : la minutieuse comparaison des faits et des dates ne permet plus l'hésitation à cet égard. Arrêté en 1661, condamné à la prison perpétuelle en 1664, Fouquet fut enfermé d'abord à Pignerol, puis aux îles Sainte-Marguerite, enfin à la Bastille, où il finit ses jours. Voilà notre conviction ; il nous reste à la baser sur des faits solides, et après avoir prouvé ce que nous avançons, à dire les motifs qui amenèrent la longue captivité de Fouquet, — captivité qui ne finit qu'avec sa vie.

Pour établir maintenant d'une manière victorieuse, que le *Masque de fer* et Fouquet ne sont qu'une seule et même personne avec deux noms différents, et à des époques différentes, il suffira de prouver : 1° Que les précautions apportées dans la garde de Fouquet à Pignerol ressemblent en tout point à celles qu'on déploya plus tard pour l'homme au Masque à la Bastille comme aux îles Sainte-Marguerite; 2° que la plupart des traditions relatives au prisonnier masqué paraissent devoir se rattacher à Fouquet; 3° que l'apparition du *Masque de fer* a suivi presque immédiatement la prétendue mort de Fouquet en 1680; 4° que cette mort de Fouquet, en 1680, est loin d'être certaine ; 5° que des raisons politiques et particulières ont déterminé Louis XIV à le faire passer pour mort; 6° enfin, que l'époque de la mort de Fouquet, en 1680, étant reconnue fausse, les faits et les dates, les inductions et les probabilités viennent à l'appui de ce système, qui est celui de M. Paul Lacroix et aussi le nôtre, que nous avons corroboré de faits curieux. Ce système deviendrait incontestable si la carte trouvée à la Bastille en 1789 existait encore : cette pièce est une des plus fortes preuves qu'on puisse invoquer.

I. Dès que la chambre de justice, par son arrêt du 20 décembre 1664, eut déclaré Fouquet *atteint et convaincu d'abus et malversations par lui commises au fait des finances dans les fonctions de surintendant*, et l'eut *banni à perpétuité hors du royaume*, en confisquant tous ses biens, le roi *jugea qu'il y pouvait avoir grand péril à laisser sortir ledit Fouquet hors du royaume, vu la connaissance particulière qu'il avait des affaires les plus importantes de l'État ;* en conséquence la peine de bannissement perpétuel fut *commuée* en celle de prison perpétuelle, et trois jours après l'arrêt rendu, Fouquet monta en carrosse *avec quatre hommes*, et partit escorté de cent mousquetaires pour être conduit au château de Pignerol sous la conduite de M. de Saint-Mars. On retint à la Bastille le médecin et le valet de chambre de Fouquet (Pecquet et Lavallée), *de peur qu'étant en liberté, ils ne donnassent avis de sa part à ses parents et à ses amis pour sa délivrance* (1).

Ce fut Louis XIV qui signa l'*Instruction* remise à Saint-Mars, laquelle n'eût pas été plus sévère pour le *Masque de fer;* cette instruction défend « que Fouquet ait communication avec qui que ce soit, de vive voix ni par écrit, et qu'il soit visité de personne, ni qu'il sorte de son appartement pour quelque cause ou sous quelque prétexte que ce puisse être, pas même pour se promener; » elle refuse des plumes, de l'encre et du papier à Fouquet, mais elle permet que Saint-Mars « lui fasse fournir des livres, observant néanmoins de ne lui en donner qu'un à la fois, et de prendre soigneusement garde, en retirant ceux qu'il aura eus en sa disposition, *s'il n'y a rien d'écrit ou de marqué dedans;* » elle charge Saint-Mars d'acheter les habits et le linge dont le prisonnier aura besoin, et de lui choisir un valet, qui *sera pareillement privé de toute communication, et n'aura non plus de liberté de sortir que ledit Fouquet;* elle charge aussi Saint-Mars de lui donner un confesseur lorsqu'il *voudra* se confesser, « en observant néanmoins de n'avertir ledit confesseur qu'un moment avant qu'il doive entendre ledit Fouquet, et de ne lui pas donner la même personne pour le confesser; » elle recommande à Saint-Mars de *tenir Sa Majesté avertie de temps en temps de ce que fera* le prisonnier.

Nous abrégeons le détail des mille précautions prises à l'égard de Fouquet et de sa parfaite séquestration : les

(1) Tome XIII des *Défenses de M. Fouquet.*

lettres de Louvois à Saint-Mars sont nombreuses, et toutes tendent à rendre de plus en plus secrète la captivité de Fouquet.

A la fin de 1672, la prison du surintendant commença de s'adoucir; on lui rendit une lettre de sa femme avec permission d'y répondre *en présence* de Saint-Mars; dès lors, d'autres lettres de M$^{me}$ Fouquet lui parvinrent de même par l'entremise de Louvois, qui faisait examiner et visiter ces lettres soumises à des analyses chimiques pour qu'on n'y pût cacher quelque écriture faite avec une encre invisible. Mais, nonobstant des adoucissements progressifs dans la captivité de Fouquet, la surveillance de Saint-Mars était aussi active.

II. L'anecdote de l'assiette d'argent trouvée par le pêcheur des îles Sainte-Marguerite est rapportée d'une autre manière dans le *Voyage en Provence*, par le Père Papon, qui la tenait d'un vieil officier, dont le père avait été attaché à la garde du *Masque de fer*. Selon cet officier, ce ne serait pas une assiette, mais une chemise très-fine sur laquelle le prisonnier aurait écrit *d'un bout à l'autre :* un frater vit cette chemise tomber dans la mer et l'apporta dépliée à M. de Saint-Mars. L'origine de cette anecdote, dont la conclusion terrible est très-discutable, nous paraît exister dans les passages de deux lettres de Louvois à Saint-Mars : « Votre lettre m'a été rendue avec le nouveau mouchoir sur lequel il y a de l'écriture de M. Fouquet (1). — Vous pouvez lui déclarer que s'il emploie encore son linge de table à faire du papier, il ne doit pas être surpris si vous ne lui en donnez plus (2). »

---

(1) 18 décembre 1665.
(2) 21 novembre 1667.

Fouquet mettait de l'écriture partout, même sur ses rubans et la doublure de ses habits (1).

Quant aux égards que Louvois montrait pour le *Masque de fer*, en se découvrant devant lui, on peut penser que ce ministre eût accordé des marques de déférence au malheur et à la vieillesse, s'il se rencontra jamais avec Fouquet dans un de ces voyages rapides et mystérieux qu'il faisait souvent (2). Louvois, dans ses lettres à Saint-Mars, ne s'exprime jamais qu'avec beaucoup de politesse en parlant de Fouquet : « Je vous prie, écrit-il le 26 décembre 1677, de faire à M. Fouquet un remerciement de ma part sur toutes ses honnêtetés. » Les beaux habits, le linge fin, et tout ce qu'on prodiguait au prisonnier masqué pour lui rendre la vie plus douce, n'étaient pas non plus refusés à Fouquet : l'ameublement de sa seconde chambre à Pignerol coûta plus de 1200 livres (3) ; les habits et le linge que Saint-Mars lui fournit en treize mois coûta d'une part, 1042 livres, et de l'autre, 1646 livres (4) ; Fouquet avait des flambeaux d'argent dont il fit faire des assiettes et une salière (5), on renouvela plusieurs fois ses *tapis* pendant seize ans de prison ; il avait par an deux habits neufs, l'un d'hiver et l'autre d'été, etc.

On pourrait encore appliquer à Fouquet une partie de ce que la tradition nous fait connaître de la taille, de l'air majestueux, de la voix intéressante et de l'esprit orné du prisonnier masqué. Fouquet n'était pas beau de

(1) Lettre de Louvois, du 14 février 1667.
(2) Voyez le *Mercure galant*, de mai 1680.
(3) Lettre de Louvois, 20 février 1665.
(4) Lettres de Louvois, 12 décembre 1665 et 22 février 1666.
(5) Lettre de Louvois, 7 août 1665.

visage, il est vrai; mais l'abbé de Choisy, dans ses *Mémoires*, nous le montre « savant dans le droit, et même dans les belles-lettres; sa conversation légère, ses manières aisées et agréables; répondant toujours des choses agréables. » Ses portraits lui donnent une figure spirituelle, un regard fier, une superbe chevelure : en un mot, sa bourse, comme on l'a très-bien dit, n'était pas le seul aimant qui lui gagnât les cœurs, puisque M$^{me}$ de Sévigné l'estimait assez pour en faire un ami (1).

III. Il est certain qu'avant l'année 1680, Saint-Mars ne gardait à Pignerol que deux prisonniers importants, — Fouquet et Lauzun; cependant, *l'ancien prisonnier qu'il avait à Pignerol*, suivant les termes du journal de M. Dujunca, dut se trouver dans cette forteresse avant la fin d'août 1681, époque du passage de Saint-Mars au fort d'Exiles, où le roi l'envoyait en qualité de gouverneur, pour le récompenser de son zèle dans la garde de Fouquet. C'est donc dans l'intervalle du 23 mars 1680, date supposée de la mort de Fouquet, au 1$^{er}$ septembre 1681, que le *Masque de fer* parut à Pignerol, d'où Saint-Mars n'emmena que *deux* prisonniers à Exiles; or, l'un de ces prisonniers fut probablement l'homme au Masque; le second, qui ne nous est pas connu, était mort en 1687, puisque Saint-Mars, qui eut cette année-là le gouvernement des îles Sainte-Marguerite, ne conduisit qu'*un seul* prisonnier dans cette nouvelle prison.

IV. La correspondance de Louvois avec Saint-Mars fait mention, il est vrai, de la mort de Fouquet, que lui aurait annoncée une lettre de Saint-Mars, écrite le 23 mars 1680; cette correspondance, datée des 8, 9 et 29

---

(1) Voir ses *Lettres, passim*.

avril, répète plusieurs fois, *feu M. Fouquet*, en ordonnant de remettre le corps du défunt aux *gens* de M^me Fouquet, et de transférer Lauzun dans la chambre mortuaire meublée et tapissée à neuf; mais il est remarquable que, dans les lettres postérieures, Louvois dise comme à l'ordinaire, *M. Fouquet*, sans faire précéder ce nom de la qualification de *feu*, qu'il employait auparavant. Les contradictions des contemporains au sujet de la mort de Fouquet ne sont pas moins extraordinaires que celle des dates; et l'absence, presque complète, de pièces y relatives, laisse beaucoup à présumer. « Conçoit-on, par exemple, que Louvois n'accuse réception de la lettre d'avis de Saint-Mars que le 3 avril, tandis que la *Gazette de France* du 6 publiait cette nouvelle (1) et que M^me de Sévigné la savait cinq jours auparavant (2). Le courrier portant les dépêches du ministre serait donc resté plus de quatorze jours en chemin, et la poste de Pignerol aurait fait la même route en moins de huit jours?... Comment expliquer le silence du *Mercure galant* sur cette mort d'un personnage célèbre, quand on trouve dans ce journal, le fidèle relevé des décès principaux de chaque mois? Etrange mort que celle-ci, qui eut lieu à Pignerol le 23 mars, et qui était sue le 25 à Paris!

« Quoi! pas un acte authentique pour constater la mort d'un homme qui a fait autant de bruit par sa disgrâce que par sa fortune, pour imposer silence aux soupçons toujours prêts à chercher un crime dans une mort entourée du mystère de la prison d'Etat, pour forcer l'histoire à enregistrer le terme de cette grande et illustre captivité!

(1) Dans son numéro 28.
(2) Voyez une lettre de Bussy-Rabutin, à M^me de M***, en date du 25 mars 1680.

Rien qu'une dépêche, presque énigmatique, du ministre de la guerre ; rien que la restitution d'un cadavre dans un cercueil ; rien que l'extrait d'un obituaire de couvent constatant l'inhumation un an après (1) !»

Le 9 avril 1680, Louvois écrit de Saint-Germain à Saint-Mars : «Le roi me commande de vous faire savoir que Sa Majesté trouve bon que vous fassiez remettre aux gens de M$^{me}$ Fouquet le corps de feu son mari, pour le faire transporter où bon lui semblera.» Cependant ce ne fut qu'un an plus tard que le corps, transporté à Paris, fut inhumé le 28 mars 1681, en l'église du couvent des Filles de la Visitation Sainte-Marie, dans la chapelle de Saint-François-de-Sales où François Fouquet, père du surintendant, reposait sous les marches de l'autel depuis quarante ans. François Fouquet avait une fastueuse épitaphe qui énumérait ses titres et ses vertus ; mais Nicolas, son fils, n'eut pas même son nom gravé sur une lame de cuivre, dans un temps où l'Académie des inscriptions et des médailles secondait la sculpture pour immortaliser les tombeaux.

La mort de Fouquet n'était pas avérée de son temps, surtout pour ses amis, puisque La Fontaine, qui avait eu des accents si douloureux pour gémir sur la chute d'*Oronte*, ne donne pas un vers de regret à son Mécène ; puisque Gourville, qui fut en correspondance avec son ami Fouquet jusqu'au dernier moment, ne mentionne ni le temps, ni le lieu de sa mort dans ses *Mémoires* ; puisque enfin la famille de Fouquet elle-même était incertaine du sort de cet infortuné.

V. Quiconque approfondit le procès de Fouquet, ne

---

(1) Paul Lacroix, déjà cité.

peut être étonné du dénoûment de cette captivité. Voici comment Louis XIV, dans ses *Mémoires et instructions pour le Dauphin son fils,* parle de la chute du surintendant : « La vue des vastes établissements que cet homme avait projetés, et les insolentes acquisitions qu'il avait faites, ne pouvaient manquer qu'elles ne convainquissent mon esprit du déréglement de son ambition ; mais, quelque artifice qu'il pût pratiquer, je ne fus pas longtemps sans reconnaître sa mauvaise foi ; car, il ne pouvait s'empêcher de continuer ses dépenses excessives, de fortifier des places, d'orner des palais, de former des cabales, et de mettre sous le nom de ses amis des charges importantes qu'il leur achetait à mes dépens, dans l'espoir de se rendre bientôt l'arbitre souverain de l'État. »

Il n'y a rien d'exagéré dans ces paroles ; au contraire.

Les griefs et la juste antipathie du roi contre l'ambitieux Fouquet étaient encore accrus par l'audace que le surintendant avait eue de porter ses vues sur M$^{lle}$ de La Vallière, que Louis XIV aimait en secret. Il ne faut cependant pas s'arrêter exclusivement à ce dernier motif pour expliquer la disgrâce de Fouquet. Comme l'a très-bien dit l'impartial biographe de Colbert (1) : « Jusqu'à présent, on a généralement considéré Fouquet comme la victime d'une intrigue de cour, et l'on répète même encore de très-bonne foi que Louis XIV fut animé dans sa conduite, durant toute cette affaire, par un lâche ressentiment particulier ; enfin, on veut toujours voir l'amant derrière le roi. Cette opinion, je ne crains pas de le dire, est essentiellement erronée, injuste, et la lecture de la pièce qui motiva la condamnation de Fouquet portera... la convic-

---

(1) M. Pierre Clément, dans son *Etude hist. sur Nicolas Fouquet.*

tion dans tous les esprits. Cette pièce n'a encore été reproduite, même sommairement, par aucun biographe... L'écrit original, tracé en entier de la main du surintendant, fut découvert... derrière une glace. On trouva également dans les papiers du surintendant deux engagements conçus dans une forme des plus étranges, et tous les deux fort compromettants, l'un du capitaine Deslandes, l'autre du président Maridor. Il n'est pas sans intérêt de les transcrire ici... Ils donneront au moins une idée de la légèreté de l'homme qui les acceptait et qui les oubliait dans ses papiers, après tous les bruits que ses amis lui avaient redits depuis la fête de Vaux. Voici d'abord l'engagement de ce capitaine Deslandes :

« Je promets et donne ma foi à monseigneur le pro-
» cureur général surintendant des finances et ministre
» d'État, de n'estre jamais à autre personne qu'à lui, au-
» quel je me donne et m'attache du dernier attachement
» que je puis avoir, et je lui promets de le servir géné-
» ralement *contre toute personne sans exception*, et de
» n'obéir à personne qu'à lui, ni mesme d'avoir aucun
» commerce avec ceux qu'il me défendra, et de lui re-
» mettre la place de Concarneau, qu'il m'a confiée, toutes
» les fois qu'il l'ordonnera ; je lui promets de sacrifier
» ma vie *contre tous ceux qu'il lui plaira, de quelque*
» *qualité et condition qu'ils puissent estre, sans en excepter*
» *dans le monde un seul*, et pour assurance de quoi je
» donne le présent billet escrit et signé de ma main.....
» Fait à Paris, le 2 juin 1658.
                    » *Signé* Deslandes. »

L'engagement du président Maridor était conçu dans les termes suivants :

« Je promets à monseigneur le procureur général, » *quoi qu'il puisse arriver*, de demeurer en tout temps » parfaitement attaché à ses intérêts, et *sans aucune re-* » *serve ny distinction de personnes et de quelque qualité* » *et condition qu'elles puissent estre*, étant dans la réso- » lution d'exécuter *aveuglément* ses ordres dans toutes » les affaires qui se présenteront et le concerneront per- » sonnellement. Faict ce vingtiesme octobre 1658.

» *Signé* Maridor. »

De bonne foi, que pouvaient signifier de pareils écrits? Mais cela n'était rien encore comparé à la pièce principale, — au projet de révolte. Ce projet se composait de vingt-six pages d'écriture de la main même de Fouquet, et surchargées par lui à diverses reprises. Écrit en 1657, il avait été modifié sensiblement en 1658, après l'acquisition de Belle-Isle, qu'il avait fait fortifier avec soin.

Nous voudrions pouvoir reproduire en entier cette pièce, mais sa longueur s'oppose à ce que nous le fassions : on la trouvera dans l'*Histoire de Colbert*, de M. P. Clément. Voici en quels termes cet écrivain impartial a résumé le contenu du projet de révolte imaginé par Fouquet : « En lisant cette pièce, les réflexions viennent en foule, et l'on ne sait s'il faut plus s'étonner de la légèreté excessive de celui qui l'a écrit, de la naïveté avec laquelle il comptait sur le dévouement des hommes qu'il avait gorgés d'argent pendant sa prospérité, ou des folles idées qu'il se faisait sur son importance politique dans l'État... Mais, pour paraître incroyable, le projet de Fouquet n'en était pas moins très-réel. Il semble aujourd'hui que cette pièce seule eût dû suffire pour justifier un procès dont l'issue n'aurait pu être douteuse. En effet, malversations, abus des deniers publics pour s'attacher des créatures au préjudice de l'État, plan de guerre civile : ces trois griefs sont écrits à chaque ligne. »

En terminant le compte-rendu du procès de Fouquet, M. P. Clément apprécie en ces termes la conduite de Louis XIV, modifiant l'arrêt de bannissement perpétuel du surintendant en la prison perpétuelle : « Cette décision, inspirée par la politique, par la raison d'État, fut un véritable coup d'État. Pour quiconque aura lu avec quelque attention le projet de Fouquet, il est évident que ce projet constituait le crime d'État le plus caractérisé. On objectait vainement qu'il n'avait pas reçu un commencement d'exécution. Il y avait d'abord les séductions à prix d'argent ; ensuite, cette exécution n'avait pas eu lieu par des motifs indépendants de Fouquet... La politique que le roi adopta dans cette mémorable circonstance se rattachait à la politique violente, révolutionnaire en quelque sorte, mais ferme et prévoyante du cardinal de Richelieu. Supposez que Fouquet fût passé à l'étranger et qu'il s'y fût mêlé à quelques intrigues, comme son caractère léger devait le faire craindre naturellement, quel échec moral, quelle déconsidération pour le gouvernement ! Non-seulement la détention perpétuelle prévenait de telles conséquences, mais elle inspirait une frayeur salutaire aux ambitieux, aux brouillons, quel que fût leur rang; elle donnait du gouvernement, aux autres puissances, une opinion que l'on avait le plus grand intérêt à accréditer, — à savoir, qu'il n'était plus dominé par les partis, qu'il était maître de ses mouvements, libre dans ses desseins. Il ne faut pas oublier enfin, en appréciant le parti adopté par Louis XIV, que Fouquet fut surtout un prétexte pour l'opposition du temps. »

VI. Enfin, l'histoire du geôlier peut servir encore à éclaircir celle du prisonnier. Saint-Mars, par le crédit de sa belle-sœur et de Louvois, avait été choisi pour surveiller Fouquet aussitôt après l'arrestation de celui-ci. On le nomma, en 1664, capitaine d'une compagnie franche, avec le titre de commandant de la prison de Pignerol, pour garder Fouquet dans cette citadelle. Tant que dura ostensiblement la prison du surintendant, Saint-Mars jouit d'un crédit considérable à la cour. Cependant il refusa, en 1687, le commandement de la citadelle de Pignerol, que le roi lui offrit en récompense de ses services, et n'accepta qu'à regret le commandement du fort d'Exiles, où il se rendit la même année avec *deux* prisonniers seulement, amenés de Pignerol chacun dans une litière fermée. L'un de ces prisonniers mourut à Exiles, puisque Saint-Mars n'en transféra qu'un aux îles Sainte-Marguerite, dont il fut institué gouverneur en 1687. Ces changements de résidence n'étaient pas sans doute sans dangers et inconvénients, et sans doute Saint-Mars les souhaitait peu ; car, en 1698, il essaya de refuser encore le gouvernement de la Bastille, que Barbezieux le força de prendre. Il revint donc à Paris avec *son prisonnier* et les personnes de confiance qui possédaient ce secret. Saint-Mars obéit à contre-cœur, comme s'il craignait de perdre *son* prisonnier, qui ne vécut que quatre ans et demi à la Bastille.

Les lettres de Saint-Mars prouvent qu'il désignait Fouquet par cette qualification : *mon prisonnier*, quoique bien d'autres prisonniers fussent sous sa garde, et qu'il continuait à employer le même terme à l'égard du *Masque de fer*, après la prétendue mort de Fouquet. Il écrivait d'Exiles à Louvois, le 20 janvier 1687 : « Je donnerai si bien mes ordres pour la garde de *mon prisonnier* que je puis bien vous en répondre. » Il lui écrivait des îles Sainte-Marguerite, le 3 mai 1687 : « Je n'ai resté que douze jours en chemin, à cause que *mon prisonnier* était malade... Je puis vous assurer, monseigneur, que personne au monde ne l'a vu, et que la manière dont je l'ai gardé et conduit pendant toute ma route fait que chacun cherche à deviner qui peut être *mon prisonnier*. » N'est-ce pas le même personnage à différentes époques? Les ministres se servaient aussi d'une dénomination semblable pour Fouquet et le *Masque de fer;* Louvois, en parlant du surintendant à Saint-Mars, dit fréquemment *votre prisonnier*, comme faisait, en 1691, Barbezieux, en parlant de l'homme au masque.

M. Dujunca, que M<sup>me</sup> de Sévigné traite d'*ami*, consigna sur son journal l'entrée du *Masque de fer* à la Bastille, et peut-être chercha-t-il à pénétrer ce secret d'État. On pourrait penser qu'il avait reconnu Fouquet sous le masque de velours noir, et confié ce mystère à M<sup>me</sup> de Sévigné, qui alla elle-même à la Bastille, le 6 août 1703, un mois et demi avant la mort de *Marchialy*, qui n'était autre que l'ex-surintendant.

Ainsi, par tout ce qu'on vient de lire (sans compter toutes les autres inductions que nous aurions pu produire), il reste bien prouvé que le *Masque de fer* n'était autre que Fouquet, et que la vraie date de sa mort, à la Bastille, est l'année 1703, vers la fin de septembre, et non 1680.

## LE PÈRE LORIQUET.

On sait quelle guerre acharnée fut déclarée en 1825, à la religion catholique, et surtout aux Ordres religieux en France. Pour mieux perdre les jésuites dans la mobile opinion des Français, on affecta de personnifier ces hommes éminents dans le P. Loriquet, auteur d'une *Histoire de France*, devenue célèbre ; et, par des manœuvres odieuses, on concentra sur l'inoffensif écrivain tout l'effort de la presse antichrétienne.

« Dans les bureaux d'un journal fait par des apostats et des intrigants de toutes les espèces, un ancien élève des jésuites, qui, par une inconcevable perversité d'esprit, se plaisait à débiter les plus saugrenues propositions, imagina contre les jésuites cette fable aussi effrontée que ridicule, du *Marquis de Buonaparte*, qu'il prétendit avoir tirée d'une première édition de l'*Histoire de France* du savant et respectable P. Loriquet. Cependant, ce célèbre jésuite ne l'a jamais écrit ni pensé. Cela n'a jamais été mis dans son *Histoire*. Il était très-facile de le vérifier. N'importe, il fallait ameuter le buonapartisme contre les jésuites. Le *Constitutionnel* soutint avec audace que ce qui n'était pas dans le livre du P. Loriquet, ce que cent mille écoliers n'y avaient jamais vu, s'y trouvait. Il le dit si souvent qu'on le crut, et qu'il accrédita, chez le plus spirituel de tous les peuples, le plus impertinent et le plus stupide mensonge qu'on puisse faire. »

Ces lignes ont été écrites en 1845, par M. Martial-Marcet de la Roche-Arnaud (1), devenu le défenseur des jésuites, qu'il avait poursuivis des plus vives attaques en 1826, dans un libelle qui fit alors du bruit, et où il développait les idées du comte de Montlosier (2). Le témoignage de M. M.-M. de la Roche-Arnaud ne saurait donc être suspect en cette circonstance.

La calomnie, qui avait poursuivi si longtemps le P. Loriquet, ne l'abandonna pas sur le bord du tombeau. Il fallait que, pour peser de plus haut sur lui, elle s'élançât de l'arène des journalistes et des pamphlétaires à une tribune officielle, et qu'au sein du premier corps politique une voix se rendît l'écho de ces niaises et absurdes imputations. La discussion du projet de loi sur l'instruction secondaire, présenté par M. Villemain à la Chambre des Pairs, fournit, le 30 avril 1844, à M. Passy, la triste occasion d'un discours qu'il a sans doute regretté, quand la passion refroidie a pu laisser parler sa raison et sa conscience.

Cette fois le coup ne portait pas sur le P. Loriquet seul ; ou plutôt le contre-coup atteignait la Compagnie de Jésus tout entière, qu'on ne voulait pas admettre à faire concurrence, en matière d'enseignement, aux établissements de l'Université ; il atteignait même tout le clergé, qu'on dé-

(1) Dans son *Mémoire à consulter sur le rétablissement des Jésuites en France*, p. 42.
(2) Ce libelle avait our titre : *Les Jésuites modernes, pour faire suite au Mémoire de M. le comte de Montlosier.*

clarait incapable d'élever la jeunesse ; comme si en supposant la vérité du fait si ridiculement imputé au P. Loriquet, il était logique de conclure du particulier au général. Dans cette situation nouvelle, l'auteur calomnié s'adressa directement à M. Passy. Le 9 mai 1844, il prépara cette réponse (1), dont la vigueur est expliquée par l'importance des intérêts qu'on avait mis en question.

« Monsieur, disait le P. Loriquet, c'est l'auteur d'une *Histoire de France*, attaquée par vous devant la chambre des pairs, qui prend enfin la liberté de vous écrire. Le 29 avril dernier, vous m'avez appris, et à bien d'autres encore que, dans cet ouvrage, j'avais donné à Napoléon les titres de *marquis de Buonaparte* et de *lieutenant-général des armées de Louis XVIII*. Non content de le dire, vous l'avez soutenu devant la noble chambre ; vous n'avez pas reculé, même en présence de toutes les éditions réunies, lesquelles vous donnaient, pardonnez-moi l'expression, le démenti le plus formel.

» Je dois à la vérité, combattue par vous avec persistance, d'en appeler au tribunal de votre conscience, et de réclamer personnellement contre une assertion mensongère, que, du reste (car je crois à votre bonne foi), vous n'avez pu reproduire que trompé vous-même par des ouï-dire, par des rapports dénués de tout fondement.

» Sans doute, il peut se trouver un faussaire capable de faire ce qu'on appelle un *carton*, de mettre telle sottise qu'il voudra sur un feuillet détaché, et de substituer, dans quelques exemplaires, le faux texte au texte véritable de l'auteur.

» Supposé donc que le feuillet postiche existe, et qu'il

(1) Cette lettre, que nous reproduisons intégralement, a paru pour la première fois en 1845, dans la *Vie du R. P. Loriquet*, p. 328 à 336.

vous tombe sous la main, et que vous puissiez le présenter à la chambre des pairs... Mais les cent mille exemplaires, tirés et répandus de toutes parts depuis 1814, sont encore là pour protester contre l'imposture : mais l'ouvrage stéréotypé existe, toujours le même depuis près de trente ans, chez l'imprimeur, et son immuable existence est une réclamation perpétuelle, irrécusable. Mais le feuillet, ou peut-être la feuille entière clandestinement substituée à la véritable, si toutefois elle existe, examinée de près par des connaisseurs, donnera toujours, par la différence même du caractère et du papier, de quoi confondre le coupable et le ridicule auteur de cet odieux guet-apens. Enfin il y a aujourd'hui, soit à Paris, soit à Lyon et dans toute la France, tant d'établissements, tant de maîtres et de maîtresses, tant de milliers d'élèves, qui, depuis 1814, ont eu, ont même encore cet ouvrage entre leurs mains ! Veuillez les interroger en tel nombre qu'il vous plaira ; pour abréger les recherches, indiquez-leur seulement le chiffre de la page maudite; faites-vous même aider dans cet important travail par M. Portalis, qui a été pour vous une autorité : vous me direz ensuite, ou plutôt encore à la chambre des Pairs devant laquelle vous vous êtes fait mon dénonciateur, combien vous aurez trouvé de personnes qui aient lu, dans mon *Histoire de France*, la sotte phrase du *marquis de Buonaparte, lieutenant-général des armées de Louis XVIII*.

» Avant de terminer, permettez, Monsieur, à l'ignorant écrivain de vous faire observer qu'il y aurait encore bien des choses à dire sur votre discours du 29 avril, et que, selon lui, vous avez beaucoup trop compté sur l'indulgence tant de la chambre que du public. Ainsi, vous aviez complétement oublié le fait de Galilée : il fut condamné, non pas comme hérétique, mais comme ayant voulu prouver son système par l'Écriture sainte, ce qui est bien différent : toutes les personnes un peu instruites le savent et en conviennent maintenant, excepté l'orateur du 29.

» Vous avancez hardiment que le clergé est resté en arrière, même dans les sciences les plus élevées. Lalande vous apprendrait le contraire en cas de besoin. Mais n'avez-vous pas connu l'abbé Haüy? Ne connaissez-vous pas l'astronome du collége romain, ni l'archevêque actuel de Chambéry, ni les auteurs d'un gigantesque ouvrage sur la cathédrale de Bourges, ni l'architecte de la future cathédrale de Boulogne, sortant de terre et s'élevant à sa voix? Combien d'autres, dans tous les genres, je pourrais citer encore!... Qui donc a trouvé et démontré le vrai système du monde? c'est un chanoine polonais, c'est Copernic. Qui donc a imaginé, exécuté même les premiers aérostats? c'est un Jésuite portugais... *Infandum!* etc., etc., etc.

» Des sciences, passons, s'il vous plaît, aux lettres et à l'enseignement. En quoi la *Congrégation fameuse* (car maintenant c'est le nom qu'on lui donne, a-t-elle manqué et manque-t-elle encore de sincérité et de vérité? Les écrivains, dites-vous, dès qu'ils approchent des époques où la foi fut en danger, où Rome eut à se défendre des attaques de l'hérésie, changent de voix; leur langage s'altère, et la vérité, faussée à dessein, finit par faire place à l'invention et même au mensonge. C'est vous-même, Monsieur, qui auriez ici à vous défendre, si vous le pouviez, non de mensonge (car je ne répondrai pas à une insulte par une insulte), mais d'une profonde ignorance. Qui donc, si ce n'est vous, ignore que ce sont les hérétiques du xvie siècle, et à leur suite les écrivains prétendus philosophes, qui ont dénaturé toute l'histoire, celle surtout de l'Église catholique et des Souverains Pontifes; et que, tout nouvellement, ce sont des écrivains protestants qui, avec nous, ou même avant nous, ont signalé et voué au mépris les mensonges historiques des dignes disciples de Voltaire, formés par lui à mentir hardiment au genre humain, par la raison péremptoire qu'il en reste toujours quelque chose ?

» J'aurais bien aussi quelques mots à ajouter sur l'échafaudage de vos raisonnements au sujet des pauvres Jésuites. Donnons-en d'abord l'analyse.

» 1° L'auteur de l'*Histoire de France* a écrit cette ligne : *Le marquis de Buonaparte, lieutenant-général des armées de Louis XVIII.* Donc, c'est un ignorant et un menteur.

» 2° Cet ignorant menteur appartient à une corporation composée de Jésuites. Donc, les Jésuites forment une collection d'ignorants et de menteurs.

» 3° Ces ignorants menteurs ont travaillé sur l'histoire. Donc, ils n'ont pu que travestir et fausser l'histoire, surtout celle des temps modernes.

» 4° Enfin, dans leur enseignement, ils pourraient bien avoir passé de l'altération des faits sacrés ou profanes à l'altération du dogme et de la morale. Mais c'est justement ce qu'a fait la congrégation fameuse ; c'est elle qui a perverti les mœurs du siècle dernier ; c'est elle qui a élevé Voltaire et consorts. Et elle savait bien ce qu'elle faisait, auriez-vous pu dire : n'est-ce pas le P. Porée qui un jour dit à Voltaire, son élève en rhétorique : *Malheureux ! tu seras donc le coryphée des incrédules !*

» Malheureusement pour votre argumentation, le principe, le fait dont vous partez est nié. Alors, que deviennent vos raisonnements? que devient surtout votre conclusion? De plus, une légère attention fera reconnaître que chacune de vos propositions ne sort de la précédente que par une induction arbitraire, et que la conclusion finale ne sort pas légitimement des prémisses : d'où je conclus, à mon tour, qu'avant de reprendre la parole en public, et surtout devant la noble chambre où l'on compte tant d'esprits éminents en tout genre, il serait très-sage à vous de repasser sérieusement votre cours de logique.

» Daignez excuser, Monsieur, ce qu'il peut y avoir de vif et d'incisif dans cette lettre : du moins, ce n'est pas sous les yeux de la France que je l'écris; c'est aussi à vous *seul* que je l'adresse, dans l'espérance que vous voudrez bien m'honorer d'un mot de réponse, non pour entamer ou continuer une discussion pénible, mais pour me faire savoir si je puis désormais espérer de vivre aussi inconnu que peut l'être une personne qui n'a jamais voulu jusqu'à présent attacher son nom à aucun ouvrage.

» Veuillez agréer, Monsieur, l'hommage de ma parfaite considération. »

Quoique cet appel à la conscience de M. Passy dût rester enseveli dans le secret d'une communication toute personnelle, comme l'avait désiré le P. Loriquet; sa famille, justement jalouse de l'honneur de son nom, n'a pas hésité à publier cette lettre, qui lave entièrement le vénérable religieux d'un odieux ridicule.

M. M.-M. de La Roche-Arnaud, déjà cité, publia dans *la Quotidienne*, le 21 mai 1844, une lettre adressée par lui à M. Passy, où nous remarquons le passage suivant :

« Vous avez... osé répéter et transcrire mot à mot le passage d'une *Histoire* fort répandue, et dans toutes les mains, comme si vous l'aviez lu de vos propres yeux.

» Eh bien ! cette étrange stupidité, comme vous aurez pu aisément le savoir, n'est pas plus des jésuites que tant d'autres indignités qu'on leur attribue. Je vous apprends, Monsieur, que ce passage du *marquis de Buonaparte*, que vous avez tant fait valoir à la Chambre des Pairs, a été fabriqué, il y a vingt ans, à Paris, rue Montmartre, dans les bureaux d'un journal où vous ne pouvez pas ignorer que s'élaboraient alors ces basses et ténébreuses erreurs dont la *glorieuse* et *immortelle* révolution de Juillet a été la suite.....

» Ce trait, sans doute, ne fait guère plus d'honneur à la probité des inventeurs de ce passage qu'à leur discernement ; mais enfin cela est ainsi ; et, grâce à cette sublime fiction, trois écrivains de ce spirituel et honnête journal ont mérité, avant vous, d'être élevés à l'honneur de la pairie. »

Voici maintenant quelques détails — relatifs aux diverses éditions de l'*Histoire de France* du P. Loriquet, — qui détruisent de fond en comble les allégations de M. Passy et consorts.

La première édition stéréotypée de cet ouvrage est la huitième (1824), revue, corrigée, etc. Elle a servi de modèle à toutes celles qui ont suivi jusqu'à ce jour, même à celle de 1825, in-12. Elle diffère de la septième (1827) par quelques modifications en plus ou en moins (aux pages 149, 224, 325 et ailleurs). Quant à la septième elle-même, elle est en tout conforme aux précédentes jusqu'à la troisième (1817), où il y a quelques peu notables variantes. Du reste, l'édition de 1817 est en tout conforme à celle de 1816, c'est-à-dire à la deuxième. Or, relativement au *marquis de Buonaparte*, etc., celle-ci a reçu l'absolution de M. Passy. Quant à la première (1810, parue en 1814), c'est une autre affaire. Celle-là, dit-on, renferme la phrase. Mais la première édition s'arrêtait à la mort de Louis XVI. Qui, à cette époque, se doutait qu'il y eût un *Buonaparte* au monde?

Quand le comte de Montalembert a produit à la Chambre des Pairs un exemplaire de cette première édition, toute la Chambre a pu s'assurer que le P. Loriquet s'y est arrêté à la mort de Louis XVI, et qu'il n'a pas eu, par conséquent, l'occasion d'y nommer *Buonaparte*.

# L'ÉVÊQUE VIRGILE ET LES ANTIPODES.

On lit dans plusieurs ouvrages du siècle dernier, des phrases telles que celles-ci, relativement à la question qui va nous occuper : « Le tribunal de la Religion ne s'étend point sur les questions purement physiques... et ces matières sont si peu de la connaissance de l'Église, qu'on a vu autrefois déclarer hérétiques ceux qui soutenaient qu'il y avait des Antipodes. — Le prêtre Virgile fut condamné comme hérétique par le pape Zacharie, pour avoir enseigné qu'il y avait des Antipodes. »

Nous ne citons ces paroles absurdes, que parce qu'elles renferment assez nettement le sujet de cet article. Les hérétiques déclarés publient avec plaisir tout ce qu'ils croient propre à rendre Rome catholique odieuse et méprisable. Aussi, un des premiers qui a parlé de la condamnation de Virgile par le pape Zacharie, pour avoir soutenu qu'il y avait des Antipodes, est Jean Aventin, auteur du XVIe siècle, dans ses *Annales de Bavière* (1).

D'autres hérétiques un peu moins hardis, parce qu'ils

(1) *Annales* Boïorum ab origine usque ad annum 1508.

sont moins sincères, sont bien aises d'insinuer à tout propos que l'Église peut se tromper dans ses décisions, qu'elle entreprend quelquefois de juger sur des choses qui ne sont point de son ressort, et que pour lors on ne lui doit aucune *soumission intérieure*, mais tout au plus *un silence respectueux, en attendant qu'elle s'aperçoive de son erreur, ou qu'elle se corrige, soit en se rétractant, soit en souffrant qu'on enseigne dans un temps tout le contraire de ce qu'elle a décidé dans un autre.*

Il faut encore mettre les Cartésiens parmi ceux qui font valoir autant qu'ils peuvent la fable que nous prétendons détruire : leur chef, Descartes, dans le chagrin que lui causait le décret de l'Inquisition, qui défendait d'enseigner le système de Copernic, sur lequel toute sa physique est fondée, a osé dire que le mouvement de la terre passerait à Rome après y avoir été condamné (ce sont ses termes), et qu'il en arriverait ce qui est autrefois arrivé au sujet des Antipodes.

Arrêtons-nous seulement ici à examiner, selon les règles de l'histoire et de la saine critique, le fait du pape Zacharie, qui est le seul qu'on allègue pour prouver que *l'Église a déclaré hérétiques ceux qui soutenaient qu'il y avait des Antipodes.*

Ce fait est du viiie siècle, et quand tous les auteurs du xvie et du xviie siècle, en se copiant les uns les autres, l'auraient raconté d'une manière uniforme, on serait toujours en droit d'en revenir à l'examen, de remonter aux premières sources, et de rapprocher toutes les circonstances qui, dans ces sortes de matières, peuvent nous aider à débrouiller et à éclairer la vérité.

Pour exposer simplement le fait dont il s'agit, nous nous contentons de citer l'*Histoire ecclésiastique* de

Fleury, et nous ne pouvons mieux faire que d'emprunter même ses expressions, autant que nous le pourrons.

Saint Boniface, qui était natif d'Angleterre, avait commencé dès l'an 716 à étendre en Allemagne la religion chrétienne sur les ruines de l'idolâtrie, et son apostolat dura jusqu'à sa mort, qui arriva en 755. Virgile, né en Irlande, ne vint en Allemagne, dans le même dessein, que plusieurs années après saint Boniface, et, comme on croit, en 738. Ce n'est que vers l'an 742 que l'histoire parle de quelque petit différend qu'il eut avec saint Boniface, et qui peut bien avoir été la source de leur mésintelligence. Fleury rapporte cet événement (1) en ces termes : « Virgile et Sidonius, prêtres qui travaillaient en Bavière sous la conduite de saint Boniface, écrivirent au pape Zacharie qu'il s'était trouvé dans cette province un prêtre qui, ne sachant point le latin, baptisait en cette forme : *Baptizo te in nomine Patria, et Filia et Spiritua Sancta*, et que Boniface avait jugé que l'on devait réitérer le baptême ainsi donné. Le pape lui écrivit qu'il s'étonnait de sa décision. — Nous ne pouvons, dit-il, consentir que l'on baptise de nouveau ceux que ce prêtre a baptisés ainsi par une simple ignorance de la langue, sans introduire aucune erreur; puisqu'on ne baptise point ceux mêmes qui ont été baptisés par les hérétiques, pourvu que ce soit au nom de la Trinité. »

Il est à remarquer que le pape Zacharie, dans cette lettre, parle avec honneur de Virgile et de Sidonius : *Virgilius et Sidonius religiosi viri*. Mais soit que cette espèce de victoire que Virgile avait remportée sur Boniface l'eût rendu un peu fier, soit plutôt que des gens

---

(1) Tome IX, livre XLII, p. 327, n° 47.

brouillons et ennemis de la paix, comme il s'en trouve partout, prissent plaisir à mettre de la discorde entre ces saints personnages, on vint dire à saint Boniface (1) que Virgile s'était vanté, à son retour, que le pape l'avait renvoyé pour succéder au premier mourant des quatre évêques que saint Boniface avait établis en Bavière, qu'il semait de la dissension entre Boniface et le duc Odilon, *et qu'il enseignait quelques erreurs.*

Quoi qu'il en soit, saint Boniface, qui se trouvait obligé d'écrire souvent au pape Zacharie pour lui rendre compte du fruit de ses missions apostoliques, et le consulter sur plusieurs articles, ne manqua pas de lui mander ce qu'il avait appris, tant de la conduite de Virgile que des erreurs qu'on lui attribuait. La lettre que saint Boniface écrivit à ce sujet n'est pas venue jusqu'à nous, mais nous avons la réponse que lui fit le pape Zacharie (2), et c'est là qu'on trouve le fait que nous examinons. Nous ne savons aucun autre monument ancien dans lequel il en soit parlé, aucun auteur du temps qui en ait fait mention. Cette lettre est imprimée avec les autres dans le recueil des lettres du pape Zacharie à saint Boniface, et on la trouve citée en latin par bien des auteurs, entre autres par Baronius, dans ses *Annales*, à l'année 748 (3). Voici le précis qu'en donne Fleury : « Quant à sa perverse doctrine (c'est de Virgile qu'il parle), s'il est prouvé qu'il soutienne *qu'il y a un autre monde et d'autres hommes sous la terre, un autre soleil et une autre lune,* chassez-le de l'Église dans un concile, après l'avoir

---

(1) *Ibid.*, p. 344, n° 56.
(2) C'est l'épître X de ce pape, dans le t. VI de la collection du P. Labbe : *Sacrosancta concilia*, etc.
(3) Voyez surtout numéros 10 et 11.

dépouillé du sacerdoce. Nous avons aussi écrit au duc de Bavière de nous l'envoyer, afin de l'examiner nous-mêmes, et le juger suivant les canons. »

Voilà tout ce que nous fournit l'histoire du temps sur ce fait de Virgile, et il ne faut qu'un peu d'attention pour se convaincre que Virgile ne fut jamais déclaré hérétique, quoiqu'on le dise tous les jours si hardiment. Il est aisé de reconnaître que le pape Zacharie ne parle point d'hérésie, mais seulement de suspense et de dégradation. Cette peine même, et c'est cela qui mérite le plus d'attention, cette peine n'est que comminatoire, et il n'y eut jamais de déclaration. Le pape ordonne à saint Boniface de s'informer exactement de la mauvaise doctrine qu'on attribuait à Virgile, et de le punir s'il en est convaincu. Il lui marque même qu'il écrit à Odilon, duc de Bavière, d'envoyer Virgile à Rome pour y être examiné avec soin, et y être condamné, si on le trouve coupable de quelque erreur : *si erroneus fuerit inventus*. Il est constant par la suite de l'histoire, que Virgile n'alla point à Rome pour se justifier : on ne trouve pas même que saint Boniface l'ait examiné juridiquement, et ait poussé plus loin cette affaire. Cela fait juger qu'il avait mandé au pape Zacharie ce que des gens mal informés et peut-être encore plus mal intentionnés lui avaient dit de la doctrine de Virgile, et que depuis en ayant fait une recherche plus exacte, même avant la réponse du pape Zacharie, il avait trouvé que ce que disait Virgile était fort raisonnable, et n'intéressait point la foi. Cela étant ainsi, il faut conclure que l'Eglise, bien loin de trouver mauvais qu'on assurât en ce temps-là qu'il y avait des Antipodes, avait approuvé ceux qui le soutenaient avant que l'expérience nous en eût convaincus.

Saint Boniface et Virgile vécurent depuis en fort bonne intelligence, et saint Boniface se servit de Virgile pour ses missions et ses fonctions apostoliques dans la Bavière, quoique Virgile restât toujours abbé du monastère de Saint-Pierre de Saltzbourg, dont on lui avait donné la conduite peu de temps après son arrivée en Allemagne. Après la mort de saint Boniface (755), Virgile continuant de s'employer au ministère évangélique, se fit connaître à la cour du roi Pepin, qui charmé de sa piété autant que de son esprit et de son savoir, le retint auprès de lui près de deux ans, et le laissa enfin retourner à sa mission. Mais, ce prince ne l'oublia pas pour cela, et vers l'an 764 il le nomma à l'évêché de Saltzbourg. La peine qu'on eut à engager Virgile à se laisser sacrer est une bonne marque de sa vertu. Il gouverna saintement son évêché pendant seize ans, et se trouva en 772 au concile de Dingolfing. Il mourut enfin, comme il avait vécu, dans les travaux apostoliques et l'exercice des vertus chrétiennes, en 780, le 27 de novembre : et c'est à ce jour-là, que sa fête est marquée dans le Ménologe de l'Ordre de Saint-Benoît.

On le regarde comme un des Apôtres de l'Allemagne. Canisius a fait imprimer sa vie et l'histoire de ses miracles (1) ; l'une et l'autre pièce se trouvent aussi dans la seconde partie du troisième siècle de l'Ordre de Saint-Benoît, par D. Mabillon (2). Les miracles qui se faisaient

---

(1) Dans ses *Lectiones antiquæ*, imprimées à Ingolstadt, au commencement du xvii<sup>e</sup> siècle, et dont J. Basnage publia une nouvelle édition en 1725, sous le titre de *Thesaurus monumentorum ecclesiasticorum et historicorum, sive H. Canisii lectiones antiquæ*, avec des préfaces historiques, des remarques critiques et des notes sur chaque auteur. Anvers (Amsterdam), in-fol., 4 vol. en 6 parties.

(2) Le vrai titre de cet ouvrage est : *Annales Ordinis sancti Benedicti,*

à son tombeau obligèrent le pape Grégoire IX (xiiie siècle) de le mettre au nombre des saints; et nous pouvons en passant remarquer ici que ce pontife n'eût jamais canonisé Virgile, s'il avait été condamné comme hérétique par un de ses prédécesseurs, ou si même il avait été soupçonné d'hérésie avec quelque apparence, et sans s'être bien exactement justifié et purgé d'un tel soupçon.

Mais, dira-t-on, le pape Zacharie déclare, dans sa lettre, qu'il regarde comme une erreur condamnable le sentiment de ceux qui croyaient de son temps qu'il y avait des Antipodes; et s'il n'a pas déclaré Virgile hérétique, c'est peut-être parce que Virgile s'est rétracté; c'est peut-être aussi parce qu'il s'est trouvé après les informations juridiques, que Virgile n'était pas dans les sentiments qu'on lui attribuait, et que le pape Zacharie aussi bien que saint Boniface regardaient en ce temps-là comme hérétiques.

Nous répondons à cela, que dans la lettre du pape Zacharie il n'est point parlé d'Antipodes, mais seulement *d'un autre monde, d'autres hommes, d'un autre soleil et d'une autre lune*. Or les Antipodes sont dans le même monde que nous : ils sont des hommes de même espèce que nous : ils ont le même soleil et la même lune que nous. Cette question est donc toute différente de celle des Antipodes; et quelque persuadé qu'on soit maintenant qu'il y a des Antipodes, on ne regarderait pas comme bien orthodoxe un homme qui s'aviserait de soutenir qu'il y a des hommes dans un monde tout différent de celui-ci; que ces hommes ont leur soleil et leur lune particulière; que ces hommes sont dans un autre état que nous; par

---

Cf. du même D. Mabillon : *Acta Sanctorum Ordinis sancti Benedicti in sæcula distributa.*

exemple, qu'ils ne viennent point d'Adam, et qu'ils n'ont point eu de part à la Rédemption de Jésus-Christ.

Il n'est donc pas vrai que l'Eglise ait jamais *déclaré hérétiques ceux qui soutenaient qu'il y avait des Antipodes;* puisque dans l'affaire de Virgile, qui est le seul fait qu'on produit, il n'y eut jamais de déclaration d'hérésie, et il ne fut jamais question d'Antipodes.

Mais nous disons plus, et nous prétendons montrer que, quand même l'Eglise aurait condamné en ce temps-là le sentiment de ceux qui soutenaient des Antipodes; quand même on aurait entendu des Antipodes ces expressions qu'on attribuait à Virgile, *alii homines sub terrâ*, l'Eglise, cependant, n'aurait en cela rien décidé contre ce que la navigation nous a fait découvrir dans ces derniers siècles. Quelque paradoxe que cela paraisse, — pour en convaincre tout homme de bon sens, nous n'avons qu'à montrer qu'on avait en ce temps-là une idée du terme d'Antipodes bien différente de celle que nous avons aujourd'hui, et que l'idée qu'on en avait alors était très-condamnable; au lieu qu'il n'y a rien que de très-raisonnable et de très-vrai dans l'idée que nous en avons maintenant.

Il est évident que, sans se contredire, on peut condamner et recevoir le même terme pris en différents sens. C'est ainsi que saint Athanase, qui a soutenu avec tant de courage le terme de *consubstantiel* consacré par le concile de Nicée contre les Ariens, et reçu par tout le monde chrétien pour la vraie et seule marque de la catholicité, justifie cependant la sage conduite des Pères d'Antioche, qui avant le concile de Nicée avaient rejeté ce même terme de *consubstantiel*, dont les novateurs de ce temps-là se servaient pour appuyer le dogme impie de Paul de Samosate. La raison de ce différend vient du différent sens qu'on donnait à ce terme. Paul de Samosate, en ne reconnaissant qu'une substance en Dieu, n'y voulait aussi reconnaître qu'une personne; au lieu que les Ariens laissant à Jésus-Christ le terme de Fils de Dieu, et les autres expressions qu'on trouve dans les saintes Ecritures, ne voulaient pas cependant reconnaître qu'il fût de même substance et de même nature que son Père.

C'est ainsi que l'Eglise condamne et approuve en même temps le terme de *liberté;* puisqu'elle condamna autrefois les Pélagiens, qui donnaient à l'homme une liberté, laquelle, par elle-même, et sans le secours de la grâce intérieure, fut suffisante pour le justifier devant Dieu, et lui faire mériter le ciel; et la même Eglise a toujours approuvé, comme elle approuve encore aujourd'hui, ceux qui donnent à l'homme la liberté nécessaire pour consentir ou pour résister à la grâce intérieure qui le prévient et qui le porte au bien.

Enfin, on sait que nous commençons notre profession de foi par reconnaître *qu'il n'y a qu'un Dieu;* rien de plus constant et de plus avéré parmi nous. Mais, si un Socinien, qui nous accuse de polythéisme, et se vante d'être Unitaire, vient nous dire qu'il ne peut reconnaître qu'un Dieu; comme nous savons qu'il abuse de cette expression pour combattre le mystère de la Sainte-Trinité, nous dirons qu'il blasphème, et qu'il n'est pas plus chrétien qu'un Juif, ou qu'un Mahométan.

La raison de tout cela vient de ce que, comme dit saint Hilaire, si souvent cité par *le Maître des Sentences,* et par les théologiens de l'École, l'hérésie ne consiste pas précisément dans les termes dont on se sert, mais dans la signification qu'on donne à ces termes; et c'est le sens du discours plutôt que le discours même qui rend un homme criminel en matière de Foi (1).

Or c'est là ce qui est arrivé au sujet des Antipodes, comme nous prétendons le démontrer dans un instant. Nous y trouverons l'occasion de justifier le sentiment de saint Augustin sur cette matière.

Pour éclaircir cela, reprenons les choses d'un peu plus haut.

Depuis qu'on a fait le tour de la terre, on est persuadé qu'il y a des Antipodes, et que ces Antipodes sont hommes tout comme nous, qu'ils sont comme nous descendus d'Adam, qu'ils ont eu part comme nous à la désobéissance de ce père commun de tous les hommes, et que par conséquent les lois, les promesses, les menaces des Livres divins les regardent aussi bien que nous. Mais avant la découverte du Nouveau-Monde, on avait une toute autre idée, et on donnait un tout autre sens au terme d'Antipodes. Les mathématiciens, il est vrai, avaient bien prouvé que la terre était ronde, et ils apportaient là-dessus les mêmes démonstrations que nous apportons aujourd'hui. De là ils avaient conclu, comme nous concluons encore, que de l'autre côté de la ligne équinoxiale, il devait y avoir des terres; que le pôle qui était inférieur à l'égard de l'Europe, devait être élevé au-dessus de ces terres, et qu'au contraire notre pôle devait être inférieur et caché à leur égard; que toute la surface de la terre devait être partagée en cinq zones ou bandes; que celle du milieu devait être la plus exposée aux rayons du soleil; que les

(1) De intelligentia enim hæresis, non de scripturâ est; et sensus, non sermo, fit crimen. (*De Trinitate*, lib. II, cap. III.)

deux qui étaient aux extrémités vers les pôles devaient être plus froides ; et qu'il y en avait une du côté du midi aussi tempérée que celle que nous habitons du côté du septentrion ; qu'enfin il devait y avoir au delà comme en deçà de l'équateur, la même inégalité des jours et la même vicissitude des saisons, selon la diversité des climats.

Les mathématiques n'allaient pas plus loin, et en attendant les lumières qu'elles ne pouvaient recevoir que de l'expérience, elles laissaient le reste à deviner aux physiciens. Ceux-ci, toujours fertiles en hypothèses et en conjectures, avaient ajouté plusieurs choses aux démonstrations qu'ils avaient reçues des mathématiciens. Nous ne faisons que rapporter ici en peu de mots ce qu'on trouvera exposé dans un plus grand détail par Strabon et Cléomède en grec, par Pline et Macrobe en latin ; en un mot, par tous les anciens auteurs qui ont eu occasion de parler à fond sur ces matières.

Les physiciens, avançant toujours dans leurs conjectures, avaient conclu que les peuples qui étaient dans des quartiers ou parties différentes de la terre, ne pouvaient avoir une origine commune, et c'est ainsi que Cicéron, dans le *Songe de Scipion*, en parlant des deux zones, qu'il regarde comme seules habitables, fait dire à Scipion que ceux qui habitent la zone australe tempérée, sont d'une espèce toute différente de la nôtre, et n'ont rien de commun avec nous (1).

Cette dernière conclusion n'avait rien qui révoltât les païens. Il est certain que, parmi eux, les uns croyaient que le monde n'avait jamais commencé, et dans les différents systèmes que les autres avaient inventés sur le

(1) Duo sunt habitabiles, quorum australis ille, in quo qui insistunt adversa vobis urgent vestigia, nihil ad vestrum genus.

commencement du monde, et la propagation du genre humain, ils ne s'étaient jamais avisés de recourir à la création, qu'ils regardaient même comme impossible. Ils croyaient assez communément que le hasard, ou si l'on veut, la providence des dieux, avait fait naître de la terre, et comme dispersé en différents pays quelques hommes, dont les autres étaient ensuite descendus. On sait les fables que les Égyptiens débitaient sur leur origine. On connaît la tradition des Arcadiens, qui prétendaient que leurs ancêtres avaient paru au monde avant la lune; et plusieurs peuples, en particulier les Athéniens, faisaient gloire de ne devoir leur première origine qu'à la terre qu'ils habitaient, et de pouvoir regarder leur chère patrie, comme leur mère et leur nourrice (1).

Il n'était donc pas étonnant que tous ceux qui croyaient qu'il y avait des Antipodes, soutinssent en même temps que ces Antipodes étaient des hommes d'une autre espèce, et qui avaient une origine différente de la nôtre. Tout cela s'accordait parfaitement bien avec la théologie païenne; mais, les chrétiens ont toujours regardé comme un article fondamental de leur croyance, ce que les livres sacrés nous apprennent de la création du ciel et de la terre : « Au commencement Dieu créa le ciel et la terre (2), » et de la création du premier homme, duquel tous les autres hommes sont depuis descendus, « Dieu a fait naître d'un seul toute la race des hommes, et il leur a donné pour demeure toute l'étendue de la terre (3). »

Ainsi quand les philosophes païens parlaient aux chré-

---

(1) Voyez Isocrate, vers le commencement de son *Panégyrique*.
(2) In principio creavit Deus cœlum et terram. (*Genèse*, lib. I, cap. I, verset 1.)
(3) Fecitque ex uno omne genus hominum inhabitare super universam faciem terræ. (*Acta Apostolorum*, cap. XVII, verset 26.)

tiens, des Antipodes selon les idées qu'ils en avaient, les uns, comme Lactance, prenaient le parti de nier jusqu'aux principes et aux démonstrations que les mathématiques avaient fournis là-dessus, et auxquels les physiciens avaient ajouté leurs hypothèses (1). D'autres, plus prudents et plus éclairés, en avouant, ou du moins sans rejeter ouvertement ce que les mathématiques avaient pu démontrer sur la figure de la terre, s'arrêtaient à révoquer en doute les conjectures que les physiciens avaient ajoutées aux démonstrations mathématiques.

C'est le parti que prit fort sagement saint Augustin, dans le sixième livre de *la Cité de Dieu*. Il s'était proposé la question, s'il y avait jamais eu des hommes tels que l'histoire profane les représentait, par exemple, des nations entières de cyclopes, qui n'eussent qu'un œil au milieu du front; des géants d'une stature prodigieuse, des pygmées dont la hauteur ne fût que d'une coudée, etc.; et sans entrer dans le détail de tout ce que les historiens en avaient dit, il répond en général que peut-être tout ce qu'on raconte de merveilleux et d'extraordinaire dans ce genre n'est pas vrai; que, supposé que cela soit vrai, peut-être ce ne sont pas des hommes; mais qu'enfin si ce sont de véritables hommes auxquels on puisse appliquer la définition ordinaire de l'homme, il faut qu'ils descendent, comme tous les autres, du premier père de tous les hommes (2).

Saint Augustin vient après cela à examiner si la partie de la terre, qui est au-dessous de nous, et qui est di-

---

(1) *Institut.*, lib. III, cap. xxiv.
(2) Ut istam quæstionem pedetentim cauteque concludam : aut illa, quæ talia de quibusdam gentibus scripta sunt, omnino nulla sunt; aut si sunt, homines non sunt; aut ex Adam sunt, si homines sunt. (Cap. viii, in fin.)

rectement opposée à celle que nous habitons, est habitée par des Antipodes. Il est bon de faire attention aux termes dans lesquels il propose la question : *An inferiorem partem terræ quæ nostræ habitationi contraria est, Antipodas habere credendum sit?* Ce titre seul marque bien nettement ce que saint Augustin pensait. Il ne doutait pas que la terre fût ronde, et qu'une partie de cette terre fût en dessous de la partie que nous habitons, *inferiorem terræ partem*. Il savait bien que l'une était diamétralement opposée à l'autre : *quæ nostræ habitationi contraria est.* Il savait bien tout cela : il le suppose et ne fait aucune difficulté là-dessus. Il demande seulement si cette partie de la terre, qu'il reconnaît être au-dessous de nous, et diamétralement opposée à celle que nous habitons, est effectivement habitée par des Antipodes ; s'il faut croire tout ce que les philosophes disaient là-dessus. C'est là toute la question. Et lorsqu'il traite de fables ce qu'on disait des Antipodes, il n'y a qu'à suivre sa pensée, pour se persuader qu'il ne dit rien que de fort judicieux. Il remarque premièrement que ceux qui assuraient que cette partie de la terre était effectivement habitée par des Antipodes, étaient obligés d'avouer qu'ils n'avaient aucune histoire qui leur eût appris un fait tel que celui-là, et qu'ils n'en raisonnaient que par conjecture et comme en devinant (1); que leurs conjectures étaient appuyées sur la situation de la terre, qui se trouve suspendue au milieu du ciel, c'est-à-dire partout également éloignée de la surface du ciel, et par conséquent à l'endroit le plus bas du monde; que de là ils tiraient cette conséquence, qu'il fallait que la partie de la terre qui est au-dessous de nous,

(1) Neque hoc ulla historica cognitione didicisse se affirmant, sed quasi ratiocinando conjectant. (Cap. IX.)

fût actuellement habitée par des hommes aussi bien que celle que nous habitons (1).

Saint Augustin répond à cela que, dans ce raisonnement, il fallait faire une grande différence entre les principes et les conséquences qu'on ne tirait de ces principes que par conjectures ; que la vérité des principes n'empêchait point qu'on ne doutât des conjectures, qui n'étaient pas bien liées avec ces principes; par exemple, qu'on pouvait fort bien reconnaître que la terre était ronde, sans être obligé d'avouer (*non tamen esse consequens*), qu'elle fût également habitée de tous côtés ; que la terre même étant ronde, il pourrait se faire que la partie de la terre où l'on plaçait les Antipodes, était toute couverte d'eau, et n'était qu'une grande mer ; que quand même la mer s'étant retirée, la terre serait là, comme ici, propre à l'habitation des hommes, il ne s'ensuivrait pas pour cela qu'elle fût effectivement habitée ; que de dire, comme le disaient en ce temps-là les philosophes, que cette partie de la terre fût effectivement habitée par des Antipodes, tels qu'ils se les figuraient, et qui ne descendissent point d'Adam, ce serait donner un démenti à l'Ecriture Sainte, qui méritait bien notre créance dans le récit qu'elle faisait des choses passées, puisque nous avions devant nos yeux l'accomplissement de ses prophéties, et des événements qu'elle nous avait annoncés avant qu'ils arrivassent ; que cette Ecriture nous obligeait de croire qu'il ne pouvait y avoir sur la terre aucun homme qui ne fût venu d'Adam, et que ceux mêmes qui soutenaient

---

(1) Eo quod intra convexa cœli terra suspensa sit, eumdemque locum mundus habeat, et infimum, et medium : et ex hoc opinantur alteram terræ partem, quæ infra est, habitatione hominum carere non posse. (*Ibid.*)

le système des Antipodes, étaient les premiers à reconnaître qu'il serait ridicule de dire que des hommes auraient passé de notre terre dans celle des Antipodes, en faisant le trajet de ce vaste océan, qui séparait notre terre d'avec la leur; que, puisqu'on avouait qu'il ne pourrait y avoir d'Antipodes qui ne fussent venus d'Adam, il fallait avouer aussi qu'il n'y avait point d'hommes qui nous fussent Antipodes.

C'est là, ce nous semble, le sentiment de saint Augustin, et nous n'avons rapporté plus au long toute la suite de son discours, que pour faire voir quel était le raisonnement de ce grand docteur, et en même temps quelle était l'idée de son siècle sur les Antipodes. Tout se réduit à ce raisonnement très-court et très-sensible : les philosophes qui ne parlent de l'existence des Antipodes que par conjectures, prétendent que ces Antipodes ne peuvent être enfants d'Adam : or, la Sainte Ecriture nous apprend que tous les hommes sont venus d'Adam. Il n'est donc pas possible d'accorder ce que l'Écriture Sainte nous apprend, avec les conjectures des philosophes sur les Antipodes : il faut donc regarder ces conjectures comme des fables, et n'y ajouter aucune foi. *Quod vero et Antipodas esse fabulantur,.. nulla ratione credendum est* (1).

Il paraît encore, par toute la suite du raisonnement de saint Augustin, que, quelque raisonnable que fût son doute sur tout ce qu'on racontait des cyclopes, des pygmées et des autres fictions des poëtes ou de quelques historiens romains, il était prêt à les reconnaître pour des hommes véritables, pourvu qu'on voulût avouer qu'ils descendaient tous d'Adam. On voit aussi qu'il était dans

---

(1) Cap. ix.

la même disposition à l'égard des Antipodes, et qu'il n'eût fait aucune difficulté de reconnaître que cette partie de la terre, qui nous est directement opposée, était effectivement habitée; si les philosophes eussent pu ajouter à leurs conjectures, que ces Antipodes étaient venus d'Adam comme les autres hommes, et que la zone torride n'avait pas toujours été impraticable.

Tout ceci nous ramène naturellement au pape Zacharie.

Il est certain que de son temps on n'avait fait aucune nouvelle découverte sur les Antipodes, et qu'on était encore, en ce temps-là, dans les mêmes idées que du temps de saint Augustin, c'est-à-dire que, dans le milieu du viiie siècle de l'Eglise, on pensait là-dessus tout comme on faisait à la fin du ive et au commencement du ve. On reconnaissait volontiers ce que les mathématiques avaient démontré; mais on attendait le témoignage de l'expérience et de l'histoire, pour se rendre aux conjectures des physiciens. On traitait même ces conjectures de fables et d'erreurs, lorsque, de la manière dont les physiciens les proposaient, elles se trouvaient contraires aux articles de notre foi.

Ainsi, quand même Virgile aurait dit simplement qu'il y avait des Antipodes; quand même le pape Zacharie l'aurait uniquement condamné pour cela (nous avons montré que l'un et l'autre de ces faits est faux), mais quand ils seraient tous deux vrais, la censure du pape, bien loin d'être ridicule, aurait été légitime, et très-exacte, et très-judicieuse. Jusqu'à ce qu'un homme s'explique bien nettement, et qu'il déclare qu'en se servant de certains termes, il ne prétend pas dire ce que ces termes signifient partout ailleurs, les juges ecclésiastiques, et même les séculiers, ont droit de supposer qu'il attache à ces expressions le sens qu'elles ont dans le langage ordinaire de tous les hommes. Par conséquent, le pape Zacharie aurait eu droit de croire que Virgile, en soutenant qu'il y avait des Antipodes, soutenait qu'il y avait des hommes qui ne venaient pas d'Adam, qui n'avaient pas le péché originel, qui n'avaient pas de part à la mort de Jésus-Christ, qui n'étaient pas appelés à l'Évangile, et ce sentiment aurait été assurément très-condamnable en ce temps-là, comme il le serait encore aujourd'hui.

Nous croyons avoir bien prouvé deux choses : la première est que le pape Zacharie n'a jamais déclaré Virgile hérétique, pour avoir dit qu'il y avait des Antipodes ; la seconde est que, quand bien même le pape Zacharie, dans le VIII$^e$ siècle, aurait condamné le sentiment de ceux qui soutenaient le système des Antipodes, on n'aurait point droit de parler aujourd'hui là-dessus comme l'on fait, et de tourner en plaisanterie une condamnation qui eût été très-sage, et même très-nécessaire par rapport aux idées de ce temps-là (1).

(1) Voir, sur la curieuse question qui fait l'objet de cet article, les *Mémoires de Trévoux*, 1737, août, p. 1445-1466, pour de plus amples détails.

## TABLE DES MATIÈRES

| | |
|---|---|
| La Papesse Jeanne. | 1 |
| L'Inquisition. | 38 |
| Galilée, martyr de l'Inquisition. | 85 |
| Les Rois fainéants. | 103 |
| L'usurpation de Hugues Capet. | 133 |
| La Saint-Barthélemy. | 168 |
| L'Homme au Masque de fer. | 230 |
| Le Père Loriquet. | 260 |
| L'évêque Virgile et les Antipodes. | 269 |

MÊME COLLECTION

Vient de paraître

ENTRETIENS POPULAIRES

SUR

# L'HISTOIRE DE FRANCE

PAR

**MATHURIN BLANCHET**

Vigneron à Saint-Julien-du-Sault,

PUBLIÉS ET MIS AU JOUR

PAR M. A. LABUTTE

Un beau vol. in-12. Prix : 2 fr.

SAINT-CLOUD. — IMPRIMERIE DE Mme Ve BELIN.

www.ingramcontent.com/pod-product-compliance
Lightning Source LLC
Chambersburg PA
CBHW071347150426
43191CB00007B/874